文部省所轄目錄

문부성 소할목록

조사시찰단기록 번역총서

12

文部省 所轄目錄

문부성 소할목록

조준영 지음

최영화 옮김

보고사
BOGOSA

메이지(明治) 일본에 파견된 조사시찰단(朝士視察團)은 그 이전의 통신사(通信使)나 수신사(修信使)와는 확연히 다른 성격을 보인다. 일본의 근대 변혁을 '시찰'하고 '탐색'하는 것이 이들의 주요 목적이었다. 이들은 교린(交隣)과 교화(敎化)의 명분으로 일본에 갔던 통신사(通信使)와도 우호(友好)를 회복하기 위해 일본에 파견되었던 수신사(修信使)와도 달랐다. 따라서 이들이 작성한 기록 역시 그 이전의 사행록과는 다른 양상을 보인다. 전통 시기의 사행록은 일반적으로 일기에 문견록을 추가한 양식이 주를 이루었는데, 조사시찰단이 작성한 글들은 특정 주제를 논의한 조사 보고서의 특징을 뚜렷하게 보여주고 있다.

조준영의 『문부성 소할목록』은 메이지 일본의 교육 실태에 대한 최초의 보고서로 문부성의 연혁과 일본의 근대 학제를 체계적으로 소개하고 있다. 보고서에 등장하는 문부성의 연혁, 일본의 대학, 사범학교, 소학교, 여자사범학교, 유치원, 외국어학교, 체조전습소, 도서관, 교육박물관, 학사회원 등의 제도는 조선에 근대 학제를 소개하는 계기가 되었다.

이 책에서 소개하고 내용은 현재 대학교에서 학생들을 가르치는 나에게도 적지 않은 계시를 주었다. 이는 아마도 문부성의 설립과 함께 형성된 교육 제도가 현대에까지 그 흐름을 이어오고 있기 때문일 것이다. 이 책의 번역과 소개가 19세기 말의 동아시아를 연구하는 다른 학자들에게도 도움이 되었으면 좋겠다.

이 번역서의 저본은 서울대학교 규장각 한국학연구원 소장 조준영(趙

準永) 편『문부성 소할목록(文部省所轄目錄)』(奎2871)이다. 이 번역서는 한국연구재단 토대연구 "수신사 및 조사시찰단 자료 DB구축"(연구책임자: 허경진 교수)의 성과물 가운데 하나이며, 2016년 말 2017년 초 DB구축 팀의 윤독을 통해 1차 번역이 완성되었다. 1차 번역본은 현재 데이터베이스에 입력되어 있다.

초벌 번역은 조기영 선생님이 맡아주셨는데, 역자가 그 번역문을 참조하여 미비점을 보완하면서 다시 번역하였다. 특히 원문을 꼼꼼하게 대조하여 잘못 입력된 부분을 바로잡고, 새롭게 번역하여 독자들에게 내어놓는다.

이 책은 나의 첫 역서라 애정을 가지고 즐겁게 번역하였다. 다만 서양 서적의 저자를 일일이 대조하는 작업과 알아보기 어려운 방식으로 표기한 근대 과학의 전문 용어를 이해하면서 번역하는 작업은 결코 쉬운 일이 아니었다. 일본은 근대 학제의 도입과 함께 많은 서양 서적을 수입하여 대학교의 교재로 사용하였다. 따라서 본문 중에 서양의 서명(書名)과 그 책의 저자 이름이 많이 나온다. 일본의 국립 국회도서관 사이트에서 메이지 시대의 책들을 검색하는 방법으로 여러 저자를 고증할 수 있었지만, 할애한 시간에 비해 해결하지 못한 부분이 많아 개인적으로 아쉬움이 남는다.

끝으로 이 번역서를 기획하고 출판을 독려해 주신 허경진 교수님께 깊이 감사드린다. 내가 학생들을 가르치는 입장이 된 후에는 선생님이 주신 가르침과 사랑이 점점 더 크게 다가온다. 가까이에서 자주 가르침을 청할 수 없는 것이 안타까울 뿐이다. 선생님께서 지금처럼 항상 건강하셨으면 좋겠다.

2021.8.10

최영화

차례

일러두기

1. 서울대학교 규장각 한국학연구원 소장 『문부성 소할목록(文部省所轄目錄)』(奎2871)을 저본으로 하여 번역하였다. 영인본의 저본도 동일하다.

2. 번역문, 원문(교감), 영인본 순서로 편집하였다.

3. 일본의 인명과 지명은 가능하면 일본어 발음으로 표기하였다. 대부분 『조선시대 대일외교 용어사전』을 참조하였다. 인명, 지명 및 기타 한자 병기가 필요한 단어는 그 단어가 처음 나올 때만 한자를 병기하였고, 본문 내용을 이해하기 위해 필요한 경우에는 거듭 병기하였다. 본문에서 한자를 병기할 때는 '한글(한자)' 형식으로 표기하였다. 일본어 표기 역시 같은 형식으로 하였다.

4. 서양의 지명은 현재 한국에서 통상적으로 쓰는 표기(예: 영국)로 하였다. 서양의 인명과 서명(書名)의 경우, 역자가 확인 가능한 것은 현재 한국에서 통상적으로 사용하는 표기와 함께 영문과 한자를 괄호 안에 부기하였고, 확인 불가한 것은 한국 한자음으로 표기하고 한자를 병기하였다.

5. 원주는 번역문에 【 】로 표기하고, 본문보다 작은 글씨로 편집하였다. 원문에서도 동일한 방식으로 편집하였다. 각주는 모두 역자 주이다.

6. 원문의 표점은 한국고전번역원 표점 지침에 따라 입력하였다.

7. 원문에서 오탈자가 확실한 경우에는 원문 각주에서 언급하였으며, 번역은 각주에 언급된 수정사항을 근거로 하였다.

8. 원문을 입력하면서 독자들이 참고하기 편하도록 인명, 지명 등의 고유명사는 밑줄을 그어 표시하였다.

문부성 소할목록

1. 기본서지

『문부성 소할목록(文部省所轄目錄)』은 1881년 조사시찰단(朝士視察團)으로 메이지(明治) 일본에 파견되었던 조준영(趙準永)이 문부성(文部省)의 연혁과 학제를 조사한 보고서이다. 원서명은『일본 문부성 시찰기(日本文部省視察記)』(奎2871)로 현재 서울대학교 규장각 한국학 연구원에 소장되어 있다.

이 책은 불분권 1책(176장)의 필사본으로 크기가 21.4×14.8cm, 반엽(半葉)이 12행 22자이다. 책의 말미에 저자가 행호군 조▨▨(行護軍 趙▨▨)로 나와 있다. 『문부성 소할목록』의 저자에 관한 정보는『스에마츠 지로 필담록(末松二郞筆談錄)』등 현존하는 문헌을 통해 조준영임을 확인할 수 있다.

2. 저자

조준영(趙準永, 1833~1886)의 본관은 풍양(豊壤), 초명은 조만화(趙晩和), 자는 경취(景翠), 호는 송간(松磵)이다. 1864년(고종 1년) 증광문과에 을과로 급제하였고, 1875년 6월에는 성균관 대사성이 되었다. 1881년 조사시찰단의 일원으로 일본 문물을 시찰하고 귀국하여 일본 문부성을 조사한 보고서인『문부성 소할목록』을 작성하여 제출하였다. 그 뒤 통리기무아문(統理機務衙門)의 통리기무아문사(統理機務衙門事)가 되었고, 통리기무아문의 12사(司)를 7사로 개편하였을 때 전선사당상경리사(典選司堂上經理事)가 되었다.

1882년 임오군란으로 청나라의 마건충(馬建忠)이 군대를 인솔하여 수도 한성(漢城)에 왔을 때 영접관(迎接官)이 되어 마건충을 맞이하였다. 1883년 정월 통리내무아문을 개편하여 만든 협판군국사무에 임명되어 이무(吏務)에 종사하였고, 같은 해 이조참판을 역임하였다.

1884년 갑신정변 후에 개화당 일파가 물러나고 내각이 조직될 때 개성유수기 되었다. 1885년에는 협판내무부사를 맡았으며, 1886년 협판교섭통상사무(協辦交涉通商事務)에 전임하였다. 보고서로『문부성 소할목록』외에도『문견사건(聞見事件)』이 있다.

3. 구성

『문부성 소할목록』은 전체 11개 큰 항목으로 구성되어 있으며, 매 항목에 여러 하위 항목을 두어 조사결과를 상세하게 기술하였다. 구체적으로는 문부성(文部省), 대학의 법(法)·이(理)·문(文) 세 학부, 대학 예비문(大學豫備門), 대학 의학부(大學醫學部), 사범학교(師範學校), 여자사범학교(女子師範學校), 외국어학교(外國語學校), 체조전습소(體操傳習所), 도서관, 교육박물관, 학사회원(學士會院) 순으로 되어있다.

4. 내용

1. '문부성' 부분은 문부성의 연혁, 직제(職制), 사무장정(事務章程), 경비, 학교지략, 교육령 등에 대해 설명하였다.

2. '대학의 법·이·문 세 학부' 부분은 기략(記畧), 편제(編制) 및 교지(敎旨), 학과과정, 법학부, 이학부, 문학부, 교과세목(敎科細目), 여러 학부의 규칙에 대해 설명하였다.

3. '대학 예비문' 부분은 대학 예비문의 설립 취지와 연혁, 교지(敎旨) 및 과정(課程), 교과세목에 대해 소개하였다.

4. '대학 의학부' 부분은 대학 의학부의 연혁, 통칙, 예과 과정, 본과 과정, 제약학(製藥學) 교육장 규칙, 제약학 본과 과정, 통학생(通學生) 규칙, 의학 통학생 학과과정, 제약학 통학생 학과과정, 병원의 규칙에 대해 설명하였다.

5. '사범학교' 부분은 사범학교의 설립 취지, 연혁, 규칙, 교과세목, 입학 규칙, 부속소학 규칙, 소학 규칙에 관해 기술하였다.

6. '여자사범학교' 부분은 여자사범학교의 설립 취지와 규칙, 본과 과정, 예과 과정, 입학 규칙, 교수 규칙, 부속유치원 규칙으로 구성하였다. '부속유치원 규칙'에 하위 항목인 보육 과목과 보육 과정을 두었다.

7. '외국어학교' 부분은 외국어학교의 연혁, 교칙, 별부(別附) 과정, 중국어·조선어학 과정, 프랑스어·독일어·노어학 과정에 대해 소개하였다.

8. '체조전습소(體操傳習所)' 부분은 체육과 관련된 제반 학과를 전담하여 교육하는 기관인 체조전습소의 규정과 교칙(敎則)으로 구성하였다.

9. '도서관' 부분은 도서관의 사용 규칙을 정리하였다. 도서관을 설치한 취지, 도서 이용과 관련된 규칙, 도서관 이용 시 유의사항을 제시하였다.

10. '교육박물관' 부분은 박물관 사용 규칙을 정리하였는데, 교육박물관의 설립 목적과 박물관 이용 규칙 등이 여기에 포함된다.

11. '학사회원' 부분은 학사회원과 관련된 규칙을 정리하였는데, 설립 취지 설명, 회원 및 회장의 업무, 회의 관련 사항이 여기에 포함된다.

5. 가치

『문부성 소할목록』은 메이지 일본의 근대 학제 청성과 추진에 대한 지식과 정보가 담긴 문헌으로 높은 역사적 가치를 지니고 있다. 이 문헌을 통해 일본의 전근대 및 근대의 교육제도에 대한 전체적인 양상을 파악할 수 있으며, 일본의 근대 학제에 대한 소개가 조선에 미친 영향을 추적할 수 있다.

『문부성 소할목록』에 실려 있는 교육 개혁의 내용을 통해 선진적인 교육 제도의 설립과 추진이 일본이 근대화를 통하여 선진국 대열에 진입하는 데 긍정적인 역할을 하였음을 알 수 있다.

문부성 소할목록

1. 문부성

1.1. 연혁(沿革)

메이지 4년(日主四年, 1871)【신미】에 본 문부성(文部省)[1]을 창설했다.

메이지 1년(1868)에 도쿄(東京)의 옛 개성소(開成所)를 '학교'로 바꾸고, 외국인 교사를 고용하여 서양의 방식을 널리 시행하였다. 또한 도쿄의 옛 창평교(昌平校)를 '학교'로 바꾸고, 이듬해에는 창평교를 '대학교'로 개칭하였다. 후에 '대학교'를 '대학'이라 칭하였고, 개성교(開成校)는 '남교(南校)', 의학교는 '동교(東校)'로 불렀다.

이해 7월 '대학'을 폐지하고, 문부성을 설치해 교육 사무를 총괄하면서, 대·중·소학교를 관장하도록 했다. 대학은 본래 대학 동교, 남교, 오사카개성소(大阪開成所), 이학소(理學所)와 의학교를 담당하였고, 나가사키 광운관(長崎廣運館) 의학교는 해외 유학생을 관리하였다. 이에 전국의 학정(學政) 관리가 한 번에 이루어지지 않았었는데, 문부성의 설

---

1 문부성(文部省): 메이지(明治) 4년(1871)에 설립한 일본의 근대 학술 및 교육을 담당하는 기관이다. 초대 문부경(文部卿)으로 오오키 다카토우(大木喬任)를 임명하고, 근대적 교육 제도·근대 학제를 도입하였다.

치로 인해 전국의 교육과 위생 사무를 모두 관리하면서 옛 대학의 위신
이 크게 혁신되었다.

그 후 직제(職制)의 설치와 폐기 시기가 다르고, 세비(歲費) 증감(增減)
과 사무장정(事務章程)은 계속해서 변화가 발생하였다. 또한 학교의 교
육령은 여러 번 개정되어, 연혁을 모두 밝히기에는 어려움이 있다. 이
에 오늘날 시행하는 것을 대략 열거하면 다음과 같다.

1.2. 직제(職制)

이전의 학교 관제는 두취(頭取: 조직이나 단체의 우두머리) 및 지학사(知
學事), 정권판사(正權判事), 득업생(得業生: 하업 우수자), 사자생(寫字生:
책이나 서류의 글씨를 써주는 사람), 요장(寮長: 기숙사감) 등으로 구분되었
다. 메이지 4년(1871)에 이르러 처음으로 대·중·소 박사(博士), 대·중
·소 교수(敎授), 정권(正權) 대·중·소 조교(助敎) 등의 교관(敎官)을 정
하였다. 문부성을 창설하면서 문부경(文部卿: 교육부 장관에 해당), 대보
(大輔: 교육부 차관에 해당), 소보(少輔: 교육부 차관보에 해당), 대승(大丞)을
두었다. 후에 대감(大監)과 소감(小監), 대·중·소 독학(督學)을 두었다가
대감과 소감을 폐지하고, 다시 대·중·소 시학(視學)과 서기(書記)를 두
었다. 또한 대·중·소학 교원(敎員)의 등급 차이 및 학위의 명칭을 개정
하여, 박사·학사·득업생(得業生)의 세 등급으로 학위를 부여하였다. 메
이지 10년(1877)에는 대승 이하 관직을 폐지하고, 대서기관(大書記官),
권대서기관(權大書記官), 소서기관(少書記官), 권소서기관(權少書記官)을
두었다.

현재의 관원을 살펴보면 문부경은 1명으로 월급은 금 500원(圓)이며,

부하 관원을 통솔하고 모든 사무를 주관한다. 부하 관원의 직위 부여와 승진에서 주임(奏任) 이상은 문서를 갖추어 보고하고, 판임(判任) 이하 는 자율적으로 결단하여 시행한다. 주로 원로원의 회의장에서 시행해 야 할 법안을 열거하고, 그 이해득실을 논변하는 업무를 맡는다.

대보(大輔)는 1명으로 월급이 금 400원이며, 주로 문부경의 직무를 보좌한다. 문부경에게 사유가 있으면, 그 직무를 대리한다. 소보(少輔) 는 1명으로 월급이 금 350원이며, 대보에 버금가는 일을 맡는다. 대서 기관(大書記官)은 2명으로 월급은 각 금 250원, 권대서기관(權大書記官) 은 3명으로 월급이 각 금 200원, 소서기관(少書記官)은 3명으로 월급이 각 금 150원, 권소서기관(權少書記官)은 1명으로 월급이 금 100원이다. 각자가 문부경의 명을 받아 맡은 임무를 수행한다.

소속 관원은 1등 관리부터 10등 관리까지 모두 96명이며, 등급에 따라 정해진 액수가 없이 노동에 따라 승급한다. 또 어용괘(御用掛: 천황과 연관 되는 관청에서 명을 받아 직무를 수행하는 직책) 27명이 있는데, 월급이 금 60원에서부터 12원까지 다양하며, 각자 다양한 업무를 맡아 처리한다.

1.3. 사무장정(事務章程)【아홉 조항을 덧붙임】

메이지 4년(1871)에 문부성은 도쿄부의 중·소학교를 직접 관할하였는 데, 이후 학제를 반포할 때, 이를 모두 도쿄부에 소속시켰다. 동교와 남교는 교칙을 개정하면서 정칙(正則)과 변칙(變則: 예외 조항)이라는 두 개의 조항 중 변칙을 폐지하였다. 외국의 여러 나라에서 외국 교사의 선발 인원을 늘렸고, 일본에서는 우수한 학생을 선발하여 외국에 유학 보냈다. 【외국 교사는 외국어로 수업하는 것을 정칙으로 삼고, 일본 교사는 외

국어와 일본어로 번역하여 수업하는 것을 변칙으로 삼았다.】

메이지 5년(1872)에 학제를 전국에 반포하였으며, 메이지 6년(1873)에
는 문부성의 일지(日誌)를 폐지하고, 문부성의 보고서와 잡지를 만들어
반포했다. 주로 교육, 학술 및 외국 신문의 교육 등과 관련된 일을 심의
하였다.

메이지 7년(1874)에는 문부성의 사무를 4과(課) 1국(局)으로 하고, 사
무 조직에는 각각 장(長)을 두어 그 책임을 전담하게 하였다. 첫째, 학무
과(學務課)는 학교·교사·학생 등과 관련된 사무를 관장했다. 둘째, 회
계과는 문부성의 재무를 조사하고 각 부서의 출납을 직접 관리했다. 셋
째, 보고과(報告課)는 문부성 업무의 제반 보고와 잡지의 임시 편집, 인
쇄 빌행 등을 밑있다. 넷째, 준각과(准刻課)는 도서를 허가하여 인쇄, 빌
행하는 일을 관장했다. 다섯째, 의무국(醫務局)은 위생과 관련된 제반
사항을 맡았다.

메이지 8년(1875)에는 박물회, 사무국, 박물관, 서적관, 고이시카와
(小石川)[2] 식물원을 통합하여 문부성에 포함시켰다. 메이지 9년(1876)에
는 문부성의 대보(大輔)를 미국(亞米利加)에 보내 박람회를 관람하게 하
였다. 메이지 10년(1877)에는 대학에서 사용하는 교과목을 번역하였다.
【본래 대학의 각 학과에서는 외국어로 수업을 진행하였는데, 이때부터 번역된 교
과목을 일본어로 가르쳤다.】

메이지 11년(1878)에는 메이지 10년(1877) 7월부터 이해 6월까지 오고
간 문서 8,958건을 조사하여 정리하였다. 또한 문부성의 세 번째 연보

---

2 고이시카와(小石川): 도쿄도(東京都) 문쿄쿠(文京區)의 한 지구이다. 에도 시대 이후의
식물원, 후락원(後樂園), 전통원(伝通院) 등이 남아있다.

(年報) 5,000부를 인쇄하고, 교육 잡지 24만 6,950부를 간행했으며, 잡지 1,800부를 발행하고, 교과 도서 29종 36,873부를 간행하였다. 메이지 11년 7월부터 12월까지의 문서 4,341건을 조사하여 정리하고, 문부성의 네 번째 연보 5,500부를 인쇄했다. 또한 일지 8,400부를 간행하고, 교육 잡지 10만 5,750부를 발행했으며, 교과 도서 11종 2만 2,500부를 펴냈다. 일본의 교육은 지식 습득에 치우쳐 있어 신체를 단련하는 데에는 부족했기 때문에 체조전습소(體操傳習所)를 설치하고, 외국에서 체조 전문교사를 초빙하여 학생을 가르쳤다.

메이지 12년(1879)에는 문부성에서 간행한 도서의 번각을 금지시켰는데, 함부로 뜻과 주석 달면서 본래의 모습을 잃어버림은 물론이고 그 쓰임이 적절하지 않아 교육에 피해를 주었기 때문이다.

첫째, 관립학교와 유치원, 서적관, 박물관 등을 폐지하거나 설치하였다.

둘째, 부하(部下) 관리와 학생을 외국에 파견하였다.

셋째, 각 사무국을 폐지하거나 설치하고, 국장을 임명하거나 면직하였다.

넷째, 각 사무국의 업무 규정을 정하였다.

다섯째, 학위의 명칭을 부여하였다.

여섯째, 관립학교의 학칙을 정하였다.

일곱째, 주관하는 사무를 널리 전달하였다.

여덟째, 외국인을 새로 고용하거나 해고하였다.

아홉째, 새롭게 사무를 창설하고 옛 규정을 변경하였다.

1.4. 경비(經費)

메이지 5년(1872) 9월에는 문부성의 정액금이 1년에 200만 원이었는데, 메이지 6년(1873) 1월에 130만 원으로 감액되었다. 메이지 8년(1875) 1월에 다시 200만 원으로 증액한 후, 7월에 또다시 170만 원으로 감액하였다. 메이지 9년(1876)에는 170만 4,800원으로 정한 후, 메이지 10년(1877)에 다시 120만 원으로 감액되었고, 메이지 11년(1878)에 114만 원, 메이지 12년(1879)에는 113만 9,970원이 되었다. 메이지 13년(1880)에 이르러 일 년 회계 금액은 118만 1,100원이었는데, 문부성에는 25만 8,558원, 도쿄대학교에는 26만 7,703원, 도쿄의학부에는 13만 9,449원, 오사카중학교에는 5만 9,000원, 도쿄외국어학교에는 4만 8,332원, 도쿄사범학교에는 3만 2,000원, 노쿄여자사범학교에는 2만 2,200원, 도쿄직공학교(東京職工學校)에는 3만 5,000원, 도서관에는 1만 원, 교육박물관에는 1만 5,000원, 학사회원에는 8,278원, 체조전습소에는 1만 5,580원을 배당하여 사용하였다. 또 부(府)와 현(縣)의 사범학교에 7만 원, 부와 현의 소학교에 20만 원을 보조(輔助)하였다.

1.5. 학교지략(學校誌畧)

문부성을 설치한 뒤에 대학교를 '대학'이라고 바꿔 불렀다. 도쿄개성교는 '대학남교(大學南校)', 도쿄의학교는 '대학동교(大學東校)', 아니면 '동교', '남교'라고 간단하게 부르기도 하였다. 또 동교는 '제1대학구 도쿄의학교', 남교는 '제1대학구 도쿄 제1번 중학', 양학소(洋學所: 서양 학문 학습소)는 '제2번 중학'이라고 불렀다. 오사카개성소(大阪開成所)는 '제4대학구 오사카 제1번 중학', 오사카의학교(大阪醫學校)는 '제4대학구 오사카의학교', 나가사키광운관(長崎廣運館)은 '제6대학구 나가사키 제1번 중학', 나가사키의학교는 '제6대학구 나가사키의학교'로 개칭했다. 도쿄에 독학국(督學局)을 설치하고, 사범학교를 창설하였으며, 여자학교와 여자사범학교를 설치하였다. 이후에 오사카중학(大阪中學)은 '개명학교(開明學校)', 나가사키중학(長崎中學)은 '광운학교(廣運學校)'로 불렀다.

메이지 6년(1873)에 전국 여덟 개 대학구(大學區)와 대학본부를 개정하였다. 제1대학구는 도쿄부, 제2대학구는 아이치현(愛知縣), 제3대학구는 오사카부(大阪府), 제4대학구는 히로시마현(廣島縣), 제5대학구는 나가사키현(長崎縣), 제6대학구는 니가타현(新潟縣), 제7대학구는 미야기현(宮城縣)을 대학본부로 삼았다. 현재 도쿄에 있는 학교는 대학의 법·이·문 세 학부, 대학 예비문, 대학 의학부, 사범학교, 부속소학교, 여자사범학교, 부속유치원, 외국어학교, 체조전습소로 이루어져 있다.

1.6. 교육령(敎育令)【메이지 13년(1880) 12월에 개정하여 반포함】

1. 문부경은 전국의 교육 사무, 학교, 유치원, 서적관(書籍館)을 통괄하며, 공립과 사립을 불문하고 모두 문부경의 감독을 받는다.

1. 학교는 소학교, 중학교, 대학교, 사범학교, 농학교, 상업학교, 직공학교와 나머지 여러 학교를 포함한다.

1. 소학교는 아동에게 보통 교육을 전수하는 기관으로, 학과목은 초급 수준의 수신(脩身), 독서, 습자(習字), 산술, 지리, 역사 등이다. 토지 상황이 허락한다면 괘획(罫畫), 노래(唱歌), 체조 혹은 물리, 생리, 박물 등의 개요를 가르치는 과목을 늘릴 수 있다. 여학생은 재봉 과목을 하나

더 개설해야 하는데, 만약 부득이한 사정이 있다면 수신(修身), 독서, 습자(習字), 산술, 지리, 역사 중에서 지리와 역사를 뺄 수 있다.

1. 중학교는 고등의 보통 학과목을 교육하는 기관이다.

1. 대학교는 법학, 이학, 의학, 문학 등 전문적인 여러 학과목을 교육하는 기관이다.

1. 사범학교는 교원을 양성하는 기관이다.

1. 전문학교는 전문 분야의 학과목 하나를 교육하는 기관이다.

1. 농학교는 농경과 관련된 학업을 교육하는 기관이며, 상업학교는 상업과 관련된 학문을 교육하는 기관이다. 직공학교는 여러 직종의 직업과 관련된 교육을 하는 기관이다. 이상 열거한 학교들은 모든 사람이 다 설립할 수 있다.

1. 각 정촌(町村: 도시와 시골)은 부지사, 현령의 지시에 따라 독립 혹은 연합하여, 취학 연령 아동을 교육하기에 충분한 소학교를 세워야 한다. 【단, 사립소학교는 소학교를 대신할 수 있는데, 부지사와 현령의 인가를 얻어야 하며, 따로 설치가 필요한 것은 아니다.】

1. 각 정촌에서 설립한 소학교는 독립적으로 혹은 구역을 연합하여 학무위원(學務委員)을 두고 교무를 처리하도록 하는데, 학무위원은 호장(戶長)이 그 인원을 추가한다. 【단, 인원의 증감, 급여의 유무 및 비용은 구(區)나 정촌에서 회의하여 결정하며, 부지사와 현령의 인가를 받는다.】

1. 학무위원을 선발할 때는 정촌 사람들이 정원의 2배 혹은 3배를 추천하고, 부지사와 현령이 취합하여 선임한다. 【단, 추천 규정은 부지사나 현령이 초안을 작성하고, 문부경의 인가를 받는다.】

1. 학무위원은 소속된 부지사, 현령의 감독을 받으며, 아동의 취학, 학교의 설치 및 보호를 관장한다.

1. 아동은 6세부터 14세까지의 8년을 취학 연령으로 한다.

1. 취학 연령의 아동이 학교에 다니게 되면 부모나 후견인이 책임져야 한다.

1. 부모나 후견인은 소학과 3년 과정을 마치지 않은 취학 연령의 아동이 있을 때, 부득이한 경우를 제외하고는 매년 16주 이상 학교에 보내지 않으면 안 된다. 취학 연령의 아동이 소학과 3년 과정을 마쳤더라도 특별한 사유가 없이 학교 수업을 결석해서는 안 된다.【단, 취학의 감독과 책임에 관한 규칙은 부지사나 현령이 초안을 작성하고, 문부경의 인가를 받는다.】

1. 소학교의 학기는 3년 이상 8년 이하로 하며, 수업 일수는 1년에 32주 이상으로 한다.【단, 수업시간은 하루에 3시간 이상 6시간 이하로 한다.】

1. 취학 연령의 아동이 학교에 입학하지 않거나 '순회 수업법(巡回授業法)'에 따르지 않고 별도로 보통 교육을 받고자 할 경우에는 반드시 군장(郡長)이나 구장(區長)의 인가를 받아야 한다.【단, 군장이나 구장은 정촌의 학교에서 아동의 학업 시험을 치르게 해야 한다.】

1. 정촌의 소학교 설립 이유는 '순회 수업법'을 개설하여, 보통의 학과목을 아동에게 교육하려는 것이며, 이는 부지사나 현령의 인가를 거쳐야 한다.

1. 학교는 공립과 사립으로 나뉘는데, 지방세나 정촌의 공공 자금으로 설립한 기관은 공립학교이고, 한 사람 혹은 여러 사람의 사비로 설립한 기관은 사립학교이다.

1. 공립학교, 유치원, 서적관 등의 폐지와 설립은 부(府)·현(縣)에서는 문부경의 인가를 거치며, 정촌(町村)에서는 부지사나 현령의 인가를 거친다.

1. 사립학교, 유치원, 서적관 등의 설치는 부지사나 현령의 인가를

거치며, 폐지 또한 부지사나 현령에게 보고해야 한다.【단, 사립학교가
공립학교를 대신하는 경우의 폐지는 부지사나 현령의 인가를 거친다.】

1. 정촌에 설립한 사립학교, 유치원, 서적관 등의 폐지 규칙은 부지사
나 현령이 초안을 작성하여, 문부경의 인가를 받는다.

1. 소학교 교칙은 문부경이 반포한 요강에 기초하여, 부지사나 현령
이 토지의 정황을 헤아려서 편제하고, 문부경의 인가를 거쳐 관내에서
시행한다.【단, 부지사나 현령이 교칙을 시행하고자 할 때, 표준으로 삼아 따르
기 어려운 것이 있으면 헤아려서 내용을 수정, 보완하고, 의견을 진술하여 문부
경의 인가를 받는다.】

1. 공립학교의 비용 중 부(府)·현(縣) 회의에서 정한 것은 지방세에서
비용을 부담하며, 정촌 사람들이 협의한 것은 정촌에서 비용을 부담한다.

1. 정촌에서 비용을 부담하여 설치, 보호하는 학교가 지방세에서 재
원을 보조해 주기를 요구한다면 부(府)·현(縣)의 회의를 거쳐서 시행할
수 있다.

1. 공립학교의 부지는 세금을 면제한다.

1. 모든 학사 관련 기부금은 기부한 사람이 지정한 목적 외에 지출할
수 없다.

1. 각 부(府)·현(縣)은 사범학교를 설립하여, 소학교의 교원을 양성한다.

1. 공립 사범학교의 졸업생은 소정의 시험을 마친 후, 졸업증서를 수
여 받는다.

1. 공립 사범학교는 본교 학생이 아닌 자가 졸업증서를 신청할 경우,
그 학업 능력을 시험으로 평가하여, 합격자에게 졸업증서를 수여할 수
있다.

1. 교원은 남녀를 가리지 않으며, 연령은 18세 이상이어야 한다.【단,

품행이 바르지 못한 자는 교원이 될 수 없다.】

1. 소학교 교원은 반드시 관립, 공립 사범학교 졸업증서를 소지한 자여야 한다. 【단, 사범학교 졸업증서가 없더라도, 부지사나 현령이 교원증을 발급한 자는 해당 부(府)·현(縣)에서 교원이 될 수 있다.】

1. 문부경은 수시로 관리를 파견하여, 부(府)·현(縣)의 학사 실황(實況)을 순시한다.

1. 공립, 사립학교는 모두 문부경이 파견한 관리를 거부할 수 없다.

1. 부지사, 현령은 매년 관내 학사 실황을 기재하여 문부경에게 보고한다.

1. 모든 학교의 남학생과 여학생은 같은 교육장을 사용할 수 없다. 【단, 소학교는 남학생과 여학생이 같은 교육장을 사용해도 무방하다.】

1. 모든 학교의 수업료는 수납 여부를 임의로 적절하게 처리한다.

1. 아동 중 천연두 접종을 하지 않았거나 천연두에 걸린 경험이 없으면 학교에 입학할 수 없다.

1. 전염병에 걸린 자는 학내(學內)의 출입을 불허한다.

1. 모든 학교는 학생을 체벌해서는 안 된다. 【구타나 포박 등의 행위가 포함된다.】

1. 학생이 시험을 치를 때는 부모나 후견인이 와서 참관할 수 있다.

1. 정촌에서 설립한 학교의 교원은 학무위원이 부지사나 현령에게 신청하여, 임명하거나 면직한다.

1. 정촌에서 설립한 소학교 교원의 봉급은 부지사나 현령이 제정하여 문부경의 인가를 거친다.

1. 각 부(府)·현(縣)에서는 토지 상황에 따라 중학교, 전문학교, 농학교, 상업학교, 직업학교 등을 설립할 수 있다.

2. 대학의 법(法)·이(理)·문(文) 세 학부

2.1. 기략(記畧)

도쿠가와(德川) 7대 쇼군(將軍) 이에노부(家宣)[3]는 처음으로 서양 방식을 제창했다. 그는 사람들에게 네덜란드에 가서 언어·의술·역산을 배우게 했고, 이후에 일본에서 서양의 여러 학술이 점차 유행되었다. 이에노부의 아들 요시무네(吉宗)[4]는 에도(江戶)에 천문대를 설치하고, 간천의(簡天儀)를 제작하여, 역산의 추보(曆算推步:천체의 운행을 관측하여 역서를 만드는 일)를 관장하였다. 또한 그는 처음으로 번역국을 설치하고, 네덜란드 학자를 발탁하여 네덜란드 서적을 번역했는데, 이를 '번서화해방(蕃書和鮮方: 서양책 번역소)'이라고 불렀으며, 이후에 번역국은 '번서조소(翻書調所)'라고 바꿔 불렀다. 그는 개교식을 거행하면서 바쿠후(幕府) 인사와 모든 번사(藩士)의 입학을 허가하였으며, 아울러 영국·프랑스·독일·러시아 책을 강의하였다. 이후에 화학·물산학(物産學)·수학 세 학과를 개설하고, 학교 이름을 '양서조소(洋書調所)'라고 부르다가 다시 '개성소(開成所)'라고 불렀다.

메이지 1년(1868)에는 '개성소'를 부흥시켜 새로운 교칙을 만들었고, 메이지 2년(1869)에는 교육장을 새로 열고 강습소를 다시 설치하였다. 미국 사람을 고용하여 영어·프랑스어·독일어의 어학 교사로 삼았다. 학교는 '대학남교(大學南校)'라고 개칭하고, 화학소(化學所)는 '이학소(理

---

3 도쿠가와 이에노부(德川家宣, 1662~1712): 도쿠가와 제6대 쇼군(1709~1712)이다. 고후번(甲府藩) 번주인 도쿠가와 쓰나시게(德川綱重)의 장남이다.

4 도쿠가와 요시무네(德川吉宗, 1684~1751): 도쿠가와 제8대 쇼군(1716~1745)으로, 기주(紀州) 2대 번주(藩主)인 도쿠가와 미쓰사다(德川光貞)의 4남이다.

學所)'로 바뀌었다. 모든 번(藩)의 16세 이상 20세 이하의 우수한 인재를 선발하여 이 학교에 입학시켰는데, 이들을 '공진생(貢進生)'이라고 불렀다. 또한 학생을 선발하여 영국에 유학 보냈으며, 박람회를 개최하였다.

메이지 4년(1871) 7월, 태학을 폐지하고 문부성을 설립하였으며, 본교를 '남교(南校)'라고 바뀌었다가, 8월에 또다시 '제1대학구 제1번 중학'으로 개칭하였다.

메이지 6년(1873)에는 학교 이름을 '개성학교(開成學校)'로 변경하고, 법학·이학·공학·제예학(諸藝學)·광산학(礦山學) 다섯 학과를 개설하였다. 법학·이학·공학 세 학과는 영어, 제예학과는 프랑스어, 광산학과는 독일어로 수업하였다.

메이지 7년(1874)에는 학내의 교실을 나누어 서적열람실로 만들고, 학생들이 여가 시간에 일본, 중국, 서양 서적을 번역하거나 열람하게 하였다. 법학·화학·공학 세 학과 이외에는 다시 예과(豫科)를 설치하였다.

메이지 10년(1877)에는 강의실에서 개강식을 개최하였다. 4월에 문부성은 본교와 도쿄의학교를 합쳐 '도쿄대학'이라 하고, 법학·이학·의학·문학의 네 학부로 나누었다. 법학·이학·문학 세 학부는 본교에 두고, 도쿄 영어학교는 도쿄대학 예비문에 설치하였다.

메이지 11년(1878) 5월, 법학과와 토목공학과의 졸업생 중 한 명씩은 영국에서 유학하도록 하고, 물리학과의 졸업생 중 한 명은 프랑스에서 유학하도록 하였다. 이해 9월에는 학기제도와 취업규칙을 개정하였다. 본 규칙을 이행하기 어려운 각 학과에서는 따로 학과 규칙을 만들었다.

2.2. 편제(編制) 및 교지(敎旨)

1. 도쿄대학은 법학부, 이학부, 문학부, 의학부를 포함한다. 법학부에는 법학과를 설치하고, 이학부에는 화학과, 수학·물리학 및 성학(星學)과, 생물학과, 공학과, 지질학과, 채광 및 야금학(冶金學)과, 문학부에는 철학·정치학·이재학(理財學)과 및 화한문학과(和漢文學科)를 두었다. 각 학과는 전공과목 하나를 전문적으로 교육하는 것을 요지로 한다.

1. 도쿄대학 예비문은 도쿄대학 소속으로 법학부, 이학부, 문학부에서 관장한다. 학생 중 본 학부에 입학한 자는 먼저 예비문을 거친 후에 일반 학과를 수학할 수 있다.

2.3. 학과 과정(學科課程)

1. 법학부, 이학부, 문학부의 여러 학과 과정은 4년을 주기로 하고, 학생의 등급은 네 등급으로 한다.

1. 법학부 학생은 모두 동일한 학과에서 수학하고, 이학부에는 여섯 학과, 문학부는 두 학과를 설치하는데, 이학부와 문학부의 학생은 자신의 취향에 따라서 한 과목을 전문적으로 수학한다.

1. 각 학부는 일본어로 학생을 교육하는 것을 목표로 한다. 그러나 현재 상황에서 잠시 영어로 교육하며, 학생들은 프랑스와 독일 두 나라의 언어 가운데 하나를 익혀야 하는데, 법학부 학생은 반드시 프랑스어를 함께 익혀야 한다.

1. 각 학부의 과목은 다음과 같다.

2.4. 법학부(法學部)

1. 본 학부는 일본의 법률을 교육하는 것을 본지(本旨)로 한다. 또 추가로 영국과 프랑스의 법률 요강을 가르친다.

제1년 과정은 영문학(英文學)과 작문을 1년 동안【매주 4시간】, 윤리학은 반년 동안【매주 2시간】, 심리학 대의는 반년 동안【매주 2시간】, 사학【프랑스사, 영국사】은 1년 동안【매주 3시간】, 일본 문학(和文學)은 1년 동안【매주 2시간】, 중국 문학(漢文學) 및 작문은 1년 동안【매주 4시간】, 프랑스어는 1년 동안【매주 3시간】 배운다.

제2년 과정은 일본 고대법률을 1년 동안【매주 2시간】, 일본현대법률【형법】은 1년 동안【매주 2시간】, 영국법률【서론, 형법, 결약법(結約法), 부동산법, 사범법(私犯法)】은 1년 동안【매주 6시간】, 영국 국헌은 1학기 동안【매주 3시간】, 프랑스어는 1년 동안【매주 3시간】 공부한다.

제3년 과정은 일본 고대법률【대보령(大寶令)】을 1년 동안【매주 1시간】, 일본 현행법률【치죄법, 소송연습(訴訟演習)】은 1년 동안【매주 2시간】, 영국법률【결약법, 형평법(衡平法), 소송법, 증거법, 해운법(海運法), 가족법, 소송연습】은 1년 동안【매주 9시간】, 프랑스 법률 요령【형법】은 1년 동안【매주 3시간】 공부한다.

제4년 과정은 일본 고대법률【대보령】을 1년 동안【매주 1시간】, 일본 현행법률【치죄법, 소송연습】은 1년 동안【매주 2시간】, 영국법률【해상보험법, 소송연습】은 1년 동안【매주 2시간】, 열국교제법(列國交際法)【공법(公法), 사법(私法)】은 1년 동안【매주 3시간】, 법론은 1년 동안【매주 3시간】, 프랑스 법률요령【민법】을 1년 동안【매주 3시간】 공부하고, 졸업논문을 작성한다.

2.5 이학부(理學部)

1. 본 학부는 화학과, 수학·물리학 및 성학(星學)과, 생물학과, 공학과, 지질학과, 채광 및 야금학(冶金學)과 등 여섯 학과를 포함한다.

1. 제1년 과정은 각 학과와 다른 점이 없으며, 이후 3년은 본인이 선택한 전공에 따라 한 학과를 전문적으로 수학한다.

1. 각 학과는 제3년과 제4년 과정에서 교원이 학생을 위해 한문 강의를 개설해야 하고 학생은 선택하여 수강한다.

이학부의 여러 학과

제1년 과정은 수학【대수, 기하】을 1년 동안【매주 4시간】, 중학대의(重學大意)는 두 학기 동안【매주 2시간】, 성학내의(星學人意)는 한 학기 동안【매주 3시간】, 화학(化學)【무기화학, 실험】은 1년 동안【매주 4시간】, 금석학 대의는 반년 동안【매주 2시간】, 지질학 대의는 반년 동안【매주 3시간】, 미술(畵學)은 1년 동안【매주 2시간】, 논리학은 반년 동안【매주 2시간】, 심리학 대의는 반년 동안【매주 2시간】, 영어는 1년 동안【매주 4시간】 공부한다.

화학과

제2년 과정은 분석화학【검질분석(檢質分析)】을 1년 동안【매주 12시간】, 유기화학(有機化學)은 1년 동안【매년 2시간】, 물리학은 1년 동안【매주 4시간】, 금석학은 1년 동안【매주 2시간】, 영어는 1년 동안【매주 2시간】, 프랑스어 혹은 독일어는 1년 동안【매주 2시간】 공부한다.

제3년 과정은 분석화학【정량분석】을 1년 동안【매주 2시간】, 제조화학은 1년 동안【매주 3시간】, 야금학은 1년 동안【매주 4시간】, 물리학은 1년 동안【매주 3시간】, 프랑스어 혹은 독일어는 1년 동안【매주 2시간】 공부한다.

제4년 과정은 분석화학【정량분석, 시금(試金)】을 1년 동안【매주 12시간】, 제조화학은 1년 동안【매주 3시간】 배우고, 졸업논문을 작성한다.

수학·물리학 및 성학(星學)과

1. 본 학과는 수학, 물리학, 성학(星學: 천문학) 세 학문을 교육하며, 학년마다 교과목이 서로 다르다. 학생은 제2년 과정부터 세 학문 중 본인의 전공에 따라 하나의 학문을 집중적으로 수학한다.

제2년 과정은 순정수학(純正數學)을 1년 동안【매주 8시간】, 물리학은 1년 동안【매주 6시간】, 성학은 1년 동안【매주 6시간】, 중학(重學)은 1년 동안【매주 4시간】, 분석화학【물질】은 1년 동안【매주 3시간】, 영어는 1년 동안【매주 2시간】, 프랑스어 혹은 독일어는 1년 동안【매주 2시간】 공부한다.

제3년 과정은 순정수학【수(數)와 양(量)】을 1년 동안【매주 3시간】, 응용수학은 1년 동안【매주 4시간】, 물리학은 1년 동안【매주 6시간】, 분석화학【물질】은 1년 동안【매주 4시간】, 성학【수(數)와 성(星)】은 1년 동안【매주 6시간】, 프랑스어 혹은 독일어는 1년 동안【매주 2시간】 공부한다.

제4년 과정은 순정수학【수(數), 성(星)】을 1년 동안【매주 5시간】, 응용수학은 1년 동안【매주 5시간】, 물리학은 1년 동안【매주 8시간】, 성학【수(數), 성(星)】은 1년 동안【매주 6시간】 공부하고, 졸업논문을 제출한다.

생물학과

1. 본 학과의 제4학년 학생은 학제의 마지막 1년 동안 본인의 선택에 따라 동물학 혹은 식물학 중에서 한 과목을 선택하여 집중적으로 수학한다.

제2년 과정은 동물학을 1년 동안【매주 8시간】, 식물학은 1년 동안【매주

8시간】, 생리화학은 반년 동안【매주 2시간】, 영어는 1년 동안【매주 2시간】, 프랑스어 혹은 독일어는 1년 동안【매주 2시간】 공부한다.

제3년 과정은 동물학을 1년 동안【매주 10시간】, 식물학은 1년 동안【매주 10시간】, 고생물학은 1년 동안【매주 2시간】, 프랑스어 혹은 독일어는 1년 동안【매주 2시간】 공부한다.

제4년 과정은 동물학을 1년 동안【매주 36시간】, 식물학은 1년 동안【매주 20시간】 공부하고, 졸업논문을 제출한다.

공학과(工學科)

1. 본 학과의 제4학년 학생은 학제의 마지막 1년 동안 본인의 선택에 따라 기계공학 혹은 토목공학 중에서 한 과목을 선택하여 집중적으로 수학한다.

제2년 과정은 수학을 1년 동안【매주 5시간】, 중학(重學)은 1년 동안【매주 4시간】, 물질강약론(物質强弱論)은 1년 동안【매주 2시간】, 육지측량【강의와 야외 및 실내 실험】은 1년 동안【매주 4시간】, 물리학은 1년 동안【매주 4시간】, 기계 도면(機械圖)은 1년 동안【매주 4시간】, 영어는 1년 동안【매주 2시간】, 프랑스어 혹은 독일어는 1년 동안【매주 2시간】 공부한다.

제3년 과정은 열동학(熱動學) 및 증기기관학(蒸氣機關學)은 1년 동안【매주 2시간】, 결구강약론(結搆强弱論)은 1년 동안【매주 2시간】, 기계학은 1년 동안【매주 2시간】, 도로와 철도의 측량 및 구조는 1년 동안【매주 6시간】, 물리학은 1년 동안【매주 6시간】, 기계 도면은 1년 동안【매주 4시간】, 프랑스어 혹은 독일어는 1년 동안【매주 2시간】 공부한다.

제4년 과정에서 기계공학 전공자는 기계 계획(機械計畫)·제도(製圖)·실험(實驗), 재료 시험(材料試驗), 기계장 실험을 진행하고, 졸업논문

을 작성한다. 토목공학 전공자는 토목공학을 1년 동안【매주 12시간】, 교
량 구조(橋梁構造)와 지질 측량 기술(測地術)【강의 및 야외·실내 실험】, 해
상 측량(海上測量)·치수공학(治水工學)·조영학(造營學)은 두 학기 동안
【매주 2시간】, 응용지질학은 1년 동안【매주 1시간】 공부하고, 졸업논문을
작성한다.

지질학과(地質學科)

제2년 과정은 지질연혁론(地質沿革論)을 1년 동안【매주 2시간】, 금석학
은 1년 동안【매주 2시간】, 금석식별은 1년 동안【매주 1시간】, 검질분석(檢質
分析)은 1년 동안【매주 5시간】, 취관검질분석(吹管檢質分析)은 1년 동안【매
주 2시간】, 채광학은 1년 동안【매주 3시간】, 육지측량과 지지도(地誌圖)는
1년 동안【매주 4시간】, 동물학은 1년 동안【매주 2시간】, 식물학은 1년 동안
【매주 2시간】 공부한다. 또 지질을 순회 검사(地質巡檢)하고, 영어를 1년
동안【매주 2시간】, 프랑스어 혹은 독일어를 1년 동안【매주 2시간】 공부한다.

제3년 과정은 고생물학을 1년 동안【매주 2시간】, 암석의 식별 및 실험
은 1년 동안【매주 1시간】, 화석의 식별 및 실험은 1년 동안【매주 2시간】,
지질 측량과 변동지질학은 1년 동안【매주 2시간】, 석질학(石質學)은 1년
동안【매주 1시간】, 정량분석은 1년 동안【매주 10시간】 공부한다. 또 지질을
순회 검사하며, 프랑스어 혹은 독일어를 1년 동안【매주 2시간】 공부한다.

제4년 과정은 암석의 식별과 실험을 1년 동안【매주 2시간】, 화석의 식
별과 실험은 1년 동안【매주 3시간】, 현미경을 사용한 암석과 금석의 조사
와 관찰【강의와 실험】은 1년 동안【매주 3시간】, 지질측량과 표면 지질학은
1년 동안【매주 3시간】, 응용지질학은 1년 동안【매주 1시간】 공부한다. 또
지질을 순회 검사하며, 졸업논문을 작성한다.

채광·야금학과

제2년 과정은 채광학을 1년 동안【매주 3시간】, 금석학(金石學)은 1년 동안【매주 2시간】, 석질학(石質學)은 1년 동안【매주 1시간】, 육지측량은 1년 동안【매주 4시간】, 응용중학(應用重學)은 1년 동안【매주 4시간】, 금석 식별은 1년 동안【매주 1시간】, 검질분석(檢質分析)은 1년 동안【매주 8시간】, 기계도면은 1년 동안【매주 2시간】, 영어는 1년 동안【매주 2시간】, 프랑스어 혹은 독일어는 1년 동안【매주 2시간】 공부한다.

제3년 과정은 야금학을 1년 동안【매주 4시간】, 취관검질분석(吹管檢質分析)은 1년 동안【매주 3시간】, 도태광광법(淘汰鑛礦法)은 1년 동안【매주 2시간】, 정량분석은 1년 동안【매주 10시간】, 기계도면은 1년 동안【매주 2시간】, 지질연혁론(地質沿革論)은 1년 동안【매주 2시간】 공부한다. 또 광산조업(鑛山操業) 실험(實驗)을 진행하고 프랑스어 혹은 독일어를 1년 동안【매주 2시간】 공부한다.

제4년 과정은 시금(試金)을 1년 동안【매주 5시간】, 지중측량(地中測量)은 한 학기 동안【매주 1시간】, 정량취관분석(定量吹管分析)은 1년 동안【매주 3시간】, 광업계량(鑛業計量)은 1년 동안【매주 4시간】, 도태광광법(淘汰鑛礦法)과 야금학시험(冶金學試驗)은 1년 동안【매주 4시간】, 응용지질학은 1년 동안【매주 1시간】, 조영학(造營學)은 두 학기 동안【매주 3시간】 공부한다. 또 땅속 측량과 실험을 진행하고, 광산을 순찰하며, 졸업논문을 작성한다.

2.6. 문학부

1. 본 학부에는 철학·정치학·이재학(理財學)과와 화한문학과(和漢文

學科) 두 학과를 설치한다.

1. 제1학과와 제2학과는 제1년 과정에서부터 이미 차이가 발생하기 때문에 제1년 초부터 학생에게 학과를 하나 정하여 전문적으로 이수하게 한다.

1. 제1학과는 제2년과 제3년 2년 동안에 기재된 여러 학과목을 이수하게 하고, 제4년 과정에서 철학, 정치학, 이재학 중 한 과목을 선택하여 전문적으로 이수하게 한다. 또한 남은 두 과목과 사학(史學) 중에서 한 과목을 선택하여 함께 수강하게 한다.

1. 제1학과는 제4년 과정에서 영문학과 한문학의 수강 여부는 학생의 자의에 맡기지만, 한문은 반드시 작성하게 한다.

1. 제2학과는 3년 동안 일본과 중국의 고금(古今) 문학을 전문적으로 공부하는 취지로 임한다. 또한 3년 동안 영문학, 사학, 철학 중에서 한 과목을 택하여 함께 공부하도록 한다.

1. 별도로 프랑스 책을 강의하는 과목을 개설하고, 문학부 학생들이 강의를 선택하여 수강하게 한다.

제1년 과정은 일본 문학(和文學)을 1년 동안【매주 2시간】, 중국 문학(漢文學) 및 작문은 1년 동안【매주 4시간】, 사학【프랑스사, 영국사】는 1년 동안【매주 3시간】, 영문학 및 작문은 1년 동안【매주 4시간】, 논리학은 반년 동안【매주 2시간】, 심리학 대의는 반년 동안【매주 2시간】, 프랑스어 혹은 독일어【독일어는 제1학과의 전공자가 수강한다.】는 1년 동안【매주 3시간】 공부한다.

철학·정치 및 이재학(理財學)과

제2년 과정은 철학【철학사, 심리학】을 1년 동안【매주 4시간】, 사학【영국

헌법사)은 1년 동안[매주 3시간], 일본 문학(和文學)은 1년 동안[매주 2시간], 중국 문학(漢文學) 및 작문은 1년 동안[매주 4시간], 영문학[문학사, 작문 및 비평]은 1년 동안[매주 3시간], 프랑스어 혹은 독일어는 1년 동안 [매주 3시간] 공부한다.

제3년 과정은 철학[도의학(道義學)]을 1년 동안[매주 3시간], 정치학은 1년 동안[매주 3시간], 이재학(理財學)은 1년 동안[매주 3시간], 사학[그리스사(希臘史), 로마사(羅馬史)]은 1년 동안[매주 3시간], 일본 문학(和文學)은 1년 동안[매주 2시간], 중국 문학 및 작문은 1년 동안[매주 4시간], 영문학[작문 및 비평]은 1년 동안[매주 3시간] 공부한다.

제4년 과정은 철학을 1년 동안[매주 5시간], 정치학 및 열국교제공법(列國交際公法)은 1년 동안[매주 4시간], 이재학은 1년 동안[매주 3시간], 사학은 1년 동안[매주 3시간], 중국 문학 및 작문은 1년 동안[매주 3시간], 영문학[비평과 해석]은 1년 동안[매주 3시간] 공부하고, 졸업논문을 작성한다.

화한문학과(和漢文學科)

제2년 과정은 일본 문학(和文學) 및 작문을 1년 동안[매주 5시간], 중국 문학 및 작문을 1년 동안[매주 9시간], 영문학, 사학, 철학 중에서 한 과목을 택하여 1년 동안[매주 3시간] 공부한다.

제3년 과정은 일본 문학(和文學) 및 작문을 1년 동안[매주 5시간], 중국 문학 및 작문은 1년 동안[매주 10시간], 영문학, 사학, 철학 중에서 한 과목을 택하여 1년 동안[매주 3시간] 공부한다.

제4년 과정은 일본 문학(和文學) 및 작문을 1년 동안[매주 5시간], 중국 문학 및 작문은 1년 동안[매주 11시간], 영문학, 사학, 철학 중에서 한 과목을 택하여 1년 동안【매주 3시간】공부하며, 졸업논문【일본어와 한문 두 가지】을 작성한다.

2.7. 교과세목(教科細目)

일본 고대법률

법학과 문학은 제1학년 수업에서 『죠에이시키모쿠(貞永式目)』에 대해 가르친다. 법학 제2학년 수업은 『헌법지료(憲法志料)』와 『제도통(制度通)』에 대한 강의를 하며, 제3학년 수업은 『대보령(大寶令)』에 대한 강의를 한다. 제4학년 수업에서는 『대보령』과 『법조지요초(法曹至要抄)』에 대한 강의를 함께 진행한다.

학생이 평일에 스스로 읽어야 하는 학과목 도서는 다음과 같다.【단, 제1학년 학생의 도서목록은 생략한다.】

제2학년 도서는 『유취삼대격(類聚三代格)』, 『정사요략(政事要略)』, 『속일본기(續日本記)』이다.

제3학년 도서는 『율소잔편(律疏殘篇)』, 『영집해(令集解)』, 『직원초(職原抄)』이다.

제4학년 도서는 『겐무시키모쿠(建武式目)』, 『금옥장중초(金玉掌中抄)』, 『엔기시키(延喜式)』, 『재판지요초(裁判至要抄)』이다.

일본 현행법률

법학 제2학년 수업에서는 형법을 강의한다. 제3학년과 제4학년 수업에서는 치죄법을 가르치고, 여가 시간에는 사법재판소에 가서 기판결 소송건의 소송서와 답변서를 작성해보게 한다. 또 매주 1회씩 학

생들에게 원고, 피고 및 대리인의 역할을 분담하여 모의 법정 연습을
시킨다.

영국법률

학생에게 적합한 교과목을 선택하여 가르치는데, 교수법은 일반적으
로 교사가 먼저 교과서를 강의하여 학생을 이해시킨 후, 전달한 내용을
질문하고, 학생이 대답하는 방식이다. 만일 학생에게 적합한 교과서가
없을 경우 강의로만 수업을 진행한다.

현재 사용하는 교과서의 목록은 아래와 같다.

'법률서편(法律緖篇)'은 파랄극사돈(巴辣克思頓) 혹은 불아무(弗兒武)·
합토래(哈土來)의 『영국법률주석(英國法律註釋)』을 사용한다.

헌법 교과서는 테리(特利, Henry Taylor Terry, 1847~?)의 『법률원론(法律
原論)』, 아모스(亞摩思, Sheldon Amos, 1835~1886)의 『영국헌법(英國憲法)』,
리버(利伯耳, Francis Lieber, 1798~1872)의 『자치론(自治論)』을 사용한다.

'결약법(結約法)'은 스미스(西密斯)의 『결약법(結約法)』, 발낙극(勃洛
克)의 『결약법(結約法)』, 란극특아(蘭克特兒)의 『결약법적요 판결록(結約
法摘要判決錄)』을 사용한다.

'부동산법'은 파랄극사돈(巴辣克思頓)의 『법률주석(法律註釋)』, 윌리
엄(維廉)의 『부동산법(不動産法)』을 사용한다.

'형법'은 비섭(卑涉)의 『형법주석(刑法註釋)』을 사용한다.

'사범법(私犯法)'은 불루무(弗婁嘸)의 『법률주석(法律註釋)』을 사용한다.

'매매법(賣買法)'은 란극특아(蘭克特兒)의 『매매법적요 판결록(賣買法
摘要判決錄)』을 사용한다.

'형평법(衡平法)'은 백연(伯燕)의 『형평법(衡平法)』과 사내아(斯內兒)의

『형평법(衡平法)』을 사용한다.

'증거법(證擄法)'은 사지반(斯知般)의 『증거법』과 백사특(伯斯特)의 『증거법』을 사용한다.

'열국교제사법(列國交際私法)'은 휘톤(哈華兒頓, Henry Wheaton, 1785~1848)의 『만국사법(萬國私法)』을 사용한다.

'열국교제공법(列國交際公法)'은 헤프터(哈伊頓, August Wilhelm Heftter, 1796~1880)의 『만국공법(萬國公法)』을 사용한다.

'법론(法論)'은 존 오스틴(豪斯丁, John Austin, 1790~1859)의 『법론(法論)』 및 메인(墨因, Henry Sumner Maine, 1822~1888)의 『고대법률』을 사용한다.

프랑스법률

프랑스 법률은 제3년 과정에서 형법을 강의하고, 제4년 과정에서 민법을 강의하는 것을 규칙으로 한다. 유일하게 올해만 제3학년 학생에게는 프랑스 민법 인사편(人事篇)과 형법에 대해 강의하고, 제4학년 학생에게는 민법 재산편(財産篇) 이하를 강의한다. 또한 모두 프랑스 법률서를 교과서로 사용하여 그 요지를 알게 한다.

일반화학(普通化學)

이학부 제1학년 학생은 여러 가지 물질에 관한 시험을 보고, 교실에서 배운 비금속 및 화합물의 제조법과 성질 등을 숙지한다. 리히터(魯斯果, Victor von Richter, 1841~1891)의 『무기화학(無機化學)』을 교과서로 한다.

분석화학

본과 제2년 과정에서 학생은 검질분석(檢質分析)에 대해 배운다. 처음에는 단일 염기에서 시작하여 점차 혼합물로 나아가며, 알코올류(亞兒古保兒類), 유기산류(有機酸類), 염류(鹽類) 등의 화학적 변화까지 연구한다. 여유가 있으면 각종 순수 유기물을 수록한 공책을 제작한다.

제3년과 제4년 과정에서 학생은 무기물과 유기물의 정량분석(定量分析)에 대해 배운다. 처음에는 두세 종의 합금류에서 시작하여, 염류 및 광물이 혼합된 것까지 분석한다. 단, 제3학년 학생은 학기의 마지막에 용량(容量) 및 중량(重量) 분석법으로 제조물을 실험한다.

제4년 과정의 전반기에 학생은 유기물의 종합 성분 분석에 전념하는데, 딘소, 수소, 염소, 인소, 유황 및 질소 등의 성분을 실험한다. 또 유기물의 직접 성분을 분석하고, 중량분석법(重量分析法)과 회광분석법(回光分析法)으로 당질(糖質)을 고찰한다. 아울러 쌀 성분과 같은 곡물류, 청주, 미림주 등과 같은 주류의 성분을 분석하고, 수질 분석법을 배운다.

제4년 과정의 후반기 학생은 스스로 주제를 정하여 졸업논문【학생이 학업을 마칠 때 반드시 관련 문장을 짓게 하는데, 이를 졸업논문이라고 한다.】을 작성하고, 현장에서 실험을 진행한다. 단, 현장 실험에서는 교원의 지도를 받을 수 없지만, 학우들과 함께 토론할 수는 있다. 이는 학생이 스스로 졸업논문을 작성하지 않으면 안 되는 것과 마찬가지이다.

분석화학에서 사용하는 교과서는 소프(多兒普, Thomas Edward Thorpe, 1845~1925)의 『검질분석학』, 허리색니사(許利塞尼斯)의 『검질분석학』, 융(戎)의 『실험화학』, 소프(多兒普)의 『정량분석학』, 허리색니사의 『화학분석』, 문극림(文克林)의 『수질분석법』, 살돈(撒頓)의 『검용정량분석법』이 있다.

응용화학

본 학과는 오직 강의, 도안, 그림으로만 수업하며, 2년 동안 교육한다. 강의 주제는 다음과 같다.

제1년, 즉 화학 학과의 제3년 과정에서는 가연물질 화학과 알칼리(亞兒珂理) 공업에 대해 강의한다.

제2년, 즉 화학 학과의 제4년 과정에서는 함수탄소제조 화학(含水炭素製造化學), 유기색료화학(有機色料化學)에 대해 강의한다.

유기화학

강의 주제는 다음과 같다.

유기화학을 일명 탄소화합물 화학이라 하는 것은 탄소라는 하나의 미립자가 다른 동질의 미분자와 더불어 화학 분해의 힘으로 유기물을 취합·생성하기 때문이다.

근기체(根基體)의 교환, 원형설(元形說) 및 적정량의 애증미리지무(駛曾美理池畆, 미상) 유기분석 및 분자정량법(分子定量法), 증기 조합법(蒸氣調度法)으로 유기물 판열(有機物判列)을 배운다. 또 유기군(有機羣)의 속성, 납특로가아분(納特魯加兒盆, 미상), 지방물질(肪物質), 휘발물(揮發物), 덕아민(德兒敏, 미상) 및 간복아(干福兒, 미상) 유기염기(有機鹽基) 중 배열을 거치지 않는 물질에 대해 배운다. 증열마이(曾列摩耳)의『유기학(有機學)』을 교과서로 한다.

순정수학 및 응용수학

제1년 과정의 순정수학은 평면해석 기하학을 가르친다. 먼저 박극아(拍克兒)의『대수기하학』제1장부터 제11장까지 강의하고, 여유가 있으면 아아지사(亞兒地斯)의 『입체기하학(立體幾何學)』에 대해 강의한다. 그리고 응용수학은 제2학기와 제3학기에 중학대의(重學大意)를 가르치는데, 교과서는 토드헌터(突土蕃太兒, Isaac Todhunter, 1820~1884)의 『중학초보』를 사용한다.

제2년 과정의 순정수학 교과목은 고등 평삼각(高等平三角), 구면 삼각술(弧三角術), 입체기하학, 미분적분학(微分積分學), 미분방정식이다. 교과서는 수포내(首布內)의 『삼각술』, 아아지사(亞兒地斯)의 『입체기하학』, 토드헌터(突土蕃太兒)의 『미분 및 적분학(微分及積分學)』, 조지 불(布兒, George Boole, 1815~1864)의 『미분방정식((微分方程式)』이다. 또 유렴손(維廉遜)의 『가이기자사(加耳幾刺斯, 미상)』【서명】, 보리사(普賴斯)의 『인희니특서마아기이기지시(印希尼特西摩兒加耳幾刺斯, 미상)』를 참고로 사용한다. 같은 해에 응용수학은 중학(重學)을 가르치는데, 교과서를 정하기는 하지만, 대체로 강의 위주로 수업이 진행된다.

제3년 과정의 순정수학 교과목은 고등대수학, 가이기자사(加耳幾刺斯, 미상), 고등해석기하학이다. 교과서와 참고서로는 토드헌터의 『방정식론』, 사이문(沙耳門)의 『고등대수 및 원추곡선법』, 『입체기하학』, 포낙사덕(布洛斯德)의 『입체기하학』, 토드헌터의 『적분학 및 가이기자사아포백리애융(積分學及加耳幾刺斯啞布白理埃戎, 미상)』【서명】 등이 있다. 응용수학은 제1학기에 파아균손(巴兒均遜)의 저서로 기하광학(幾何光學)을 강의하고, 열동력론(熱動力論)도 강의한다. 제2학기와 제3학기에는 정역학(靜力學)의 섭인이론(攝引理論)과 광음파동론(光音波動論)을 가르친다. 교과서와 참고서는 토드헌터의 『정역학 및 섭인이론사(靜力學及攝引理論史)』, 와일리(維李, Alexander Wylie, 1815~1887)의 『수학잡기(數學雜記)』, 낙이돌(洛伊突)의 『광학』 등을 사용한다.

　제4년 과정의 순정수학에서는 고등 가이기자사(加耳幾剌斯, 미상)와 고등미분방정식을 강의한다. 교과서는 조지 불(布兒)의 『화내특덕희렴서사(華內特德希廉西斯, 미상)』【책이름】, 토드헌터의 『한극융아포자포례사별설아자미(漢克戎啞布剌布禮斯別設兒剌米, 미상)』【서명】, 조지 불(布兒)의 『미분방정식』, 와일리(維李)의 『수학잡기』 등을 사용한다. 그해에 근세기하학과 『가특아니은(加特兒尼恩, 미상)』【서명】도 가르친다. 또 일본 수학도 함께 가르치는데, 교과서는 다온설돌(多溫設突)의 『근세기하학』과 혁란덕(革蘭德)·특다(特多)의 『가특아니은(加特兒尼恩, 미상)』을 사용한다.

　제4년 과정의 응용수학에서는 동력학유동역학을 지도한다. 교과서는 특다(特多)·사지아(斯知兒)의 『미체동력학(微體動力學)』, 노사(老斯)의 『고체동력학』 및 배산(陪散)의 『유동역학』 등을 사용한다. 이 밖에도 전기학(電氣學), 자기학(磁氣學) 등의 수리 대의를 가르치며, 가민극(加閔克)의 『전기학』을 교과서로 한다.

　이상 제시한 서적 이외에 각 과목과 관련된 책을 각 학년마다 널리 제공하여, 참고하거나 인용하게 한다.

　　물리학

　이 학부에서 물리학 전공자는 세 학과로 나누어지는데, 수학물리학(mathematical physics)의 성학과(星學科), 공학과(工學科), 화학과(化學科)이다.

　제2년 과정에서는 간이물리학(簡易物理學)을 배우는데, 시험 실습으로 척도, 질량, 시간 등을 측정한다. 또한 정밀 기기 용법, 관측 및 결과론과 최소 평방율 응용론을 배우는데, 기계물리학의 간단한 문제와 상술한 논리의 실제 응용에 해당하는 것들이다. 본 학년 말기에는 열학을 배운다.

제3년 과정에서는 이론 및 실험광학, 기하학, 열동력론을 전문적으로 연구한다. 물리학과에서 수학과 성학을 배우는 학생은 물리학만 배우는 학생과 비교해 제2년과 제3년 두 학년에 걸쳐 비교적 쉬운 물리학을 공부한다.

제4년 과정에서는 전기학과 자기학을 전문적으로 연구하며, 이론 외에 별도로 실험실에서 전력과 자력 측정 실험 및 전선(電線) 응용 시험을 연습한다.

그해 졸업논문의 주제는 하나의 이론을 새롭게 탐구하는 것을 요건으로 하기 때문에 학생에게 특별히 정밀함을 요구하는 주제를 선정하여 전공하게 한다.

사용하는 교과서는 스튜어트(斯去亞兒, Stewart Balfour, 1828~1887)의 『물리학초보(物理學初步)』, 덕사내아(德沙內兒)의 『물리학』, 과자오사(果刺烏捨)의 『물리측정법』, 액낙(額諾)의 『물리학』, 섭백내(涉伯內)의 『최소자승법(最小自乘法)』, 와일리(維李)의 『관측차위산정법(觀測差違算定法)』, 미리만(米理滿)의 『최소자승법』, 포력(布力)의 『물리실험법』, 비혁릉(卑革凌)의 『물리실험법』, 와일리(維李)의 『음학(音學)』, 스튜어트(斯去亞兒)의 『열학』, 맥스웰(摩幾思空, James Clerk Maxwell, 1831~1879)의 『열학이론』, 연균(然均)의 『전기 및 자기학』, 감명(甘明)의 『전기이론』, 낙이덕(洛伊德)의 『자기학』, 와일리(維李)의 『자기학』, 사파지사오덕(斯播知士烏德)의 『광선분극론(光線分極論)』, 와일리(維李)의 『광선파동론(光線波動論)』, 낙이덕의 『광선파동론(光線波動論)』, 사렴(捨廉)의 『광선분석론』, 낙극아(洛克牙)의 『분광경용법(分光鏡用法)』, 파균손(巴均遜)의

『광학』, 야파열(冶巴列)의 『도량형비교법』이다.

성학(星學)

이학부의 제1학년 제1학기에는 성학 대의를 강의한다.

제2년 과정의 논리성학(論理星學)은 수학 및 초급 형상성학(形象星學初步)을 배운다. 교과서는 주로 로미서(路米西), 세감(細甘), 화전(和顚)의 저서이다. 실험성학(實驗星學)은 자오의(子午儀), 천정의(天頂儀), 기한의(紀限儀: 두 점 사이의 각도를 정밀하게 재는 광학기계)의 사용, 시간과 위도의 측정, 수평척의 이용과 미척법(微尺法)의 구분을 배운다. 교과서는 로미서(路米西)와 섭백내(涉伯內)의 저서이다.

제3년 과정의 논리성학은 관측 이산법(觀測移算法), 천체중학(天體重學)을 배운다. 교과서는 섭백내(涉伯內), 붕특과륜(綳特果倫), 자포열(刺布列)의 저서이다.

실험성학은 적도의(赤道儀) 관측과 이산(移算), 분광경(分光鏡)과 광선계(光線計)의 사용, 묘유의(卯酉儀) 위도 측정을 배운다. 교과서는 섭백내의 저서이다.

제4년 과정의 논리성학(論理星學)은 행도(行道)와 섭도(攝道)에 대해 배운다. 교과서는 가오사(可烏斯), 백설아(伯設兒), 아백아살(啞百兒撒)의 저서이다. 실험성학은 자오의(子午儀) 관측과 이산, 자오권(子午圈)의 항차(恒差)의 측정을 배운다. 교과서는 백설아와 섭백내의 저서이다.

식물학

생물학 제2년 과정은 매주 2회씩 식물의 구조 및 생리를 강의하며, 실험실에서 이 두 과목을 충실하게 가르친다. 또 학생이 유화부(有花部)

의 종속(種屬)을 명확히 판단할 수 있도록 가르친다. 실험에 사용되는 식물의 공급은 매일 고이시카와(小石川) 식물원에서 채취하며, 실험실에서의 식물학 수업은 일반적으로 매주 여섯 시간이다.

지질학 제2년 과정의 제1학기에는 실험실에서 식물을 분석하는 방법을 강의하여, 학생들이 식물의 구조 및 천연 분류에 대해 알게 한다.

제2학기 전체와 제1학기 · 제3학기 두 학기의 몇 주간은 식물형체론(植物形體論)과 생리론(生理論)을 강의한다. 제3학기에는 본 학기와 이전 두 학기에 강의한 여러 과목을 실험실에서 다시 지도하는데, 그 시간은 매주 2시간이다.

생물학 제3년 과정은 1년 동안 매주 2회씩 식물의 분류와 응용에 대해 강의한다. 단, 제2학기 말과 제3학기 전체에는 무화식물(無花植物)에 대해 가르치는데, 실험실에서 매주 8시간씩 단자엽부(單子葉部)의 화본과(禾本科) 및 사초과(莎草科)를 배운다. 또 무화부(無花部)의 석송류(石松類), 빈류(蘋類), 병이소초류(瓶爾小草類), 목적류(木賊類), 양치과(羊齒科), 토마준류(土馬駿類), 지전류(地錢類)를 배운다. 여러 수업이 비록 통장부(通長部)의 하등부(下等部)에 속하는 것을 가르치기는 하지만, 정밀한 연구는 다음을 기약한다.

생물학 제4년 과정은 식물학을 가르쳐 학생이 전문적으로 배우고 익히도록 한다. 강의의 내용은 지리과 고생식물(古生植物), 통장부 및 식물의 고등생리(高等生理)이다. 실험실의 여러 수업 또한 같은 과목을 가르치는데, 학생이 별도로 식물의 한 부류를 전문적으로 연구하게 한다.

참고서로는 굴렬(屈列)의 『식물학』, 백이화아(白耳和兒)의 『식물학』, 살극(撒克)의 『식물학』, 소미(少米)의 『식물구조 및 생리학』, 편포렬(扁布列)의 『식물학초보』, 특감덕아(特甘德兒)의 『지리식물학』, 임특렬(林特列)

의『약용 및 응용식물학』, 백아걸렬(白兒傑列)의『무화식물학』, 다윈(德兒維, Charles Robert Darwin, 1809~1882)의『유만초설(蕽蔓草說)』, 다윈(德兒維)의『식충초설(食蟲草說)』, 다윈(德兒維)의『식물계의 자가수정 및 타가수정설(植物界各自受精及交互受精說)』, 서베르트(斯保兒特, Moritz Seubert, 1818~1878)의『일본 식물설』, 살백아극(撒白兒克)의『일본 식물설』, 미걸아(米傑兒)의『일본 식물설』, 불란설(佛蘭設)과 살파설(撒巴設)의『일본 식물 목록』, 살림걸아(撒林傑兒)의『일본 해초설(日本海草說)』, 벤담(本唐, George Bentham, 1800~1884)의『홍콩식물설(香港植物說)』, 파무(巴冊)의『납이전박물관 식물기(拉伊顚博物館植物記)』, 마기서무유굴(麻幾西冊維屈)의『흑룡강 식물설』, 굴렬(屈列)의『북아메리카 식물설(北米植物說)』, 특감덕아(特甘德兒)의『식물계(植物界)』, 벤담(本唐)과 불걸아(弗傑兒)의『식물속류설(植物屬類說)』, 유특(維特)의『동인도 식물도설(東印度植物圖說)』, 파무(巴冊)의『세아파아 식물설(細亞巴㷀植物說)』, 덕리세사(德利細斯)의『화본과설(禾本科說)』, 파특(巴特)의『사초과설(莎草科說)』, 호걸아(虎傑兒)의『양치과설(羊齒科說)』, 미특뉴사(米特紐斯)의『리포사 식물원 식물 양치과설(利布斯植物園植物羊齒科說)』, 호걸아(虎傑兒)의『영국식물 양치과설(英國植物羊齒科說)』, 살리함특(撒利含特)의『합중국 토마준류 및 전태류설(合衆國土馬駿類及錢苔類說)』, 백아극렬(白兒克列)의『영국 토마준류설(英國土馬駿類說)』, 격극(格克)의『지이류설(芝枾類說)』, 백아극렬의『영국 지이류설(英國芝枾類說)』, 다련(多連)의『지이류설』, 아가아특(亞加兒特)의『조류설(藻類說)』, 가정(加鄭)의『조류설』, 자편화아사다(刺扁和兒斯多)의『유럽 조류설(歐洲藻類說)』, 합표(哈標)의『조류설』, 림특열(林特列)과 합돈합(哈頓合)의『영국 화석 식물설(英國化石植物說)』, 『초목도설(草木圖說)』, 『본초도보(本草圖譜)』, 『본초강목계몽(本草綱目啓蒙)』, 『화한삼

재도회(和漢三才圖會)』, 『화휘(花彙)』, 『본초강목(本草綱目)』 등이다.

동물학

제2년 과정은 유척동물(有脊動物)의 비교해부(比較解剖)에 대해 강의하고 실험한다. 그 과목은 다음과 같다. 여러 가지 주사 방법의 맥관(脉管) 연구 조사, 근육, 소화기, 골상학(骨相學), 비뇨생식기, 신경 및 현미경의 사용법이다.

제3년 과정은 무척추동물의 비교해부에 대해 강의하고, 실험한다. 그 과목은 아래와 같다. 동물의 분류, 여러 부류(部類) 동물의 해부, 감각기관과 여러 기관의 생물 조직학이다.

제4년 과정의 모든 학생은 실험실에서 비교해부와 발생학(發生學) 중 하나를 전공해야 하고, 특별히 그와 관련된 강의를 진행해야 한다. 매주 한 번 3학년 학생과 4학년 학생이 모였을 때 각자 연구한 사항을 보고해야 한다.

지질학의 제2년 과정은 동물 분류 및 골상학(骨相學)을 교과목으로 한다. 그 순서는 다음과 같다. 우선, 동물계의 여러 가지 큰 갈래 중 주요 부류(部類)들을 가르친다. 다음으로 해부학과 조직학을 연구하게 하여, 동물 분류의 대의(大意)를 알게 한다. 골상학(骨相學)은 고생물학을 배우기 전에 미리 예습해야 하는 학문이다.

교과서는 굴노사(屈老斯)의 『동물학대의』, 걸과모파유아(傑戈母巴維兒)의 『동물 각 부위의 해부 대강(動物各大部解剖大意)』, 극사열(克斯列)의 『유척동물의 해부 및 무척동물의 해부』, 노열사돈(老列斯頓)의 『동물생활형질(動物生活形質)』, 파브르(巴兒保兒, Jean Henri Fabre, 1823~1915)의 『발생학대의(發生學大意) 및 비교발생학』, 포열(布列)의 『조직학서(組

織學書)』, 닉슨(尼果兒遜)의 『동물학서(動物學書)』, 모스(慕兒斯, Edward
Sylvester Morse, 1838~1925)의 『동물학초보(動物學初步)』이다.

토목공학

　토목공학과의 제2년, 제3년 교과목은 기계공학과(機械工學科)의 교과
목과 같다. 제4년 과정에서 별도로 두 등급을 만들어 학생들 각자의 선
택에 따라 기계공학 혹은 토목공학 중 하나를 전공하게 한다.

　각 학년의 일반 과목 외에 토목공학 전공자는 다음의 여러 과목을 이
수해야 한다. 제2년 과정에서 배우는 과목은 육지측량술(陸地測量術)이
다. 일반적으로 측량기(測量器)의 이해, 실제 사용과 거리 및 면적의 계
산, 평준기(平準器)의 실제 사용법, 측량도(測量圖)와 지지도(地誌圖)의
제작 방법을 배운다. 단, 제2년의 시한이 완료되면 학생들은 위에 기록
한 여러 교과목에 대한 실제 경험을 숙련해야 한다.

　제3년 과정은 도로 및 철도의 축조 방법을 배우고, 토목업의 여러 재
료를 연구한다. 철도 축조 수업에서는 직선과 곡선의 배치법, 평준 측
량법, 평면도·횡단면도·평행측면도【연도의 높낮이를 명시한 것】의 제작
법 및 길을 뚫을 때 제방선의 배치 계산 등을 배운다. 매 과목은 순서대
로 배우며, 과목 수업을 마친 뒤 야외에서 실험한다. 그 방법은 먼저
시험선을 몇 리의 구간에 배치하고, 철도선의 위치를 판정하여 부설하
며, 상세한 여러 도면을 제작하고, 여러 종류의 계산표와 설명조항서
등을 만든다. 실제로 철도를 부설하는 것과 똑같이 진행한다.

　도로 축조 수업에서는 촌락과 시가 도로 축조 및 수선의 여러 방법을
배운다. 그중에서도 일본에 적용할 수 있는 방법을 중점적으로 배운다.
토목공학 학생은 석회, 칠회(漆灰), 점토, 석회의 성질을 고찰하고, 연구

하며 실험한다. 또 토목업에 가장 중요한 여러 재료의 물질을 연구한다.

제4년 과정은 측지술(測地術)과 치수공학(治水工學)을 배우며, 스스로 제반 토목공학을 계획한다. 측지술은 교원이 구두로 가르치며 과목은 다음과 같다. 기선(基線) 측량, 측정점 위치 채택, 호표(號標) 설치, 각도 측량, 최소자승법(最小自乘法)을 사용한 측량 조정법, 위도 경도 결정법, 경도 평형 유지법, 관상대(觀象臺)의 양정(量定)을 통한 점(點)의 높낮이 측정법, 일반 측지 평준법, 지구도 제작법 등이다.

치수공학의 과목은 다음과 같다. 유동체(流動體) 연계 수리론(數理論), 수도와 하천의 유수(流水) 속력의 제반 정식(定式) 평론(評論), 운하 축조법, 관수법(灌水法), 오수 배출법, 홍수와 관련된 여러 공법, 하천을 수리히여 운수를 편리히게 히는 방법, 제방 보존법, 선조(船槽)·교각(橋脚)·항부(港埠) 축조법이다. 이 밖에도 도쿄부 하천 흐름 혹은 시나가와(品川) 항을 측량하여 지도를 제작하는 등 실제 수상 측량을 연구하게 한다.

제4년 과정에서 이수하는 공사(工事)는 대개 다음과 같다. 목교(木橋)·석교(石橋)·철교(鐵橋) 각 1개와 그 외에 각자 정한 여러 공업의 관련 공사이다. 이 과정에서 계산표(計算表)를 완비해야 하고, 동시에 조관(條款) 설명서를 작성해야 한다.

제4년 기말, 즉 졸업 전에는 학생에게 토목공학과 관련한 주제로 졸업논문을 작성하게 한다. 이는 학생의 학력이 졸업증서를 받을 수 있는지의 여부를 평가하는 시험이다.

교과서와 참고서는 다음과 같다.

제2년 과정은 계아사비(季兒斯裨)의 『육지측량서』이다.

제3년 과정은 변극(邊克)의 『철도공학가의 필수 휴대서(鐵道工學家必攜)』, 마한(麻漢)의 『토목공학』, 계로막아이(季路莫亞耳)의 『석탄연·석

탄사의 제조법 및 사용법(石炭煉、石炭沙製法及用法)』, 화사(和斯)의『손에 들고 다니는 철도공학서(掌中鐵道工學書)』, 파리(巴犁)의『철도기계요설(鐵道器械要說)』이다.

제4년 과정의 교과서와 참고서는 마한(麻漢)의『토목공학』, 란균(蘭均)의『토목공학』, 극납극(克拉克)의『측지술』, 미리만(米利滿)의『최소자승법(最小自乘法)』, 로미사(路米斯)의『실험성학(實驗星學)』, 배극아(倍克兒)의『건축법』, 보사(保斯)의『철도공학가 사용서(鐵道工學家用書)』, 두로특윤(杜老特尹)의『공학가의 필수 휴대서(工學家必携)』, 한파아(漢巴兒)의『철교 건축법』, 여극손(汝克遜)이 번역한 가특아(加特兒)의『수세표(水勢表)』 등이다.

기계공학

제2년 과정에서 이수하는 과목은 두 가지로 하나는 중학(重學)이고, 또 다른 하나는 물질강약론(物質强弱論)이다.

중학(重學)의 교과목은 본원단위(本原單位) 및 인생단위(因生單位), 단위보존법(單位保存法), 측도법(測度法), 실질속도(實質速度)와 가속도(加速度) 등의 학설, 배극특아(陪克特兒)【방위 및 장선(長線)의 의미를 제시했다.】표시법, 화특극자포(和特克刺布)【접속 발생 지점의 점속력(點速力)의 정도 및 방위선 끝단의 호선을 제시했다.】, 뉴톤(牛童)의 운동 법칙, 응핍력(應逼力), 운동이론의 동정학(動靜學) 및 정세학(靜勢學)의 구별 등이다. 정세학 과목은 힘의 조성 및 요소, 역률(力率), 쌍력(雙力), 산포력(散布力), 중심(重心), 등포력(等布力) 및 등변력(等變力), 평면타력률(平面惰力率), 액체·기체의 억압(液汽兩體之抑壓), 수압기(水壓機), 부체(浮體)의 평균(平均), 마찰, 마찰의 고정(摩擦定固), 대류마찰(帶類摩擦), 동세학(動勢

學), 힘의 완전측도(完全測度), 세력(勢力) 및 동작(動作), 세력의 보존, 동력률(動力率), 충돌(衝突), 분자회전(分子回轉), 원추형의 파진(圓錐形 的擺振), 단순 순궤동(單純循軌動), 단순파자(單純擺子), 고체회전(固體回轉), 수압심 성질(受壓心性質), 집성파자(集成擺子), 실질통동(實質通動), 특란배아(特蘭倍兒) 법칙, 저항력의 이동 및 '도점에서의 타력 운동이론', 운동이론 중의 여러 법칙, 순시축(瞬時軸), 회전 및 직선운동의 조성, 순시축 획선(瞬時軸畵線), 자유운동(自由運動) 및 긴박 정도, 연쇄기(連鎖機)에 의존한 직선운동이다. 이상의 과목은 공학(工學), 채광학(採鑛學), 물리학(物理學), 수학 및 성학의 여러 학생들이 배워야 하는 과목으로, 때때로 적절한 실제 문제를 제시하고, 교실이나 개인 공간에서 설명하도록 하여, 중학(重學)의 이치를 공학(工學)에 익숙하게 응용하도록 하였다. 후에 기록하는 여러 학과 또한 마찬가지이다.

물질강약론(物質强弱論)은 공학기술용 재료의 제조 및 공급과 분별법을 배운다.

'목재'는 목재 생장과 벌목법, 목재의 건조와 보존법에 관한 내용을 배운다.

'철'은 철 제조 용광로, 선철(銑鐵) 종류, 주철 제조로 철을 담금질하는 법, 철수레(鐵車), 연철(鍊鐵)의 종류를 배운다.

'강철'은 목탄 연강법(和炭鍊鋼法), 배사마(陪斯摩)·세면(細眠)·수(數)가 개발한 연강법, 철강혼합물의 소단법(燒鍛法), 소경법(燒硬法) 및 소둔법(燒鈍法), 기타 금속과 합금, 사토주조법(砂土鑄造法), 주물냉각법(鑄物冷硬法), 물질시험(物質試驗), 시험기기, 항구중량(恒久重量)·변경중량(變更重量) 및 급가중량(急加重量)의 결과, 와자아(渦剌兒)의 시험, 보안인수(保安因數), 불극(佛克)의 법칙, 시험상 확정불변의 수, 기계 및 구조의 강약(强弱)이 부하(負荷) 감당 여부, 형태와 응핍력(應逼力) 여부를 배운다.

재료의 여러 이치는 대체로 제3학년에서 배우는 결구강약론(結搆强弱論) 중에 수렴한다.

제3년 과정에서 이수하는 과목은 세 가지로, 첫째는 결구강약론(結搆强弱論), 둘째는 열동력(熱動力) 및 증기기관학(蒸氣機關學), 셋째는 기계학(機械學)이다.

결구강약론은 강약 고정(强弱定固) 및 지간계주 계획법(支桿繫柱計畫法), 교량 및 가옥의 배가구(背架搆), 관공관절(串孔關節), 정봉 접합법(釘縫接合法), 목공량(木工梁) 및 연결량(聯結梁) 접합법(接合法), 연량(連梁), 임전유축(任轉扭軸), 기관철갑(汽鑵鐵甲) 및 기관철관(汽鑵鐵管), 현쇄(懸鎖) 및 현교(懸橋), 철제만량(鐵製彎梁), 옹벽연돌(擁壁烟突) 등을 배운다.

'열동학 및 증기기관학'은 '에너지(勢力) 보존 변형 및 소모 통론(通論)', 천연 에너지(勢力)의 근원, 열 및 온도 시험법, 온기 분도(溫器分度) 시험법, '열의 이동, 도열(導熱) 및 교환의 이치', 물체의 열의 작용, 체내 및 체외의 동작(動作), 비열(比熱), 잠열(潛熱), 증기 및 가스(瓦斯)의 성질, 보이아사(保以兒斯)·찰리(查理)·루이스(如兒斯) 세 명의 법칙, 액락(額諾)의 동작순환 법칙, 반용열기관(反用熱機關), 공력제한(功力制限), 사태릉(斯太凌) 및 에릭슨(愛犂克遜)의 공기기관(空氣機關), 증기팽창, 실제 및 추측 시창도(視脹圖), 통투(筒套), 가열증기(加熱蒸氣), 복용기관(復筩機關), 기관(汽鑵) 및 응기기(凝汽器) 등으로 수량 계산, 기관공력(機關功力) 산정법(算定法)을 필요로 한다. 또 용광로 제작 및 공력, 연료, 증기배분법(蒸氣配分法), 기통기(筒器), 연쇄기 운동(鏈鎖機運動),

거절엄(拒絶弇), 절속기(節速器), 자동조기기(自動阻汽器), 증기기관(蒸氣機關)의 각 구성 및 제작을 상세하게 이해하고, 여러 기기를 가동하는 법을 배운다. 열동학의 이론 부분은 제3년 제1학기 중에 마쳐야 한다.

기계학에는 공장의 여러 공구(工具), 기계에서 사용하는 공구, 기계운동의 이론, 기계 마찰 공력(機械摩擦功力), 기계계획(機械計畫)이 포함된다. 이 과목의 수업은 학생에게 공학 현장에 구비된 공구 및 기기(機器)를 항상 보여주어야 한다. 기계공학을 전공하는 학생은 제3학년 학기 말까지 요코스카 조선소(橫須賀造船所)에서 9개월 동안 직접 공사에 참여하여, 기기와 공구의 사용법을 실제로 경험해야 한다. 학교로 돌아온 후에는 제4학년 학기 중에 기기(機器)를 설계하고, 졸업논문을 작성한다.

교과서와 참고서는 다음과 같다.

제2년 과정은 란균(蘭均)의『응용중학』, 타무손(他㖊遜)·저토(底土)의 『물리학』, 마계사유아(麻季斯維兒)의『물질 및 운동론』, 암특아손(諳特兒遜)의『물질강약론』이다.

제3년과 제4년 과정은 란균의『응용중학 토목공학 및 증기기관학』, 가특리아(可特利兒)의『증기기관학』, 마계사유아(麻季斯維兒)의『열학(熱學)』, 설렬(設列)의『공장기계설』, 극특포(克特布)의『기계학』, 만윤(曼尹)의『기계계획법』, 리극(利克)의『증기기관론』이다.

도학(圖學)

도학 과정은 3년을 기한으로 한다. 학생들은 예비문(豫備門)에서 이미 자재화학(自在畫學)을 배웠기 때문에 본 학부에 입학해서는 오로지 기계도법(機械圖法)만 배운다.

제1년 과정에서 기하도법(幾何圖法)을 가르치고, 문제를 부가하여 학생들이 응용·연습하게 한다. 제2년 과정은 다른 사람이 그린 도면 혹은 모형을 기준으로 기계도(機械圖)를 가르친다.

제3년 1학기에는 착색(着色) 기계도를 가르치고, 제2학기에는 교량(橋梁) 및 토목공업도(土木工業圖)를 가르치며, 제3학기에는 착색 지지도(地誌圖)를 가르친다.

본 학부에서 이 교과를 둔 취지는 각 학과의 특성상 여러 종류의 도면 작성이 필요하기 때문이다. 학생들이 수강하는 과목에 따라 연습하는 것이 다르기 때문에 여기에 모두 적지는 않는다.

금석학 및 지질학

이학부 제1년 과정은 금석 정형학(金石晶形學)의 줄거리를 강의하는데, 이는 금석 물리학에서 광선(光線) 상의 성질, 견도(堅度)와 비중(比重) 그리고 화학적 성질에 해당한다. 금석분류법은 금석을 상세하게 기록하는 것이 가장 중요하므로, 데이나(答那, James Dwight Dana, 1813~1895)의 『금석학서(金石學書)』에 근거하여 실제 화학적 반응에 적합하도록 옆에 기록하고, 본국에서 산출되는 것을 그 산지와 함께 수록한다.

다음은 금석학 강의인데, 지질학 강의로 지구 전체의 요점, 지각의 현상, 지구의 구조설, 그 변동 및 온도 비중 등을 제시한다. 지질학 중에서 석질부(石質部)에 속하는 암석에 대한 강의는 특히 자세히 설명한다. 이른바 구조지질학부(構造地質學部)는 산악의 구조로부터 암석의 침식(浸蝕), 화산의 힘, 산맥의 구조, 지각의 변동에 이르기까지 지구상의 모든 지질 활동을 일으키는 힘에 관한 이론이다. 이외에 제1학년 과정은 지질연혁론의 요강에 대해서도 가르친다.

제2년 과정의 금석학은 (제1년 과정에서 사용했던) 데이나(答那)의『금석학서』를 동일인의 저서인 『금석학교과서(金石學敎科書)』로 교체하여 정형이론(晶形理論)을 가르치는데, 화학의 금석 기호, 금속의 제반 성질과 희유 물질에 이르기까지 상세하게 다룬다. 금석의 여러 종류에 관해서는 이질동형(異質同形)과 동질이형(同質異形) 등 모든 물질의 구별에 특히 주의하여야 한다.

금석 식별학은 특히 실제를 중시하기 때문에 학생은 중요한 금석을 한눈에 알아보는 지름길(捷逕)을 파악하여야 하는데, 그 방법은 교원이 구두로 가르친다. 이때 필요한 강의 내용을 누락하지는 않지만, 취관분석(吹管分析)을 할 때, 교원이 반복하여 가르치기 때문에 그 의미를 세세하게 강의하지는 않는다. 다만 식별을 해야 하는 화학, 물리학, 정형학의 성질은 반복적으로 기르쳐 누락되지 않게 한다. 취관반응(吹管反應)은 식별 방법 중에서 가장 중요한 것인데, 이에 관한 저서는 와이사파비(窩以斯巴比)의 『영문 식별표(英文識別表)』와 데이나(答那)의 『금석학서 부록 식별표(金石學書附錄識別表)』이다.

같은 학년에서 배우는 지질연혁론(地質沿革論)은 수성층(水成層)·화성층(火成層)·광도(礦道) 등의 여러 구조가 자연 연대의 순서에 따라 형성되는 것을 논변한다. 수성층 구조 중에서 이 순서를 벗어난 것 이를테면 무생물층·태고층·중고층·근고층에 대해서는 모든 설명을 충분히 하여, 학생들이 암석과 화석을 익숙하게 파악하도록 한다. 또 강의 중에 일본에서 나는 암석과 화석에 대해서도 반드시 함께 설명해야 하며, 데이나의 『지질학서(地質學書)』를 참고한다. 지질학 및 채광학은 3학년 학생이 제2년 과정에서 이 강의를 수강하지 않으므로, 해당 학년에서 가르친다.

지질도(地質圖)의 제작과 지질 측량(地質測量) 강의는 제3학년에서 가르치는 것이 바람직하다. 그러나 제3학년 학생은 제2학년 때에 이미 이 과목을 배웠기 때문에 해당 학년에서는 특별히 지질연혁론을 가르친다.

석질학(石質學)은 특히 (교원이) 명확하게 가르치고 보여주어, 훗날 (학생이) 직접 현미경으로 암석을 조사하고 관찰할 때 밑바탕으로 삼을 수 있어야 한다. 교원은 자신이 선택한 교수법에 따라 학생을 지도하며, 따로 교과서를 사용하지는 않는다. 단, 영국·프랑스·독일의 서적을 반드시 참고하고, 특히 데이나의 『지질학서(地質學書)』를 인용해야 한다.

고생물학 강의는 해당 학년의 교과목 중 가장 중요한 강의에 해당된다. 우선, 인류에서 시작하여 포유동물, 조류(禽類), 포복동물(匍匐動物), 수륙 양서동물, 어류(魚類)부터 척추동물에 이르기까지 모두 가르친다.

다음으로는 절족류(節足類)【날개 달린 곤충, 거미, 게 등】, 불가사리(海盤車)【성게(海膽) 등】, 아니자이답(亞尼剌以答, 미상)【거머리, 지렁이 등】, 백리쇄아(百理瑣亞, 미상) 및 불자기옥백답(佛剌幾沃百答, 미상) 등에 관한 설명부터 연체동물에 이르기까지 모두 가르친다. 이 동물들은 지질학에서 중요한 내용으로 가르칠 때 많은 시간을 들인다.

마지막으로 세렴특자답(細廉特剌答, 미상)【산호(珊瑚)와 해면(海綿)】과 보낙다쇄아(普洛多瑣兒, 미상) 등의 설명부터 생물학의 제2부 고생식물학에 이르기까지 기타 동물의 각 부류의 발생 연대와 발전에 관한 학설을 설명한다. 각종 동물과 식물의 화석에 이르러서는 암석의 연대가 어떠한 효과를 드러내는지 판단하여, 동물과 식물의 화석이 동식물의 분류에 있어서 어떠한 지위를 차지하는지를 곁들여 자세히 탐구한다.

지질학은 교원이 수시로 학생을 인솔하여, 그 지방을 순회 조사하며, 학생이 실제 적인 연구를 진행하게 한다. 또한 현장에서 지질도를 제작하는 방법을 보여준 뒤, 실험하는 것에 그치지 않고, 강의를 병행한다. 아울러 본 학년 학생에게 석질학과 고생물학 강의에서 배운 방법으로 실제 암석과 화석을 식별하게 한다.

제4학년에서 가르치는 강의의 개요는 다음과 같다.

해당 학년에서 이수하는 석질학은 현미경을 사용하여 실험과 강의를 진행하고, 제3학년에서 가르친 골자를 열거하여 다시 자세하게 논의한다.

고생물학은 교원의 지시에 따라 학생이 실험하도록 하며, 이 강의는 특히 화석의 종류를 감별하는 것을 중시하기 때문에 화석을 자세하게 다루도록 한다. 암석과 화석의 식별은 모두 현미경을 사용한다.

본 학년에서 현장 교육을 통해 지도하는 과목은 다음과 같다. 첫째, 지질의 측량과 지질도의 제작에 관한 강의 및 실제로 지질을 순회 검사하는 과목이다. 단, 강의 중에 표면지질학(表面地質學)을 추가하는데, 이는 이 학문이 지질측량에 필요하기 때문이다.

둘째, 응용지질학 강의이다. 그 과목은 다음과 같다. 갑: 일반적인 실용물질개론(實用物質槪論)【금석, 암석, 산악】이다. 을: 압력의 작용이 암석의 응집력·견도·흡수성·구조에 의해 변화를 일으키는 개론이다. 병: 작업에 필요한 모든 물품, 즉 물·석재(石材)·점토 등의 효용을 논의한다. 정: 토양이나 표층 암석의 성질이 농업에 대한 영향을 논의한다.

이상에서 기록한 응용지질학 강의는 지질학과 채광학을 전공하는 학생에 한정되지 않으며, 공학을 전공하는 학생 또한 이수해야 한다. 그러므로 본론에 들어가기 전에 금석학과 지질학의 개요를 가르치지 않으면 안 된다.

교과서와 참고서는 다음과 같다. 데이나(荅那)의 『금석학서』 및 『금석학교과서』, 불자쇄아(弗剌瑣兒)가 번역한 와이사파비(窩以斯巴比)의 『금

석 식별표(識別金石表)』, 데이나(答那)의 『지질학교과서』 및 『지질학서』,
닉슨(尼苟兒遜)의 『고생물학』, 오특와아덕(烏特窩兒德)의 『연체동물론(軟
體動物論)』, 래야아(來冶兒)의 『지질원론 및 지질학초보(地質原論及地質
學初步)』, 빌(彼日)의 『응용지질학(應用地質學)』, 자타열(刺他列)의 『석질
학(石質學)』, 지아걸아(知兒傑兒)의 『석질학 및 금석·암석 현미경 고찰법
(石質學及金石巖石顯微鏡查察法)』이다.

야금학 및 채광학

첫째는 야금학이다. 일반야금학(普通冶金學)은 야금학의 연혁약사(冶
金學沿革畧史), 여러 금속과 합금의 성질, 여러 야금 시행법, 야금용 물
질과 연료, 야금용 기계, 야금 제조물, 야금 폐기물을 다룬다. 응용야금
학(應用冶金學)은 연(鉛), 동(銅), 은(銀), 금(金), 백금(白金), 수은(汞), 아
연(亞鉛), 가토모무(加土慕母, 미상), 주석(錫), 비소(砒), 암모니아(安質母
尼), 창연(蒼鉛:비스무트), 격파아토(格巴兒土, 미상), 니켈(尼傑兒), 철 및
기타 야금법을 다룬다.

둘째는 채광학이다. 여기에는 유용한 광물의 발견 정황, 광석을 탐측
하여 시험적으로 발굴하고, 광맥(鑛脈)의 연속성과 길이를 검측하는 일
등이 포함된다. 또한 광부(鑛夫) 손작업과 사용 도구, 광산의 갱을 여는
준비와 작업, 광산의 보존방법【버팀대와 벽을 만들기】, 땅속의 물건 운반
법, 갱내 승강법(昇降法), 갱내 통기법(通氣法)과 점등법(點燈法), 갱내
화재 소화법, 갱내 침수 처리법을 다룬다.

셋째는 야금 및 도태 실험이다. 야금실험장(冶金實驗場)에는 작은 염
배 소로(焰焙燒爐) 한 개, 용광로, 증류로(蒸鎦爐) 여러 개를 설치한다.
도태실험장(淘汰實驗場)에는 나무절구 한 개【세 개의 공이가 붙어있는 것】,

태판(汰板) 한 개, 쇄석기(碎石機) 한 개, 원통형의 체(篩) 하나, 액체를 거르는 체(篩) 하나와 여러 잡다한 도구를 놓아둔다. 이상의 실험에 제공되는 광석은 다음에 기록하는 광산(鑛山)에서 채취한다.

이쿠노(生野)[5]와 사도(佐渡)[6]의 금은광(金銀鑛), 인나이(院內)[7]·오사카(小坂)[8]의 은광(銀鑛), 벳시(別子)[9]와 이쿠노(生野)의 동광(銅鑛), 우다(宇陀)[10]의 수은광(汞鑛), 만도코로(政所)의 아연광(鉛鑛), 다니야마(谿山)의 주석광(錫鑛), 나카오사카(中小坂)의 철광, 야모쿠사(天草)[11]의 암모니아광(安質母尼鑛)이 있다.

채광학을 전공하는 학생은 위에 기록한 여러 광산에서의 실험을 통해 야금 도태에 적합한 방법을 고찰하고, 금속의 소모 등을 검사한다. 광물 제조의 새로운 방법을 발견했을 때는 실험히어, 그 적합성 여부를 검증한다. 만약 학생이 광물 제조법과 관련된 지식을 알고 싶다면, 그 광석을 본 학부에 보내어 지도받을 수 있다.

넷째는 야금과 채광에 사용되는 기계와 공장의 건설 계획이다. 채광학을 전공하는 학생은 야금과 채광에서 사용하는 여러 가지 기계도면을 제작하고, 작업에 필요한 물화의 양과 소요 경비를 계산한 예산표를 첨부한다. 또 이상의 여러 기계 모형을 제조하여, 채광학 진열실에 비치

---

5 이쿠노(生野):효고현(兵庫縣) 아사고시(朝來市)에 있는 마을이다.

6 사도(佐渡): 니가타시(新潟市) 서쪽에 있는 마을이다.

7 인나이(院內): 아키타현(秋田縣) 유자와시(湯澤市)에 있다. 16세기부터 은광석을 채취하였다.

8 오사카(小坂): 아키타현 가즈노시(鹿角市)에 있다. 은광석의 산지이다.

9 벳시(別子): 에히메현(愛媛縣) 니이하마시(新居浜市)에 있는 마을이다.

10 우다(宇陀): 나라현(奈良縣) 북동부에 있다. 수은의 산지이다.

11 야모쿠사(天草): 구마모또현(熊本縣) 서부에 있는 도시이다. 암모니아 광석의 산지이다.

한 뒤 우등생에게 광물을 주조하고 제조하는 데 적합한 공장 장치를 계획하게 하고, 외국산의 여러 물가표를 구비하여 알게 한다.

교원의 구두 강의를 통해 여러 가지 기계 모형 도면, 표본 물품, 광석과 용해물 덩어리 등【일본산과 외국산을 가리지 않음】을 보완한다. 모형과 도면의 수량을 매일 추가하는데, 그중에서도 특히 본국인(일본인)이 직접 제작한 것을 수집하는 데 힘쓴다.

야금학에서 사용하는 참고서는 다음과 같다. 파낙극산(巴洛克散)의 『금속론(金屬論)』, 록림오토(綠林烏土)의 『야금학(冶金學)』, 란보륜(蘭保倫)의 『동광야금법 및 금은야금법(銅鑛冶金法及金銀冶金法)』 등이다.

시금술 및 취관분석술(吹管分析術) 수업은 다음과 같다.

채광·야금학 및 화학의 제4년 과정에서 시금술 강의를 가르치며, 실제로 실험을 하게 한다. 화학을 전공하는 학생은 금, 은, 동, 연에 관한 실험만 진행한다.

채광·야금학은 제3년과 제4년 과정에서 2년에 걸쳐 취관분석 방법을 가르치며, 학생은 검질 취관분석과 정량 취관분석을 배운다. 지질학과 제2학년 학생에게도 취관분석을 가르치는데, 단지 검질분석만을 배운다. 교과서는 보자다니아(普刺多尼兒)의 『취관분석법』이다.

철학

논리학과 심리학의 원리는 모든 학술 활동에 중요한 부분이다. 이에 법학부, 이학부, 문학부는 제1년 과정에서 전공과목 외에 특별히 이 두 과목을 더 가르친다. 교과서는 시맹(澌猛)의 『논리학』과 알렉산더 베인(白印, Alexander Bain, 1818~1903)의 『감각지력론(感覺智力論)』이다.

문학부의 제2년 과정은 학생에게 심리학을 연구하게 하는데, 형이하학, 철학, 생리학의 원리를 조금씩 섭렵하여, 마음과 몸이 서로 연관되는 이유와 의식과 형체가 서로 병행하는 까닭을 알게 한다. 해당 학년에서 데카르트(底加耳特)·피에르(彼該兒)·허버트 스펜서(斯邊設兒) 등 여러 사람이 저술한『근세철학사 개략(近世哲學史之槪畧)』을 가르친다. 이는 유럽의 근세철학사가 하나의 이치에서 발전한 것임을 알려주어, 학생들의 논리학적인 사고의 진전에 적용시키기 위해서이다. 이 수업은 교원이 구술로만 학생들을 가르쳐 여러 철학 이론의 요점을 깊이 이해하게 한다. 이로써 학생들은 훗날 여러 학자의 저술을 읽을 때 그 깊은 의미를 쉽게 이해할 수 있다. 또한 고금의 순정철학에 관한 논문을 읽었을 때, 하나의 철학 이론을 근거로 비평할 수 있다.

교과서는 알렉산더 베인(白印)의『심리학』, 가아변테이(加兒邊太耳)의『정신생리학(精神生理學)』, 허버트 스펜서(斯邊設兒)의『원리총론 및 생물원론(原理總論及生物原論)』이다. 참고서는 막사열(莫斯列)의『정신생리 및 병론(精神生理及病論)』, 아백아극륜비(亞白兒克倫庇)의『지력론(智力論)』, 백격(伯格兒)의『창조사(創造史)』, 설유극열아(設維克列兒)의 저서 및 루이스(祿以斯)의『철학사』, 백윤(伯尹)의『근세철학사』이다.

제3년 과정은 근대의 심리학과 철학의 중요한 결론에 대한 요강을 강의한 후, 학생들이 도의학(道義學) 연구에 전념하게 한다.

교과서는 알렉산더 베인(白印)의『심리학』및『도의학』, 허버트 스펜서(斯邊設兒) 의『도의학 논료(道義學論料)』, 아리스토텔레스(亞立斯特德兒)의『도의학』, 스튜어트(西趜維克)의『도의학』이다. 참고서는 벤담(本唐, Jeremy Bentham, 1748~1832)의『도덕 및 입법의 원리 서설(道義及立法論綱)』, 밀(彌兒, John Stuart Mill, 1806~1873)의『이학(利學)』, 파다열아(巴多列兒)의『인성론(人性論)』, 칸트(甘多, Immanuel Kant, 1724~1804)

의『도의론(道義論)』, 포브스(福布斯)의『서설낙덕아포사애(西設洛德啞布沙埃)』【서명】이다.

제4년 과정의 강의는 두 가지로 나누어진다. 첫째, 심리학과 근세철학의 여러 학설 중에서 비교적 유명한 것을 가르친다. 이외에는 학생들이 인류와 하등동물의 심력(心力)을 비교하여, 태고시대와 문명시대의 인심(人心)의 변천, 동물과 인류의 감정어(陳情語)와 모방어(摸擬語), 문장 수식의 변천 등 여러 주제를 연구한다.

교과서는 하버트 스펜서(斯邊設兒)의『심리학』, 밀(彌兒)의『해밀턴[12] 철학(哈迷兒頓氏哲學)』, 희사걸(希斯傑)의『만유철학(萬有哲學)』이다. 참고서는 다윈(答兒尹, Charles Robert Darwin, 1809~1882)의『생물 원시론(生物原始論)』·『인류 원시론(人類原始論)』·『정사 발현론(情思發顯論)』, 로이(路易)의『철학사』, 저낙이(低洛爾)의『원시인 사회론(原民社會論)』과『태고인류사(太古人類史)』, 로본(路本)의『개화기원론(開化起原論)』, 렬걸(列傑)의『구사명리설(歐士明理說)』, 허버트 스펜서의『만물개진론(萬物開進論)』과『신논문집(新論文集)』, 존 스튜어트 밀의『논문집(論文集)』이다.

둘째, 데카르트(特加兒, Descartes, 1596~1650)·사파인살(斯巴印撒)·버클리(伯克列, George Berkeley, 1685~1753)·칸트의 저서에 의거하여 철학사상의 연혁사를 가르치고, 이 학년의 일부는 순리학(純理學)을 연구한다.

교과서 및 참고서는 데카르트(特加兒)의『철학 및 미지저융(哲學及迷知底戎)』【서명】, 사파인살(斯巴印撒)의 저서, 칸트의『순리학(純理學)』, 게르하르트(傑牙特)의『칸트의 철학』, 마보희(麻保希)의『칸트의 순리론

---

12 해밀턴(哈迷兒頓): 알렉산더 해밀턴(Alexander Hamilton: 1757~1804)이다.

(純理論)』, 흄(彪睦, David Hume, 1711~1776)의『인성론(人性論)』, 열특(列特)의『심리론(心理論)』, 와열사(窩列斯)의『헤겔(海該兒)의 논리학』, 로이(路易)의『철학사』, 여백아유극(餘白兒維克)의『철학사』, 존 스튜어트밀의『해밀턴의 철학』이다.

정치학

정치학과는 2년 과정으로, 제3학년에서 본 학과의 기초를 가르친다. 우선, 세태학(世態學)을 송독하고 교원이 말로 가르쳐서, 학생들이 인생과 사회가 하나의 살아있는 생물체로 번잡한 조직을 이루며, 그 구조와 효용이 무한함을 알게 한다. 또한 근원과 진보의 상황에 대해 깊이 연구하지 않으면, 다음에 배우는 정치이론이 순정철하에 근원을 두었음을 명백하게 이해할 수 없다. 이에 교원이 철학을 구두로 전수하여, 학생들이 오늘날의 여러 학설은 실제 사회에 적용된 후에 비로소 정치의 핵심 이론에 진입할 수 있음을 알게 한다. 윤리와 정치이론의 여러 학설은 그 심오함을 점진적으로 연구해야 하며, 이때 사용하는 책은 다음과 같다.

허버트 스펜서의『세태논강(世態論綱)』, 파서묵(巴西墨)의『물리정치상관론(物理政治相關論)』, 모건(默兒干, Lewis Henry Morgan, 1818~1881)의『고대사회론(古代社會論)』, 허버트 스펜서의『정리론(政理論)』, 오이사(烏爾斯)의『정치론(政治論)』이다.

제4년 과정의 정치학과는 곧 졸업하는 학생을 위하여 개설한 과정으로, 정치이론의 심오함을 연구한다. 처음에는 국가의 성질, 국민의 권리에 관련한 여러 학설을 배운다. 다음으로 이론과 실제에 근거하여 자유의 이치를 밝히고, 정부의 효용을 함께 설명하며, 아울러 헌법사를 섭렵하여 오늘날 사회 문명의 여러 헌법을 규명한다. 끝으로 훗날 사회 조직에 변화를 일으킬 수 있는 희망적인 요건에 대해 간략하게 논의하며 마친다.

본 학과의 학생은 훗날 졸업논문을 작성하기 위해 별도로 이수해야 하는 것이 있는데, 이때 사용하는 책들은 다음과 같다. 오이사(烏爾捨)의 『정치론(政治論)』, 리버(利伯兒, Francis Lieber, 1798~1872)의 『자치론(自治論)』, 밀(彌兒)의 『자유론(自由論)』, 스티븐(斯知分)의 『자유변(自由辨)』, 해리슨(哈理遜)의 『순서 및 진보편(順序及進步編)』, 존 스튜어트 밀의 『대의정체론(代議政體論)』이다.

이재학

이재학(理財學)과는 2년 과정으로 제3년 과정에서 강령(綱領)을 우선 가르쳐서 훗날 깊이 있는 연구의 예습이 되도록 한다. 이 학문의 목적은 한 학파의 학설을 전문적으로 배우는 데 있지 않고, 학생들의 추리와 사고를 유도하고 장려하여, 여러 상이한 학설을 비평, 판단하는 학문 능력을 갖추게 하는 데 있다.

교과서와 참고서는 다음과 같다. 밀(彌兒)의 『이재논강(理財論綱)』, 마극안(麻克安)이 편찬한 걸열(傑列)의 『세태론(世態論)』, 가르니에(慕亞倫, Joseph Garnierm, 1813~1881)의 『이재논법(理財論法)』, 시맹(澌孟)의 『화폐론』, 가르니에(慕亞倫)의 『이재신설(理財新說)』, 몸(牡文, Maugham)의 『미국 이재론(米國理財論)』이다.

제4년 과정의 이재학과는 곧 졸업할 학생들이 이수할 수 있게 특별히 개설한 과정이다. 그중 두세 개 논제는 본 학과의 연구와 긴밀하게 연관되는 노동력조세법(勞力租稅法), 외국무역(外國貿易), 은행법(銀行法), 화폐론(貨幣論) 등이다. 학생들은 일반적인 교과서 외에도 대책문(策文)을 저술해야 한다.

교과서와 참고서는 다음과 같다. 맥클라우드(麥列惡特, Henry Dunning Macleod, 1821~1902)의 『은행론(銀行論)』, 가섬(坷閃)의 『외국태환법(外國兌換法)』, 와가(渦迦)의 『화폐론(貨幣論)』, 심납(心納)의 『미국 화폐사(米國貨幣史)』, 가르니에(綦亞倫)의 『이재신설(理財新說)』, 팔사타(捌斯打)의 『미국 조세법(米國租稅法)』, 맥가낙극(麥家洛克)의 『조세론(租稅論)』, 사륜돈(梭倫頓)의 『노동력론(勞力論)』, 배아사(排兒斯)의 『자유무역변(自由貿易辨)』, 파사지아(巴斯知亞)의 『보호세변(保護稅辨)』, 살내(撒奈)의 『미국 보호론(米國保護論)』이다.

일본 문학(和文學)

법학부와 문학부의 제1년 과정에서는 『어휘별기(語彙別記)』와 『신황정통기(神皇正統記)』를 배우는데, 해당 학년의 제2학과 학생 즉, 화한문학 전공의 학생에게는 별도로 『다케토리모노가타리(竹取物語)』와 『마쿠라조오지(枕草紙)』를 가르친다.

문학부의 제2년 과정에서 제1학과 학생(철학·정치학·이재학 전공자)에게는 『다케토리모노가타리』와 『마쿠라조오지』를 가르치고, 제2학과 학생(화한문학 전공자)에게는 『오오카가미(大鏡)』, 『겐지모노가타리(源氏物語)』, 『마스카가미(增鏡)』를 강의하며, 학생들에게 『속세계물어(續世繼物語)』에 대해 질문하게 한다.

제3년 과정에서 제1학과 학생에게는 『겐지모노가타리』와 『만엽집(萬葉集)』을 가르치고, 제2학과 학생에게는 지난해에 배운 『겐지모노가타리』를 강의하고, 『고사기(古事紀)』와 『만엽집』을 강의하며, 학생들에게

『고어습유고금집(古語拾遺古今集)』에 대하여 질문하게 한다.

제4년 과정에서 제2학과 학생에게는 지난해에 배운『고사기(古事紀)』와『만엽집』을 강의하고, 학생들에게『육국사(六國史)』와『유취삼대격(類聚三代格)』에 대해 질문하게 한다. 마지막 3년 동안은 격월(隔月)로 1회씩 일본어 문장(和文)과 와카(和歌)를 짓게 한다.

여가 시간에 교과목 이외의 서적을 읽고자 하는 학생을 위하여 제정한 서적 목록은 다음과 같다. 단, 제1학년 학생을 위한 교과목 외의 서적 추천은 생략한다.

제2년 과정의 추천도서는『십훈초(十訓抄)』,『우치습유(宇治捨遺)』,『고금집(古今集)』,『원평성쇠기(源平盛衰記)』,『토좌일기(土佐日記)』이다.

제3년 과정의 추천도서는『속일본기(續日本紀)』,『만엽집』【권3 이하】,『미즈카가미(水鏡)』,『마스카가미(增鏡)』과『작문장(作文章)』이다.

제4년 과정의 추천도서는『일본서기(日本書記)』,『일본후기(日本後記)』,『동경(東鏡)』,『독사여론(讀史餘論)』,『태평기(太平記)』,『고토바노 다마노오(詞玉緖)』,『사팔구(詞八衢)』,『사통로(詞通路)』이다.

중국 문학

법학부와 문학부의 제1년 과정의 학생은『사기』를 윤독하고, 해당 학년의 제2학과 학생은 여기에 추가로『맹자』와『논어』를 윤강한다. 문학부 제2년 과정의 제1학과와 제2학과의 학생은 당송팔대가의 문장을 윤독하고, 제2학과 학생은 여기에 추가로『좌전(左傳)』을 윤강하며,『자치통감』에 대해 질문한다.

제3년 과정의 제1학과 학생은『좌전』을 윤강하고, 제2학과 학생은『대학(大學)』,『중용(中庸)』,『시경(詩經)』,『한비자(韓非子)』,『순자(荀子)』를 윤강하며, 『송원통감』에 대해서도 함께 질문한다.

제4년 과정의 제1학과 학생에게 『시경』과 『서경』을 가르친다. 단, 수강 여부는 학생의 원하는 바에 따른다. 제2학년 학생에게는 『역경(易經)』과 『장자(莊子)』를 가르치는데, 학생은 『서경』과 『노자(老子)』를 윤강하고, 『명조기사본말(明朝紀事本末)』에 대하여 질문한다. 제2학과 학생은 매달 2회씩 시문(詩文)을 짓고, 나머지 각 학년은 매달 1회씩 글을 짓는다. 단, 제4학년의 제1학과 학생은 격월로 1회씩 글을 짓는다.

여가 시간에 교과목 외의 독서를 하고자 하는 학생을 위해 제정한 서적 목록은 다음과 같다. 제1학과의 추천도서는 『대학』, 『중용』, 『논어』, 『맹자』, 『자치통감(資治通鑑)』, 『송원통감』, 『명조기사본말』이다.

제2학과의 추천도서는 『한서(漢書)』, 『후한서(後漢書)』, 『삼국지(二國志)』, 『당서(唐書)』, 『오대사(五代史)』, 『국어(國語)』, 『전국책(戰國策)』이다.

사학(史學)

제1년 과정의 수업은 법학부 제1학년 학생과 문학부 제1학년 학생이 함께 이수할 수 있다. 단, 해당 학년의 학생은 이미 세계사 대의를 배웠기 때문에 제1학기에는 영국사를 전문적으로 강의하고, 제2학기에는 프랑스사를 강의한다.

교과서는 『영국사』와 스미스(斯密士)의 『프랑스사(佛國史)』이고, 참고서는 극림(克林)의 『영국사』, 사답포(斯答布)의 『영국 헌법사(英國憲法史)』, 란비(蘭比)의 『영국사』, 마방(麻方)의 『영국사』이다.

문학부의 제2년 과정에서는 영국헌법과 역사론(史論)의 요지를 연구한다. 헌법 관련 참고서는 다음과 같다. 사답포(斯答布)의 『특허전례유

찬(許典例類纂)』, 합람(哈婪)의『중세사(中世史)』및『헌법사(憲法史)』, 미야(米耶)의『헌법사(憲法史)』, 유아서반특(維兒西斑特)의『사저특다자아아사(斯底特多剌亞兒斯, 미상)』【서명】이다.

역사론 참고서는 미인(米印)의『고대 법률 및 제도의 연혁사(古代法律及制度沿革史)』, 기조(季素, Guizot, 1787~1874)의『문명사(文明史)』, 허버트 스펜서의『세태학(世態學)』및『만물개진론(萬物開進論)』, 브리만(布利曼, Breeman)의『역사론(史論)』, 플로이츠(巴來西, Carl Ploetz, 1819~1881)의『로마사(羅馬史)』이다.

문학부의 제3년 과정에서 수강하는 과목은 그리스와 로마 두 나라의 역사이다. 교과서는 스미스(斯密士)의『그리스사 및 로마사(希臘史及羅馬史)』이고, 참고서는 극로다(克老多)의『그리스사』, 가아지서(加兒知西)의『그리스사』, 문섬(門閃)의『로마사』, 미리파아(米利巴兒)의『제정 시대 로마사(帝政羅馬史)』, 기번(芝般, Edward Gibbon, 1737~1794)의『로마제국 쇠망사(羅馬盛衰史)』이다.

문학부의 제4년 과정에서는 각국이 체결한 조약 및 열국 교제법의 문제, 유럽과 아시아의 근세사를 강의한다. 또 학생에게 논문을 작성하게 한다.

영문학

영문학은 이를 수강하기 전에 반드시 먼저 영어로 말하기, 영어 독해, 영작을 할 수 있어야 한다.

학생은 이 과목(영문학)을 전공하기에 앞서 먼저 교과서를 따라 영어와 영문학사를 완벽하게 이해하여야 하며, 교원은 교과서 중에서 몇 부분을 선택해 학생에게 읽게 한다. 또 필기시험을 진행해 학생들의 학업 성취도를 검사한다. 시험 방법은 학생들이 여러 대가의 명문을 비평, 송독(誦讀), 해석하는 방식이다. 출제되는 문장은 완전하게 갖춘 것을 선택한다.

문학과는 학생에게 항상 논문을 작성·비평하게 하는데, 마지막 학기에 이르러서는 학생들은 수시로 일반 문장가가 지은 문장을 읽고, 비평하며, 심층적으로 분석한다. 매달 필기시험으로 학생의 학업 성취도를 가늠한다.

교과서는 극렬굴(克列屈)의 『영어 및 영문학사』, 사비렴(斯比廉)의 『영문학 대가 문집(英文學大家文集)』, 격렬극(格列克)이 해석한 셰익스피어(設克斯比亞) 저 『카이사르(該撒)』, 격렬극(格列克)·래다(來多)가 해석한 셰익스피어의 『햄릿(罕列多, Hamlet)』·『베니스의 상인(麻占多·阿霏·威尼斯, The Merchant of Venice)』·『리처드 2세(査理第二世)』【서명】, 래다(來多)가 해석한 셰익스피어의 『리어 왕(京理牙, King Lear)』【서명】, 모리스(慕理西)가 해석한 독수(獨秀)의 『포로낙극안다내토적이(布魯洛克安多內土的耳, 미상)』【서명】, 기전(幾顚)이 해석한 『밀턴[13] 시집』, 크리스틴(克利斯的)이 해석한 『덕래정(德來定) 시집』, 미륜(彌倫) 훈해 『융손(戎遜) 문집』, 비인(比印)이 해석한 『파아극(巴兒克) 시집』, 가리비사(伽利非斯)가 해석한 『고파(顧巴) 시집』이다.

프랑스어 및 독일어

법학부 학생은 프랑스 법률을 배우는데, 앞의 2년 동안은 프랑스어를 공부한다. 이학부와 문학부의 학생들은 2년 동안 영어와 독일어 중 하나

---

13 밀턴(彌兒頓): 존 밀턴(John Milton, 1608~1674) 영국의 대 시인이다.

를 선택하여 배운다. 단, 문학부의 제2학과 학생은 예외인데, 각자 선택한 학과의 전공에 따라 프랑스어 서적 혹은 독일어 서적 중의 여러 학설을 널리 탐색하고 인용할 수 있다. 각 등급에서 사용하는 교과서와 참고서는 아래와 같다. 감하다(甘荷多)의 『영독대역문전(英獨對譯文典)』, 류편(琉便)·납기(納薹)의 『독일어 독본(獨逸讀本)』, 수다열아(隨多列兒)의 『이학서(理學書)』, 자마다(刺痲多)의 『프랑스 독본(佛蘭西讀本)』, 파란쇄(巴蘭瑣)의 『프랑스 회화편(佛蘭西會話篇)』, 노이(努耳)·살살(殺撒)의 『프랑스 문전(佛蘭西文典)』, 과력(果力)의 『프랑스 독본』, 피유노(彼揉努)의 『프랑스사(佛國史)』, 오아덕아(烏兒德兒)의 『루이 14세 전기(路易第十四世紀)』, 희내룡(希內龍)의 『특열말 만유기(特列末漫遊記)』, 저자극이질(低刺克耳秩)의 『프랑스 정전(佛國政典)』이다.

2.8. 여러 학부의 규칙

1. 학년은 9월 11일에 시작하여 (다음 해) 7월 10일에 종료된다.

1. 학년은 세 학기로 나뉘는데, 제1학기는 9월 10일부터 12월 24일까지, 제2학기는 1월 8일부터 3월 31일까지, 제3학기는 4월 8일부터 7월 10일까지이다.

1. 겨울 방학은 12월 25일부터 (다음 해) 1월 7일까지, 봄 방학은 4월 1일부터 7일까지, 여름 방학은 7월 11일부터 9월 10일까지이며, 일요일 및 나라의 제사와 경축일이 있다.

1. 입학 시기는 매 학년이 시작할 때 한 번으로 하는데, 간혹 사정에 따라 제2학기 및 제3학기 시작에도 입학을 허용할 수 있다.

1. 본 학부의 제1학년에 입학할 수 있는 자는 16세 이상이고, 제2학년

에 입학할 수 있는 자는 17세 이상이며, 그 나머지는 이에 준한다.

1. 본 학부의 제1학년에 입학할 수 있는 자는 예비문을 졸업한 자와 해당 부문의 학업 시험 등으로 학력을 검증한 자에 한한다.

1. 제2학년 이상의 학년에 입학을 희망하는 자는 먼저 제1학년에 입학하여 반드시 여러 과목의 시험을 통과해야 하며, 해당 학년의 합격과 불합격으로 입학의 허가 여부를 결정한다. 혹 다른 대학교에서 수업한 자는 본래 다니던 학부의 증서를 기준으로 해당 과목의 시험을 실시한다.

1. 고학년에 입학하고자 하는 자는 제4학년 제1학기의 시작이 아니면 허가하지 않는다.

1. 학년의 평가 시험은 6월 21일에 시작하고, 본 학년에서 이수한 모든 과목의 학업 성취도는 시험으로 평가한다.

1. 제1학기와 제2학기의 마지막 주에는 본 학기에서 이수 중인 여러 과목에 대한 학기말 시험을 실시하고, 제3학기에는 학기를 마치고 학기말 시험을 실시한다.

1. 과목의 학기 평점은 매 학기 말에 학기 동안의 수업과 학기 시험의 두 평점을 모두 계산하여 평균으로 정한다.

1. 과목의 학년 평점은 학년을 마칠 때 세 학기의 수업과 시험을 평균한 수치에 2를 곱하고, 학년 시험의 평점을 더한 후, 3으로 나누어서 얻은 점수로 한다.

1. 매 학기 말에 각 교수자는 학생의 수업 평점과 시험 평점을 모아 종리(綜理)에게 보고한다.

1. 제1학기 및 제2학기를 마칠 때는 반드시 학업의 우열에 따라 각 학생의 등급표를 순서대로 나열하고, 각 과목의 학기 동안의 수업 평점과 시험 평점을 상세하게 기재한다. 학기 평점은 한 과목의 평점 평균과

여러 과목의 평균을 함께 명시한다. 학년을 마칠 때는 위와 같이 각 과목의 학기 평점 평균을 상세히 기록하고, 학년 시험 평균, 학년 평점 및 모든 과목 평점 평균을 등급표에 명시한다. 매년 본부의 일람에 모든 학생의 성명을 기재하고, 인쇄하여 발행한다.

1. 학년의 여러 과목 평점 평균은 순서대로 기재한다.

1. 본 학부의 한 학과를 졸업한 자에게만 법학부는 법학사, 이학부는 이학사, 문학부는 문학사의 학위를 수여한다.

1. 학위는 그 학년을 마칠 때 수여한다.

1. 본 학부의 학사를 이미 졸업하고, 다시 그 학문을 연구하기를 요청할 때는 허가한다.

1. 각 학부는 제2학년 이상의 여러 과목 가운데 한 과목 혹은 여러 과목을 골라 수학하려는 자에 대해서는 각 학년 정원(定員)의 결원 수만큼 허용한다. 단, 화한문학과의 학생과 일본 법률 전공자는 영어, 프랑스어, 독일어를 선택하여 이수할 수 없다.

1. 학생의 비용은 수업료, 식비, 연탄, 땔나무, 기름 등이 모두 합쳐진 금액으로 한 학기 비용은 금 18원 이내이다.

1. 수업료는 한 학기에 금 4원으로 매 학기가 시작할 때 그 학기의 수업료를 본 학부의 회계괘(會計掛)에 분납하는데, 만약 개인 사유로 수업에 빠지거나 퇴학하더라도 이미 분납한 수업료는 다시 돌려주지 않는다.

1. 학생 중 학력이 우수하고 행동거지가 단정하여 장래에 학업을 이룰 능력이 있지만, 가난하여 그 뜻을 이루기 어려운 자는 기숙사 입사가 제한된다. 하지만, 학생이 요청하는 경우 논의를 거쳐 학비를 지급하여 주는데, 이를 급비생(給費生)이라고 부른다.

1. 급비생은 졸업하고 만 3년 뒤에 매월 사용한 금 5원을 환납하는데, 지급받았던 급비 전액을 완납해야 한다.

1. 단, 3년 안에 다 상환하는 것이 원칙이지만, 자금 능력을 얻었을 때부터 납부하여 갚을 수 있다.

1. 급비생이 만약 질병이나 다른 사유로 자퇴를 요청, 학기말 시험과 학년 시험에 불참, 다음 학년 제1학기 시험에 출석하지 않아 퇴학하는 자는 즉시 급비금을 환납하게 한다.

종리(綜理)는 2명, 교원은 50명【본국인 38명, 타국인 12명】이며, 학생은 208명【학자금은 매달 5원에서 4원에 이르며, 나라에서 지원하는 학생은 146명이다.】이다.

3. 대학 예비문

3.1. 연혁

메이지 7년(1874)에 도쿄외국어학교의 영어학과를 분리해서 '도쿄영어학교'를 창설하고, 문부성에 예속시켰다. 이 학교의 교칙은 상·하의 두 등급으로 나뉘었는데, 상급 학생은 어학을 전문적으로 배우고, 하급 학생은 상급에 진학하기 전의 과목을 배운다. 학생이 하급 어학을 마친 뒤에 상급 어학에 진학하는 것이 본래의 취지이며, 그 뒤 개성학교에 입학하여 전문과에 입학한다. 메이지 10년(1877)에 '도쿄영어학교'는 다시 '도쿄대학'에 소속되었다가 '대학예비문'으로 개칭하였다.

3.2. 교지(敎旨) 및 과정(課程)

1. 본교는 도쿄대학의 소속으로 법학부·이학부·문학부에 입학하고자 하는 학생을 위해 일반적인 학과목을 광범위하게 가르치는 예비 과정이다.

1. 본교 과정은 4년으로 하고 4등급을 설치했다. 졸업자는 대학에 들어가 법학부·이학부·문학부의 한 학과를 선택하여 수학한다. 학과 과정의 과목은 다음과 같다.

제1년 제4급의 1학기에는 영어학(英語學)【읽기·글짓기·문법·독해 매주 11시간】, 수학【산술 매주 6시간】, 미술(畫學)【자재화법(自在畫法) 매주 2시간】, 화한서(和漢書)【『일본외사』 매주 5시간】을 공부한다. 2학기와 3학기 모두 위와 같다.

제2학년 제3급의 1학기에는 영어학【읽기·문법·작문·독해 매주 11시간】, 수학【산술·기하총론 매주 4시간】, 지리학【자연지리 매주 3시간】, 사학【만국사략(萬國史畧) 매주 3시간】, 미술(畫學)【자재화법 매주 2시간】, 화한서【『일본정기(日本政記)』, 매주 5시간】를 공부한다. 2학기에는 수학【대수, 기하】을 공부하고, 나머지는 위와 같다. 3학기에는 모두 위와 같다.

제3년 제2급의 1학기에는 영어학【수사(修辭)·작문·독해·강연 매주 9시간】, 수학【대수·기하 매주 6시간】, 사학【만국사, 매주 3시간】, 생물학【생리, 매주 3시간】, 미술(畫學)【자재화법, 매주 2시간】, 화한서【『통감남요』「정편(正篇)」, 매주 4시간】를 공부한다. 2학기에는 미술(畫學)【용기화법(用器畫法: 기물을 사용한 화법)】을 공부하고, 나머지는 위와 같다. 3학기에는 생물학【식물】을 공부하고, 나머지는 위와 같다.

제4년 제1급의 제1학기에는 영어학【영문학·작문·독해·강연 매주 7시간】, 수학【대수·기하 매주 6시간】, 물리학【중학(重學)·건전론(乾電論)·수리

중학(水理重學) 매주 3시간】, 생물학【동물, 매주 3시간】, 미술(畵學)【용기화법(用器畵法) 매주 2시간】, 화한서【『통감남요』「속편」·『문장궤범(文章軌範)』매주 4시간】를 공부한다. 2학기에는 수학【삼각법(三角法)】, 물리학【열론(熱論), 광론(光論)】, 화학【무기화학 매주 3시간】을 공부하고, 나머지는 위와 같다. 3학기에는 물리학【자력론(磁力論), 습전론(濕電論)】, 이재학(理財學)【대의(大意) 매주 3시간】을 공부하고, 기타는 위와 같다. 【단, 1학기에는 화학(化學)·이재학 수업, 2학기에는 생물학·이재학 수업, 3학기에는 생물학 수업이 없다. 수학은 2학기와 3학기에 매주 3시간 공부한다.】

3.3. 교과세목(敎科細目)

제1년

읽기【매주 2시간】

교과서는 점불아(占弗兒)의 『독본』 권3·권4를 사용한다.

제1학기에 학생은 바른 자세로 발음을 분명하게 한다.

제2학기에는 문법상의 종결과 마디를 가르치고, 하나의 단어로부터 한 구절과 한 문장에 이르기까지 정확하게 발음하는 법을 배우며, 점차 송독의 범위를 넓혀 간다.

제3학기에 학생은 음성으로 억양을 맞추어 청자에게 감동을 주며, 읽는 책의 뜻을 상세히 이해한다.

글짓기【매주 4시간】

제1학기에 학생은 단문(單文)의 주제를 정하여 칠판에 쓰고, 교원이 그 오류를 바로잡는다. 매월 1회 일상적인 회화를 암기한다.

　제2학기의 수업법은 이전 학기와 동일하다. 교원이 이속어(俚俗語)를 첨가하면서 그 뜻을 설명한다. 학생은 매월 1회 그 말을 암기하고, 매일 회화를 연습한다.

　제3학기의 수업법은 이전 학기와 동일한데, 특히 일본어와 영어 두 언어의 체계가 다르다는 점을 상기시켜 가르친다. 학생이 작문에서 오류를 내면 항상 이 점을 주의시킨다. 회화를 암기하는 방식은 이전 학기와 같다.

영문법【매주 2시간】

　교과서는 불라옹(弗羅翁)의 『영국소문법서(英國小文法書)』를 사용한다.

　제1학기는 단문(單文) 작성 시 사용하는 단어(語詞)와 품사의 구별을 가르친다. 또 학생에게 영어 상용어의 말하기 방법을 연습시키고, 문법상의 단어와 유형이 다른 동의구를 가르친다.

　제2학기에는 단어의 변화법을 가르치며, 연습 방법은 이전 학기와 같다.

　제3학기에는 간단한 작문법의 의의와 문장 오류의 교정을 익힌다.

독해【매주 3시간】

　교과서는 스윈턴(斯維頓, William Swinton, 1833~1892)의 『만국사략(萬國史畧)』을 사용한다.

　제1학기에는 머리말(小引), 고대 동아시아, 그리스부(希臘部)를 가르친다.

　제2학기에는 로마 및 중세부(中古部)를 가르친다.

　제3학기에는 근세부를 가르친다. 교수법은 매 학기마다 약간의 차이가 있다. 교원은 반드시 일본어로 번역하여 강의하면서, 학생들에게 그

의의를 이해시킨다.

수학

교과서는 로빈슨(路敏遜, Horatio Nelson Robinson, 1806~1867)의 『실용산술서(實用算術書)』를 사용한다.

제1학기는 화폐산술에서 여러 등급까지 가르친다.

제2학기는 여러 등급에서 백분산술까지 가르친다.

제3학기는 백분산술에서 비례까지 가르치고, 교수의 필요에 따라 이를 해석한다. 또 교과서를 사용하여 학생들이 이해할 수 없는 것을 설명하고, 문제를 칠판에 제시, 해석하여 학생들이 분명하게 이해할 수 있도록 한다.

미술(畵學)

제1학기와 제2학기에는 회화 교본 중 비교적 간단하고 쉬운 것부터 시작해 여러 기물의 형체, 풀, 나무, 꽃, 과실, 경치 및 인체를 모사한다.

제3학기에는 여러 기물 형체와 여러 물체를 모사하고, 실제로 자유롭게 응용하도록 한다.

화한서

교과서는 『일본외사』를 사용한다. 세 학기 모두 학생이 먼저 교과서를 익숙하게 읽도록 한 뒤에 교원이 강의한다. 또 2주에 1회 과제를 부여하여, 통속적인 편지글을 작성하게 한다.

제2년

읽기【매주 2시간】

교과서는 유니은(由尼恩)의 『독본』 권4를 사용한다.

제1학기는 문법상의 종결과 마디를 상세히 설명하고, 수사상의 종결과 마디를 대략 이해하게 한다.

제2학기는 학생에게 특히 성음의 조화를 연습하게 한다.

제3학기는 학생에게 바른 자세와 행동을 준비하게 하여, 훗날 강연의 기반을 마련할 수 있도록 한다.

영문법【매주 2시간】

교과서는 백라은(伯羅恩)의 『영국대문법서(英國大文法書)』를 사용한다.

제1학기에 학생은 단어의 구별과 변화법을 복습하여, 단어의 본원 및 접속사와 조사를 설명할 수 있다.

제2학기는 위치사의 관용법, 동사 시제의 접속법, 직간접 인용법, 일반 단어의 종류 등을 가르친다.

제3학기는 문장의 분별 및 문장 작성의 방법을 설명하며, 다른 책의 장구를 뽑아서 기록하고, 비평하게 한다. 세 학기 모두 실용 독본 중 적당한 예문을 뽑아 배웠던 문법상의 규칙을 연습하게 한다.

영작문【매주 4시간】

교과서는 격현발(格賢勃)의 『작문계제서(作文階梯書)』를 사용한다.

제1학기는 구두점과 작문법을 가르친다. 학생이 평소 과제 중 일반적인 단어를 사용하여 칠판에 간단한 문장을 쓰면, 교원이 학생들 앞에서 교정한다.

제2학기의 교수법은 제1학기와 대동소이한데, 교과 과정의 난이도는 좀 더 높고, 학생은 규칙(規則) 외에도 단어와 화법(話法)을 수첩에 기록한다. 학생은 여러 구술 과제를 설정하여 답해야 하며, 교원의 질문을 빨리 해석하고, 이에 응답하는 습관을 길러야 한다. 제3학기는 교과 과정이 한층 더 어려워진다.

독해【매주 3시간】

교과서는 『독본(讀本)』을 사용한다.

제1학기와 제2학기는 유인은(由仁恩)의 『독본(讀本)』 권4를 사용한다.

제3학기는 점불아(占弗兒)의 『독본(讀本)』 권5를 사용하며, 수업법은 교원이 일본어로 강설하거니, 학생에게 번역하여 읽게 힘으로씨 내용을 이해하는 능력을 향상시킨다.

수학

교과서는 로빈슨(路敏遜)의 『실용산술서(實用算術書)』, 라이트(來土, Richard P Wright)의 『평면기하서(平面幾何書)』, 토드헌터(突土蕃太兒)의 『소대수서(小代數書)』를 사용한다.

제1학기에는 산술을 끝내고, 기하총론(幾何總論)을 가르친다.

제2학기에는 기하 제1권을 끝내고, 대수의 시작부터 최소공배수까지 가르친다.

제3학기에는 기하 제2권을 마치고, 대수(代數)·분수(分數)·약방(約方)부터 1차방정식까지 가르친다. 산술과 대수학(代數學)의 수업 방법은 이전에 가르친 여러 과제를 시험 삼아 학생에게 질문한 뒤 다음 교과 과정을 설명한다. 여유가 있다면 곧바로 문제를 제시하거나 숙제를 내서 연습을 게을리하지 않게 한다. 기하학의 수업 방법은 교과서의 순서에 따라 이론과 의의를 반복하여 설명하며, 학생에게 명칭과 해석 및 정론(定論) 등을 암기하게 한다.

지리학

교과서는 막이열(莫耳列)의 『자연지리서(自然地理書)』를 사용한다.

제1학기는 지구론(地球論)을 가르친다.

제2학기는 공중현상론(授空中現象論)을 가르친다.

제3학기는 해양 현상, 해양 생물론 및 육지 물산, 육지 생물론을 가르친다. 수업 방법은 교과서에만 한정하지 않고, 몇 종류의 과제를 제시하거나 실물을 보여주면서 사물과 현상의 상호관계를 설명하는데, 학생에게 반드시 교과서를 암송할 것을 요구하지는 않는다.

사학

교과서는 스윈턴(斯維頓)의 『만국사략(萬國史畧)』을 사용한다.

제1학기는 고대 동아시아 및 그리스 역사를 가르친다.

제2학기는 로마 및 중세사를 가르친다.

제3학기는 중세 개화사 및 근세사를 가르친다. 수업 방법은 학생에게 중요한 사항을 암기하게 하고, 교원이 질문하여 학생이 응답하는 시험을 내며, 교과서에서 누락된 부분은 다른 참고서에서 발췌하여 구두로 전수한다.

미술(畵學)

수업 방법은 세 학기 모두 학생에게 원근법의 원리와 용법 그리고 음영법(陰影法)에 기초하여 형체·경치·초목·화과(花果)·인체·동물의 조 각상, 사지와 안면의 비례와 골격 등을 모사하고, 옮겨 그리는 방법을 익히게 한다.

화한서

교과서는 『일본정기(日本政記)』를 사용한다.

수업 방법은 세 학기 모두 제1학년과 대동소이하다. 단 진급할수록 교과 과정이 한층 어려워지며, 2주에 1회씩 과제를 내서 한문 문체와 가나 혼용체 문장을 모방하도록 한다.

제3년

수사(修辭)【매주 4시간】

교과서는 격현발(格賢勃)의 『영국작문 및 수사서(英國作文及修辭書)』 를 사용한다.

제1학기는 영어 연혁의 개요, 구두법 및 비유법 등을 교수한다. 논문 은 제2학년과 동일하며, 매주 1회 빠르고 매끄럽게 읽는 법을 익힌다.

제2학기는 문체 및 시율편(詩律篇)을 교수한다. 또 상업 및 교류를 위 해 학생이 여러 제목으로 통신문을 작성하면, 교원이 바로 첨삭해 주며, 매주 1회 강연한다.

제3학기는 제2학기 교과 과정을 복습하고, 한층 더 수준 높은 논문을 작성한다.

독해【매주 3시간】

교과서는 논문을 사용한다.

제1학기와 제2학기는 마고열(摩杲列)의 『와연희사진(窩連希斯陳, 미상)』【서명】을 사용한다.

제3학기는 마고열의 편저 『파라무 헌법사 평론(巴羅無憲法史評論)』을 사용한다. 수업 방법은 학생이 뜻을 말하고, 어려운 부분은 토론하게 하며, 학생이 해석할 수 없는 부분은 교원이 번역하고 강의하여, 그 뜻을 밝혀준다.

수학

교과서는 라이트(來土)의 『평면기하서(平面幾何書)』와 토드헌터(突土蕃太兒)의 『소대수서(小代數書)』를 사용한다.

제1학기에 기하는 제3권의 머리말부터 제4장까지, 대수는 2차방정식부터 유기수(有奇數)까지 배운다.

제2학기는 평면기하와 대수 초급 과정을 마친다.

제3학기는 평면기하와 대수를 복습하게 한다. 모든 학생에게 전날 배운 교과 과정을 강의를 통해 명확하게 이해하게 하거나 혹은 문제를 제출해 해석하게 하는데, 교원은 오류를 바로잡아준다. 만약 학생에게 의문이 있으면 질문하게 하고, 교과서를 기초로 다음 교과 과정을 가르친다. 또 다른 책에서 선택한 것을 곧바로 문제로 내거나 과제로 내어 그 방법을 연습하게 한다.

사학

교과서는 프리먼(弗利萬, Edward Augustus Freeman, 1823~1892)의 『만국사(萬國史)』를 사용한다.

제1학기는 유럽의 인종기원론부터 로마 멸망까지 공부한다.

제2학기는 유럽 각국의 흥기론부터 서력 1300년까지 공부한다.

제3학기는 서력 1400년부터 근세까지 공부하며, 수업 방법은 제2학년 사학과와 마찬가지로 광범위하게 여러 서적을 참고하여 크고 작은 기사를 발췌하여 가르친다.

생물학

교과서는 파고사열(巴苦斯列)·유만(由曼)의 『생리서(生理書)』와 구례(玖禮)의 『교실 및 야외식물편(敎室及野外植物篇)』을 사용한다.

제1학기는 생리총론(生理總論), 혈행기론(血行機論), 호흡기론(呼吸機論), 배설흡수론(排泄吸收論)을 가르친다.

제2학기는 영양기론(營養機論), 운동론(運動論), 오관효용론(五官効用論), 신경계론(神經系論)을 가르쳐서 생리서(生理書)를 마친다.

제3학기는 식물대의(植物大意)를 가르친다.

생리의 교수법은 교원이 교과서를 강론하여 설명한다. 때때로 인체 골격 및 해부현도(解剖懸圖)를 본떠 만들어서 해석하며, 학생에게 그 이치를 깨닫게 한다. 식물학 교수법은 교원이 교과서의 순서에 따라 강의하며, 학생에게 초목을 해부하여 그 종류를 판별하게 한다.

미술(畫學)

제1학기는 학생에게 모사(摸寫) 연습을 하도록 한다. 제2학년에서 다 배우지 못한 여러 사물과 경치를 연습하여 자재화법(自在畫法)을 마치도록 한다.

제2학기와 제3학기에는 평면기하도를 배우는데, 교원이 직선·호선(弧線)·다각형·기타 고등 호선(弧線)의 작성을 설명하고, 학생이 실제로 연습하게 한다.

화한서

교과서는 『통감남요』 「정편(正編)」을 사용한다.

세 학기 모두 학생에게 차례대로 교과서를 설명하게 하고, 교원은 그 오류를 바로잡아주며, 때때로 해석하기 어려운 사상에 대해 질문한다. 2주마다 1회 과제를 내서 한문 문장을 작성하게 하거나, 한문체와 가나를 혼용한 글을 작성하게 한다.

제4년

영문학【매주 3시간】

교과서는 암태이오토(譜太耳烏土)의 『손에 들고 다니는 영국문학서(掌中英國文學書)』를 사용한다.

제1학기는 교원이 영어의 기원 및 발달을 강의한다. 학생은 제프리 초서(兆佐兒, Geoffrey Chaucer, 1343~1400)부터 밀턴(美耳頓)에 이르기까지 영국의 저명한 문장가의 전기를 읽고, 그들의 문장을 배운다.

제2학기는 교원이 영국 희곡문학의 기원 및 발달을 강의한다. 학생은 제1학기에 준하여 밀턴부터 좌아와아태아소격(佐亞窩兒太兒蘇格)에 이르기까지 저명한 문장가의 전기를 읽고, 그 문장을 배운다.

제3학기에 학생은 금세의 저명한 문장가의 전기를 읽고, 그 문장을 배운다. 세 학기 모두 매달 1회 학생은 학술적 주제와 일반적 주제로 글을 작성하고, 매주 1회 영어로 강연한다.

독해【매주 2시간】

교과서는 논문을 사용한다.

제1학기는 허버트 스펜서의 『사격론(詞格論)』을 사용한다.

제2학기는 마고열(摩杲列)의 『밀턴(美耳頓)』【서명】을 사용한다.

제3학기는 마고열이 평론한 것을 사용하고, 마이가이무(摩耳加耳毋)의 『귀족 고래백전(貴族古來伯傳)』 등을 사용한다. 수업 방법은 제3학년의 독해 수업과 마찬가지로 학생이 어려운 것을 질문하면 교원이 강의하는데, 이 학년에서는 모두 영어를 사용한다.

수학

교과시는 토드힌디(突┴蕃太兒)의 『대대수시(人代數書)』, 윌슨(維兄遜)의 『입체기하서(立體幾何書)』, 점불이(占弗耳)의 『대수표(對數表)』, 토드헌터의 『소삼각서(小三角書)』를 사용한다.

제1학기는 입체기하와 대수를 끝낸다.

제2학기는 삼각법 제1절부터 제17절까지 배운다.

제3학기는 제18절부터 끝까지 배워 삼각법을 마친다. 수업 방법은 제3학년 수학과 같다.

물리학

교과서는 사거아토(斯去亞土)의 『물리서(物理書)』를 사용한다.

제1학기는 중학(重學)·건전론(乾電論)·수리중학(水理重學)을 가르친다.

제2학기는 열론(熱論)·광론(光論)을 가르친다.

제3학기는 자력론(磁力論)·습전론(濕電論)을 가르친다. 수업 방법은 교원이 교과서를 강의하는 것부터 시작하여, 각종 실험을 보여주면서 학생이 물리의 이치를 확실하게 깨닫게 한다.

화학

교과서는 로사고(盧斯杲)의 『화학초보(化學初步)』를 사용한다.

제2학기와 제3학기에 교원은 먼저 매일 과제를 학생에게 시험 삼아 질문한다. 만약 그 뜻을 이해하지 못하여 대답하지 못하면, 우선 교원이 강의하여 설명하고, 수시로 각종 실험을 보여주어 학생이 화학의 원리를 분명하게 깨닫게 한다.

생물학

교과서는 인가이손(仁可耳遜)의 『교과용 동물서(敎科用動物書)』를 사용한다. 제1학기에는 교원이 교과서를 강의하면서 설명하고, 간혹 학생에게 시험 삼아 묻는 것에 답변하게 하며, 수시로 실물로 설명하여 분명히 알게 한다. 이 학기(제1학기)에 이 수업을 끝낸다.

이재학

교과서는 화색토(和塞土)의 『소이재서(小理財書)』를 사용한다.

제3학기의 수업 방법은 교원이 교과서에 기초하여 가르치는데, 중요한 과제는 여러 서적을 참고하여 중요한 내용만을 취사 선택해 구두로 전수하고, 학생이 그 요령을 알게 한다.【이 과목은 제3학기에만 가르친다.】

미술(畵學)

제1학기는 평사도법(平寫圖法)을 가르친다.

제2학기는 음영법(陰影法)을 가르친다.

제3학기는 평행배경도(平行配景圖)를 가르친다.

수업 순서는 다음과 같다. 제1학기와 제2학기에는 교원이 형면(形面)을 그리는 원리와 정사면도(正寫面圖)의 본질을 설명하고, 학생은 연습한다. 제3학기는 여러 종류의 모형을 설치하여, 학생에게 그 크기를 측정하게 한 뒤 수업시간에 배운 내용을 적용시켜 단일한 제조도를 그리게 한다.

화한서

교과서는 『통감남요(通鑑覽要)』「속편(續編)」과 『문장궤범(文章軌範)』을 사용한다.

세 학기 모두 『통감남요』는 학생들이 차례대로 읽고, 질의하게 한다. 『문장궤범』은 교원이 강의하고, 학생은 문장의 여러 체재와 규칙을 설명한다. 또 2주마다 1회 과제를 내어 한문을 작성하게 한다.

대략적인 규칙은 대학교와 같다.

주간(主幹) 1명, 교원 24명【본국인 21명, 타국인 3명】, 학생 421명이다. 【학자금은 모두 스스로 갖춘다.】

4. 대학 의학부

4.1. 연혁

처음에는 천연두 접종관(種痘館)을 설립하여, 서양 의술로써 에도에 기치를 세웠다. 이후에 '서양의학소(西洋醫學所)'로 고쳐 불렀는데, '서양'이라는 두 글자를 붙인 것은 한의학교(漢醫學校)와 구별하기 위해서이다.

대학 의학부는 네덜란드에 사람을 파견하여 의술을 배우고, 병원을 설립했으며, 학생을 교육하였는데, 모두 네덜란드의 방법을 따랐다. 후에 이곳을 단순히 '의학소(醫學所)'라고 불렀다가 메이지 1년(1868)에 의학교와 병원은 모두 군무관(軍務官)에 소속되어 도쿄부 관할이 되었다.

메이지 2년(1869)에는 병원에 본교를 합쳐 '의학교 겸 병원'이라 부르고, 대학교에 소속시켰다. 후에 '대학동교(大學東校)'라고 부르다가 메이지 4년(1871)에는 '동교(東校)'로 불렀다. 메이지 5년(1872)에는 '대학구의학교(大學區醫學校)', 메이지 7년(1874)에는 '도쿄의학교'로 개칭하고, 나가사키의학교를 본교에 합병하였다.

메이지 10년(1877)부터 '도쿄대학 의학교'라 부르고, 독일과 프로이센(普國)에서 교사를 많이 초빙했다. 학과 과정을 정하고, 예과와 본과를 개설하였으며, 예과의 교칙에 화한학(和漢學) 한 과목을 두었다.

4.2. 통칙(通則)

1. 본 학부는 의학을 가르치기 위하여 설치하였다. 대학의 한 부서로 문부성의 관할을 받으며, 제약학(製藥學) 교육장과 병원이 여기에 소속된다.

1. 교육 과정을 둘로 나누어 의학 본과와 예과로 부른다.【단, 의학은 제반 학과와 연관되기 때문에 고등중학교의 학과목을 이수하지 않으면, 그 참뜻을 이해하기 어렵다. 진심으로 의학에 종사하고자 하는 자는 중학교 과정을 미리 이수하지 않으면 안 된다. 그러나 지금 고등중학교가 없기 때문에 본부에 별도로 교육장을 설치하여, 고등중학교의 학과목을 가르치는데, 이를 '예과'라고 부르며, 전문 의학을 교칙에 따라 가르치는 것을 '본과'라고 한다.】

1. 예과의 수학 기간은 5년이며, 의학 본과의 수학 기간도 5년이다.

【단, 지금의 학제에 따라 배우는 자는 독일어만을 사용한다.】

　1. 본 학부에 별도로 교육장을 설치하여 일본어로 여러 의학 학과목과 제약학을 가르치는데, 이 학생들을 '통학생(通學生)'이라 부른다.

　1. 예과 입학은 14세 이상 20세 이하의 소학 과정을 졸업한 학생에게 허가한다.

　1. 예과를 졸업한 자는 시험을 통과한 뒤에 본과에 입학하는 것을 허가한다.

　1. 학기, 휴학, 증서 수여 등의 규정은 다른 학교와 같다.

4.3. 예과 과정

　5등 제1년의 하급 과정은 습자, 철자, 산술, 읽기, 역독(譯讀), 화한학(和漢學)을 배운다. 상급 과정은 읽기, 문법, 작문, 지리학, 분수(分數), 화한학을 배운다.

　4등 제2년의 하급 과정은 문법, 작문, 지리학, 분수문제(分數問題), 분수, 화한학을 배운다. 상급 과정은 문법, 작문, 지리학, 비례(比例), 소수(小數), 화한학을 배운다.

　3등 제3년의 하급 과정은 독일어학, 산술, 지리학, 기하학을 배운다. 상급 과정은 독일어학, 산술, 박물학, 지리학, 기하학을 개설한다.

　2등 제4년의 하급 과정은 독일어학, 라틴어학, 박물학, 대수학, 기하학을 개설하고, 상급 과정의 과목 설정은 하급 과정과 같다.

　1등 제5년의 하급 과정은 독일어학, 라틴어학, 동물학, 식물학, 광물학, 대수학을 개설하고, 상급 과정은 독일어학, 라틴어학, 식물학, 광물학, 동물학, 대수(對數), 삼각술, 대수학(代數學)을 개설한다.

4.4 본과 과정

5등 제1년의 하급 과정은 물리학, 화학, 의과동물학(醫科動物學), 해부학, 상급 과정은 물리학, 화학, 의과식물학(醫科植物學), 각 부위의 해부학(各部解剖學), 조직학을 개설하였다.

4등 제2년의 하급 과정은 물리학, 화학, 현장 해부학(實地解剖學), 상급 과정은 물리학, 화학, 현미경 용법, 생리학을 개설하였다.

3등 제3년의 하급 과정은 외과 총론, 생리학, 생리학 현장실습, 상급 과정은 외과 총론, 내과 총론 및 병리 해부, 약물학, 독물학(毒物學), 제제학(製劑學) 현장실습, 분석학(分析學) 현장실습을 개설하였다.

2등 제4년의 하급 과정은 외과각론(外科各論), 병리각론(病理各論), 외과 임상강의, 내과 임상강의를 개설하는데, 상급 과정 역시 하급 과정과 동일하다.

1등 제5년의 하급 과정은 외과각론 및 안과학(眼科學), 병리각론, 외과 임상강의, 내과 임상강의, 상급 과정은 외과각론, 안과학, 병리각론, 외과 임상강의, 내과 임상강의, 외과수술 현장실습을 개설하였다.

4.5. 제약학 교육장 규칙

1. 본 교육장 학생은 예과 과정을 이수한 자가 아니면 입학을 허가하지 않는다.

1. 교과 과정은 3년이다. 한 급별의 교과 과정은 6개월이며, 매 학기말에 시험을 본다.

4.6. 제약학 본과 과정

3등 제1년의 하급 과정은 물리학, 약용(藥用) 동물학, 광물학, 화학, 상급 과정은 물리학, 약용 식물학, 무기화학, 현미경학(顯微鏡學)을 개설하였다.

2등 제2년의 하급 과정은 물리학, 화학, 약품학, 제약화학, 정성(定性) 분석학, 상급 과정은 물리학, 유기화학, 약품학, 제약화학, 정성 분석학을 개설하였다.

1등 제3년의 하급 과정은 제약 현장실습, 약물시험 현장실습, 상급 과정은 약국조제(藥局調劑) 현장실습을 개설하였다.

4.7. 통학생 규칙

본 학부에 별도로 통학생 교육장을 설치한다. 의학은 3년 반에서 4년을 수학 기간으로 하고, 제약학은 2년을 수학 기간으로 한다. 일반적으로 나이가 많아 외국어학, 수학, 라틴학 등을 배울 여력이 없는 학생과 특별한 사정이 있어 학교에 오랫동안 나오기 어려운 학생에게는 일본어로 그 요지를 가르친다.

4.8. 의학 통학생의 학과 과정

제1기는 물리학, 화학, 해부학, 제2기는 화학, 동식물학, 해부학을 개설하였다. 제3기는 생리학과 생리 총론, 제4기는 약물학, 붕대학(繃帶學), 처방, 조제학, 내과 통론, 외과 통론을 개설하였다. 제5기는 내과각론, 외과각론, 내과 임상강의, 외과 임상강의, 안과학, 진단법, 제6기는 내과각론, 외과각론, 외과 임상강의, 안과 임상강의, 내과 임상강의를 개설하였다. 제7기는 내과 임상강의, 외과 임상강의, 부인병론(婦人病論), 산부인과, 제8기는 내과 임상강의, 외과 임상강의, 재판의학(裁判醫學), 위생학(衛生學)을 개설하였다.

4.9. 제약학 통학생의 학과 과정

제1기는 물리학, 무기화학, 식물학, 제2기는 유기화학, 약품학, 금석학, 동물학을 개설하였다. 제3기는 약품학, 제약화학, 독물학 분석법, 조제법, 제4기는 제약국 현장실습을 개설하였다.

종리는 2명, 교원은 44명【본국인이 3명과 외국인이 9명】, 학생은 1395명이다.【학자금은 매달 4원에서 6원이며, 나라에서 지원하는 학생은 70명이다.】

4.10. 부 병원규칙(附 病院規則)

1. 입원비용은 상·중·하 등급의 구분이 있다.

1. 상등과 중등은 병실, 식비에 차이가 있다. 약품은 상·중·하 세 등급 모두 동일하게 사용하여 치료한다. 하등의 입원비용은 매우 저렴하여, 실제 치료 과정에서 학생들이 실습할 수 있게 하고, 교사 및 수행 의원의 지휘에 따르게 하여 구애됨이 없게 한다.

1. 입원 중에는 병원 간병인의 말을 어기지 않으며, 병실 법도를 엄격히 지킨다.

1. 신체와 의복은 항상 주의하여 더러워지지 않도록 한다.

1. 회진 전에는 허리띠나 단추 등을 풀지 않으며, 침대를 떠나지 않고

진찰할 때를 기다릴 수 있어야 한다.

1. 회진 중에는 담화와 흡연을 금지하며, 병에 해로운 일을 하지 않는다.

1. 의원의 허락을 받지 않고 마음대로 음식물을 먹어서는 안 된다.

1. 실내에서 큰 소리로 이야기하거나 책을 소리 내어 읽어서는 안 된다.

1. 부득이한 일로 외출할 때는 의원의 허락을 받아야 한다.

1. 시끄럽게 말다툼하거나 금은화를 빌리는 등의 행위는 일체 엄금한다.

1. 간병인에게 금전이나 물품 등은 주어서는 안 된다.

1. 남녀의 병실은 서로 왕래해서는 안 되며, 만약 용건이 있으면 간병인과 동행한다.

1. 위의 조목을 지키지 않는 자는 즉시 퇴원한다.

1. 환자에 대한 지원은 1개월에 한하며, 약과 음식물 등은 모두 학교에서 지급한다.

1. 새로 들어온 환자가 있으면 약용법 및 병실의 모든 규칙을 자세히 알려준다.

1. 환자에게 사용하는 기계와 모든 물품은 회진 전에 준비하여, 적시에 어려움이 없게 한다.

1. 약병 및 식기 등은 깨끗하게 씻으며, 환자의 소지품은 깨지거나 망가지지 않게 한다.

1. 가족이나 친구 등 간호하러 온 자가 병실에서 숙박하게 되면, 사무국에 신고해야 한다.

5. 사범학교

5.1. 연혁

메이지 5년(1872)에 창설하여 문부성이 직접 관할하였다. 메이지 6년(1873)에 부속 소학교를 설치하고, 교육 현장에 나가 소학교 학생들을 가르치는 방법을 배웠다. 당시 본교는 소학 사범을 전공하기 위해 본과를 설치하여 수업 방법을 제정했고, 본과 이외에 나머지 학과도 설치하였다. 메이지 7년(1874)에 이를 폐지하고, '소학 사범학과'로 개설하여, 교원이 될 수 있는 학업을 미리 이수하는 것을 '예과'라고 하였다. 예과의 학업이 어느 정도 이루어진 뒤 수업 방법을 배우는 것을 '본과'라고 불렀으며, 이 두 학과를 합쳐 '사범학교'라고 불렀다.

메이지 8년(1875)에 '중학 사범학과'를 신설하였는데, 이때부터 '중학 사범학과'와 '소학 사범학과'가 병존하였다. 메이지 12년(1879) 2월에 학교 제도를 개혁하면서 여러 학과로 분류하여 격물학(格物學), 사학 및 철학, 수학, 문학, 예술의 다섯 학과를 두었다. 또 모든 학과는 예과(豫科), 고등예과(高等豫科), 본과(本科)의 세 개 과정으로 구분하였으며, 예과와 고등예과는 또다시 각기 네 등급으로, 본과는 상하 두 등급으로 나누었다. 예과에서 본과로 직접 입학한 졸업자는 '소학 교원'에 적합한 자가 되며, 예과와 고등예과를 거쳐서 본과에 입학한 졸업한 자는 '중학 교원'에 적합한 자가 된다.

5.2. 규칙

1. 본교는 전문적으로 보통 학과【소학, 중학】의 교원을 양성하는 기관

이다.

　1. 부속 소학교는 본교 학생의 실질적인 연습을 위해 설치하였다.

　1. 학년은 9월 11일에 시작하여 (다음 해) 7월 10일에 마친다.

　1. 전학기는 9월 11일에 시작하여 (다음 해) 2월 15일에 끝나며, 후학기는 2월 23일에 시작하여 7월 10일에 끝난다.

　1. 본교의 교과 과정은 크게 예과, 고등예과, 본과의 세 과정으로 나눈다.

　1. 예과와 고등예과는 각각 네 등급으로 나누는데, 최하급은 제4급이고, 최상급은 제1급이다. 본과는 하급과 상급의 두 등급을 둔다.

　1. 예과와 고등예과의 수학 기간은 각각 2년이고, 본과의 수학 기간은 1년이다. 매 등급의 수학 기간은 반년, 즉 18주이다. 매일 수업은 5시간으로 일주일에 28시간이다. 【토요일 반날은 계산하지 않는다.】

5.3. 교과세목(敎科細目)

　예과 제4급

화학: 여러 차례 시험을 치루고, 비금속에 속하는 모든 원소와 중요한 화합물의 제조법 및 성질 등을 가르친다. 【매주 3시간】

물리학: 여러 가지 자연력의 고체(凝體), 액체(流體), 기체(氣體)의 성질과 운동체(運動體), 전동체(顫動體), 열체(熱體), 기전체(起電體)의 약론(畧論)을 가르친다. 【매주 3시간】

지리(地誌): 지구의(地毬儀)와 지도(地圖) 해설, 광열(光熱)의 산포(散布), 지면(地面)의 형상, 공기(空氣)의 현상, 여러 대주의 생물 약론(生物畧論)을 가르친다. 또한 아시아와 유럽 두 주의 위치, 모양과 크기, 지세, 기후, 금석(金石), 동물, 식물을 가르치고, 일본과 기타 여러 나라의 위치, 지리, 생업, 산물(産物), 수도, 도시, 정치, 풍속 등의 개론을 가르친다. 【매주 4시간】

산술: 백분산술과 여러 비례를 가르친다. 【매주 4시간】

화한문(和漢文): 『통감남요(通鑑覽要)』 권1부터 권8까지 읽고 설명하게 하며, 가나를 섞은 문장을 작성하게 한다. 『어휘지장도 및 별기(語彙指掌圖及別記)』【서명】에 근거하여 어법(語格)을 가르치고, 『신황정통기(神皇正統記)』를 읽게 한다. 【매주 4시간】

영문: 【강독】 『제3의 유토피아(第三理土兒)』【서명】와 지리서 등에서 요점을 발췌하여, 학생들이 번역하여 읽게 한다. 【단, 이 과목은 글자의 뜻풀이와 문장 의미 위주로 해석하며, 아래도 이를 따른다.】

【문법】 낱말 분류 및 그 분해를 배우게 한다.

【작문】 쉬운 문장을 작성하여, 문법이 익숙하게 연습한다. 【매주 3시간】

도화(圖畵): 【임화(臨畵)】 곡선, 직선, 단형 등을 익힌다. 【매주 2시간】

체조: 맨손 연습, 아령, 주간(珠竿), 곤봉(棍棒) 연습, 정렬 행진을 익힌다. 【매주 5시간】

예과 제3급

화학: 흔히 보는 금속의 여러 원소 채취법(採收法), 성질, 용법 등의 개요를 가르치고, 실험을 통해 화합물의 제조법을 보여준다. 【매주 2시간】

식물학: 여러 식물 부류의 생장 약설과 여러 식물의 특정 부위의 특성, 효용 등을 가르친다. 【매주 3시간】

지리: 아프리카(亞非利加), 남북 아메리카(亞米利加), 오스트레일리아(濠斯太剌里亞) 등 여러 대륙의 위치, 지리, 생업, 산물, 수도, 도시, 정

치, 풍속을 가르친다. 【매주 2시간】

역사: 【일본역사】 진무천황(神武天皇)부터 지금의 천황까지 『역대사승(歷代史乘)』의 개요를 가르친다. 【매주 3시간】

산술: 제곱(乘方), 개방(開方), 구적(求積)을 배운다. 【매주 1시간】

대수학: 정수(整數)의 가감승제와 분수의 가감승제를 배운다. 【매주 3시간】

화한문: 『통감남요』 권9~권15와 『청사남요(淸史覽要)』 권1을 읽고 설명하게 하며, 가나를 섞은 문장을 작성하게 한다. 『어휘지장도 및 별기』에 근거하여 어법을 가르치고, 『신황정통기』 등을 읽게 하며, 쉬운 일본어 문장을 작성하게 한다. 【매주 4시간】

영문: 【강독】 『제3의 유토피아』【서명】, 지리서, 식물서(植物書) 등에서 요점을 발췌(拔췌)하여, 학생들이 번역하고, 읽게 한다. 【문법】 앞의 등급과 같다. 【작문】 지리와 식물 등의 기사문(記文)을 작성하게 한다. 【매주 3시간】

도화(圖畵): 【임화】 기구(器具)와 가옥 등의 윤곽을 그린다.

　　【기하화법(幾何畵法)】 기계용법(器械用法)과 곡선, 직선, 단형(單形)에 속하는 여러 주제를 총괄적으로 익힌다. 【매주 2시간】

체조: 【앞의 등급과 같다. 매주 5시간】

　　예과 제2급

동물학: 여러 무척추동물과 척추동물의 구조와 습성 등을 배운다. 【매주 3시간】

생리학: 골격, 근육, 피부, 소화기(消食器), 순환기(循血器), 호흡기, 신경, 감각 등의 개론을 배운다. 【매주 3시간】

역사: 【중국(支那) 역사】 태고시대 삼황오제(三皇五帝) 이후부터 명나라

말기에 이르기까지의 연혁과 개요를 가르친다. 【매주 2시간】

장부 기입법: 상업 용지류, 단기부기와 복식부기를 배운다. 【매주 2시간】

대수학: 일원일차방정식, 다원일차방정식, 제곱 및 개방을 배운다. 【매주 3시간】

기하학: 직선론(直線論)을 배운다. 【매주 2시간】

한문(漢文): 『청사남요』 권2부터 마지막까지, 『문장궤범』「정편(正編)」을 읽고 설명하게 하며, 한문을 작성하게 한다. 【매주 2시간】

영문: 【강독】 『제4의 유토피아(第四理土兒)』, 동물서, 생리서 등에서 요점을 발췌하여, 학생들이 번역하고 읽게 한다. 【문법】 사상(思想)과 문장의 분해를 배우게 한다. 【작문】 동식물 등의 기사문(記文)을 작성하게 한다. 【매주 3시간】

도화(圖畵): 【임화】 앞의 등급과 같다. 【기하화법】 비례, 경면타원선(更面楕圓線), 포물선 등 여러 주제를 배운다. 【매주 3시간】

체조: 【앞의 등급과 같다. 매주 5시간】

예과 제1급

물리학: 물(物), 힘(力), 운동(動)의 통론(通論)을 배운다.

【중학(重學)】 중력(重力), 낙하체(墜下體), 요추(搖錘), 권형(權衡) 등을 배운다.

【수역학(水學)】 정수역학(靜水學), 아씨(亞氏) 이론 및 그 수력 평균(水力平均)의 응용 등을 배운다.

【기력학(氣學)】 기체의 성질, 장력(張力)의 측정, 공기와 기압 및 그와 관련된 여러 기구 등을 배운다.

【열학(熱學)】 온도계(寒暑鍼), 물질 팽창의 원리, 용해(溶解)·응고(固實)

· 기화(氣發)·응결(凝結)의 원리, 험습학(驗濕學)·외사열(外射熱)·정열학(定熱學)·용열술(用熱術)·증기기관(蒸氣機關)·지열(地熱) 등을 배운다.【매주 5시간】

역사:【서양사】태고시대, 중고시대, 근세시대의 연혁과 개요를 가르친다.【매주 3시간】

경제학: 생재(生財)·배재(配財)·교역(交易)·조세회피(反租稅) 등의 개요를 가르친다.【매주 2시간】

대수학: 근식(根數式), 일원이차방정식, 이원이차방정식을 배운다.【매주 3시간】

기하학: 면적론(面積論) 및 비례를 배운다.【매주 2시간】

성학(星學): 지구와 달(太陰)의 운동 총설(總說), 태양계·여러 유성(遊星)·태양·기타 항성(恒星)의 약론(畧論), 천체의 위치 측정법 등의 개요를 가르친다.【매주 3시간】

영문:【강독】『제4의 유토피아(第四理土兒)』, 물리서, 역사서 등의 요점을 발췌하여, 학생들이 번역하고, 읽게 한다.【문법】구두법을 가르쳐 문장의 오류를 교정하게 한다.【작문】역사 속의 저명한 인물에 대한 간략한 전기를 작성하게 한다.【매주 2시간】

도화(圖畵):【투시화법(透視畫法)】기구와 가옥 등의 윤곽을 전반적으로 논의한다.【투영화법(投影畫法)】점선투영법(點線投影法)을 전반적으로 논의하고, 평면 시각도(平面視圖), 단면 시각도(斷面視圖), 점선(點線) 등을 배운다.【매주 3시간】

체조:【앞의 등급과 같다. 매주 5시간】

고등예과 제4급

물리학:【청각학(聽學)】음향(音響)의 발생 및 전달, 전동수(顫動數)의 측정, 여러 물체 전동, 음악이론(音樂理論)을 배운다.【시각학(視學)】'빛의 발생과 반사 및 굴절', 시각학의 여러 기기, 광선의 분해, 물건의 빛깔(物色), 광파론(光波論), 광선분극법(光線分極法)을 배운다.【매주 3시간】

지문학(地文學): 지구 총론(地毬總論), 지각 약설(畧說), 육지 형세(陸地形勢), 대기(大氣)·광열(光熱)·전자파 등의 현상에 대한 개요를 가르친다.【매주 2시간】

논리학: 각 명칭, 성문(成文), 명제(命題), 연제(演題), 허설(虛說), 분해법(分解法), 합성법(合成法), 귀납법(歸納法) 등을 전체적으로 강의한다.【매주 3시간】

대수학: 비례(比例), 순착열(順錯列), 수학급수(數學級數), 기하급수(幾何級數)를 배운다.【매주 2시간】

기하학: 원론(圓論) 및 잡다한 문제를 배운다.【매주 3시간】

화한문:『사기논문열전(史記論文列傳)』권61부터 권93까지 읽고 설명하게 하며 한문 문장을 작성하게 한다.『말의 여덟 갈래(言葉之八衢)』【서명】,『천인원파의 입문서(天仁遠波之栞)』【서명】, 문예유찬(文藝類纂)「문지부(文志部)」 등을 강의하며, 일본어 문장을 작성하게 한다.【매주 4시간】.

영문:【강독】『제5의 유토피아』와 기타 서적에서 명문장을 발췌하여 번역하고, 읽게 한다.【수사】총론과 여러 법칙을 배우게 한다.【작문】일본어 문장을 영역(英譯)하는 연습을 시키고, 논문을 작성하게 한다.【매주 3시간】

도화(圖畵): 【임화】 산수, 금수, 초목 등의 대영밀화(帶影密畫)를 배운다.
【매주 3시간】

체조: 【앞의 등급과 같다. 매주 5시간】

고등예과 제3급

물리학: 【자기학(磁氣學)】 자기(磁氣)의 성질, 대지(大地)의 자기 흡인력
및 저항력의 법칙, 자기 생성법 등을 배운다. 【전기학(電氣學)】 공통으
로 보이는 현상, 전기(電氣)의 유도(誘導), 전기력의 측정, 발전기와
관련 실험, 축전기(蓄電器)와 측전기(測電器) 등, 습전기(濕電氣)와 관
련된 여러 기기, 전기화학 등을 배운다. 【매주 3시간】

식물학: 식물의 구체적인 유목에 관한 이론을 배우며, 식별전(識別箋)의
사용법, 아울러 현미경을 사용하여 식물의 조직을 배운다. 【매주 3시간】

지문학(地文學): 해수론(海水論), 해륙생물론(海陸生物論), 물산 및 인류
학 개론을 가르친다. 【매주 2시간】

경제학: 생재론(生財論), 배재론(配財論), 교역론(交易論), 조세론(租稅論)
등을 가르친다. 【매주 3시간】

삼각술(三角術): 팔선변화(八線變化), 대수용법(對數用法), 삼각실산(三角
實算)을 배운다. 【매주 3시간】

화한문: 『사기논문열전』 권94부터 마지막까지 읽고, 설명하게 하며, 한
문 문장을 작성하게 한다. 『말의 여덟 갈래(言葉之八衢)』【서명】, 『천인
원파의 입문서(天仁遠波之栞)』【서명】, 『문예유찬』「문지부」 등을 가르
치며, 일본어 문장을 작성하게 한다. 【매주 4시간】

영문: 【강독】 앞의 등급과 같다. 【수사】 앞의 등급과 같다. 【작문】 일본어
문장을 영어로 번역하는 법을 배우게 하고, (영어로) 자연 지리학과

경제학의 논문을 작성하게 한다. 【매주 3시간】

도화(圖畵): 【임화】 앞의 등급과 같다. 【투시화법】 가옥, 마루, 당문(堂門)의 윤곽 및 촉광음영(燭光陰影) 등을 배운다. 【사생(寫生)】 모형의 윤곽, 기구의 음영 등을 연습한다. 【매주 2시간】

체조: 【앞의 등급과 같다. 매주 5시간】

고등예과 제2급

화학: 유기물 중에서 모든 공업 제조에 필요한 것, 특히 화학에 관계된 것 등과 정성분석(定性分析)에 필요한 산류(酸類) 및 여러 금속의 감식법을 함께 가르친다. 【매주 3시간】

금석학: 물리적 금석학, 화학적 금석학, 기록 금석학, 식별 금석학을 배운다. 【매주4시간】

동물학: 동물강목개론(動物綱目槪論)을 가르치고, 각 종속 중의 대표적인 동물을 해부하게 하고, 실물을 사실적으로 모사하게 한다.

역사: 【총론】 유럽의 지세 및 인종론, 인도교와 이집트 개화의 개요를 배운다. 【그리스】 의단(疑團) 세대, 신교(信敎) 세대, 도리(道理)의 세대, 지력 쇠퇴의 세대를 배운다. 【로마】 사학 및 철학의 형세를 배운다. 【매주 3시간】

측량술(測量術): 기계의 사용법, 제도법(製圖法), 실제 측량 등을 배운다. 【매주 2시간】

한문(漢文): 당송팔대가의 명문 150편을 뽑아서 학생들에게 읽고 설명하게 하며, 한문 문장을 작성하게 한다. 【매주 2시간】

영문: 【영문학】 영어의 연혁과 영미문학 중 여러 대가의 시, 부, 산문 등을 배우게 하고, 여러 대가의 전기를 읽게 한다. 【작문】 개화사의 역사

사실을 취하여 (영어로) 논문을 작성하게 한다. 【매주 3시간】

도화(圖畵): 【사생】 앞의 등급과 같다. 【제도(製圖)】 도면 작성법을 배운다. 【매주 2시간】

체조: 【앞의 등급과 같다. 매주 5시간】

고등예과 제1급

화학: 현장에서 예전에 배운 제반 원소 감식법(諸元素鑑識法)을 연구한 뒤, 단순 염류의 용액 혹은 혼합물의 정성분석(定性分析)을 배우고, 그 분석 방법과 결과를 기록하여, 교원의 검열을 받는다. 【매주 3시간】

생리학: 현미경을 사용하여 피부, 근육, 골수, 신경 등을 배운다. 【매주 3시간】

지질학: 【역학 지질론】 기력(氣力), 수력(水力), 화력(火力), 생력(生力)을 배운다. 【지질 구조론】 대지 구조, 성층석(成層石), 불성층석(不成層石), 변질석(變質石), 흔히 있는 마멸 등으로 지질 및 생물의 변천사인 태고대(太古代), 고생대(古生代), 중고생대(中古生代), 신생대(新生代), 인류 시대를 배운다. 【매주 5시간】

역사: 【유럽】 의단(疑團)의 세대, 신교의 세대, 동부 폐교(廢教)의 세대, 서부 신교(信敎)의 세대, 도리(道理)의 세대를 배운다. 【매주 3시간】

성학: 천문학 변천사, 보통 있는 중력, 망원경의 해설 및 실용, 천체 거리측도, 광선 운동, 삼각 프리즘의 사용, 태양계의 구조, 태양의 내곽 유성·외곽유성·혜성 및 운석을 배운다. 【매주 4시간】

한문(漢文): 당송팔대가의 명문 150편을 뽑아서 학생들에게 읽고, 설명하게 하며, 한문 문장을 작성하게 한다. 【매주 2시간】

영문: 【영문학】 앞의 등급과 같다. 【작문】 앞의 등급과 같다. 【매주 3시간】

체조: 【앞의 등급과 같다. 매주 5시간】

본과 하급

물리학: 물리적 성질인 중학(重學), 기학(氣學), 수학(水學) 등의 교수 방법을 전문적으로 연습하고, 아울러 기계 사용법을 배우게 한다. 【매주 3시간】

금석학: 금석 실물을 사용하여, 교수 방법을 연습한다. 【매주 1시간】

식물학: 흔히 보는 화훼와 초목을 채집하여, 교수법을 연습한다. 【매주 1시간】

동물학: 흔히 보는 동물을 사용하여, 교수법을 연습한다. 【매주 1시간】

지리(地誌): 지도(地圖) 및 지구의(地毬儀)의 사용법, 초보적인 자연 지리학, 여러 대륙 및 각국 지리의 교수법을 연습한다. 【매주 2시간】

심리학: 【지(智)】: 표현력(表視力), 재현력(再現力), 반사력(反射力)의 원리를 배운다. 【정(情)】: 욕(慾), 성(性), 망(望), 애(愛), 의(意) 및 덕(德)을 배운다. 【매주 5시간】

교육학: 심육(心育), 지육(智育), 체육(體育)의 원리를 실물 수업(實物課), 읽기, 작문, 서법(書法), 화법(畫法), 산술, 지지, 역사 및 노래하기(唱歌) 등의 교수법에 접목하는 방법을 배운다. 【매주 4시간】

학교관리법: 학교관리의 목적과 관련된 교구(校具) 정리법, 학년 배분법, 교과 과정표의 제작, 학교 기록부 관리법, 기계·학교 건물·교정 등 제반 요건과 학생 규범 등이다. 【매주 2시간】

산술: 숫자와 기수법(記數法), 합산(合算)·결산(決算) 관계 등의 교수법을 연습하게 한다. 【매주 2시간】

기하학: 점(點)·선(線)·각(角)·면(面)·용(容)·형(形)·체(體)의 성질과 관

계 등에 관한 교수법을 연습하게 한다. 【매주 3시간】

도화(圖畵): 다양한 화법(畵法)의 교수법을 연습하게 한다. 【매주 1시간】

서법: 가르치는 순서와 운필법(運筆法) 등을 연습하게 한다. 【매주 반시간】

읽기 방법(讀法): 낱말 독본과 연어(連語) 독본 등으로 읽기 교수법을 연습하게 한다. 【매주 1시간】

노래하기: 팔음(八音)의 음계 변화가 있는 가요 50곡으로 교수법을 연습하게 한다. 【매주 1시간】

체조: 유아체조술, 남자체조술, 여자체조술 등의 교수법을 연습하게 한다. 【매주 반 시간】

본과 상급

실제로 수업을 진행한다. 【매주 28시간】

5.4. 입학 규칙

1. 지원자는 연령, 신체 및 지망 구비사항을 게재하며, 학업 시험을 통해 상응하는 학력을 갖춘 자로 한다. 연령은 16세 이상 22세 이하이며, 신체가 건강하고 재학 중에 집안일에 얽매이지 않는 자로 소학교나 중학교 교원이 되기를 지망하는 자이다.

1. 입학시험 과목은 화한문, 영문, 산술【대수초보(代數初步)】, 일본 및 각국의 지리, 일본역사, 물리학 대의이다.

1. 임시 시험은 각 과목의 진도에 따라 한 학기에 세 번 이상 여섯 번 이내로 각 교원이 필요시에 시행한다.

1. 정시 시험은 매 등급이 각 학과 과정을 마칠 때 날짜를 정하여 그

전체 내용을 시험해 평가한다.

1. 시험 평점 조사 방법은 학기 말에 해당 학기의 모든 시험 평점을 합계하여 각 과목 점수를 정하는 방법으로 한다.

1. 등급의 진급은 학과를 막론하고 학기 말 점수가 60점 이하인 자와, 한 학기에 60일 이상 수업에 결석한 자에 대해서는 진급을 허가하지 않는다.

1. 졸업생 중에 예과를 거치지 않고, 직접 본과에 입학하여 졸업한 자는 소학 교원이 되고, 예과 또는 고등예과를 거쳐서 본과에 입학한 자는 중학 교원이 된다.

1. 방학과 휴일은 다른 학교와 같다.

1. 학자금(學資金)은 학생 한 명마다 한 달에 금 6원을 지급하며, 학교에 있는 일수가 한 달 미만인 자는 날짜를 계산하여 지급한다.

1. 학교의 명으로 퇴학한 자와 자퇴한 자는 이미 받은 학자금을 모두 변상한다. 교장은 1명, 교원은 16명, 학생은 163명이다. 【장학금은 매달 6원이며, 모두 국가에서 지급한다.】

5.5. 부속소학 규칙

1. 상하 두 등급으로 나누어 각 8등급을 두는데, 최하급은 제8급이고, 최상급은 제1급이다.

1. 매 등급의 수학 기간은 반년, 즉 18주로 한정한다. 【모든 휴일과 방학을 계산하여 넣는다.】 그러므로 재학 연한은 상, 하급을 합쳐 8년이다.

1. 일반적으로 수업 시수는 매일 5시간, 즉 한 주에 28시간이다. 【토요일 반날도 계산에 넣는다.】 단, 하등 제8급의 수업 시수는 매일 4시간, 즉

한 주에 23시간이다.

1. 수신담 과목은 매일 아침 학교를 열 때 25분 강의하고, 노래와 체조 과목은 격일로 나누어 30분 교수하며, 나머지 여러 과목은 모두 45분 강의한다. 단, 재봉(裁縫)과 기하학은 동시에 수업하는데, 남학생이 기하학을 공부하는 시간에 여학생은 재봉을 연습한다.

1. 상등급 소학 제6급 이상의 학생은 지망하는 바에 따라 영문이나 한문을 익히고 배울 수 있다.

1. 지원자는 화족(華族), 사족(士族), 평민을 가리지 않으며, 연령이 6세 이상 7세 이하라야 한다.

1. 시험은 작은 시험과 정시 두 가지로 나눈다. 작은 시험은 매 과목에서 모두 1개월 동안 공부한 내용에 대한 시험이며, 징시는 매 학기말에 해당 학기에 공부한 전체 내용에 대한 평가 시험이다.

1. 매 등급 졸업자에게는 제1호 증서를 수여하고, 전체 과정 졸업자에게는 제2호 증서를 수여한다.

5.5.1. 소학교칙(小學敎則)

하급 제8급【1주일간의 수업 시수】

독서: 【읽기】이로와(伊呂波)[14], 오십음(五十音), 차청음(次淸音), 탁음(濁音)을 배운다. 【매주 4시간】

【작문】일본어 가나로 인공물(人工物)의 기사문을 짓는다. 【매주 2시간】

습자(習字): 가타카나와 히라가나를 익힌다. 【매주 3시간】

---

14 이로와(伊呂波): 히라가나 47자를 한 자도 중복하지 않고 의미 있게 배열한 7·5조(調)의 글자 연습 노래이다.

실물(實物): 【낱셈(數目)】 실수의 명칭과 계산방법, 가감승제를 배운다. 【매주 4시간】

　【색채】 본색과 중간색을 배운다. 【매주 2시간】

　【위치】 여러 물건 위치의 관계를 배운다. 【매주 2시간】

　【동물】 인체 각 부위의 명칭, 위치, 효력을 배운다. 【매주 2시간】

　【인공물】 전체와 부분의 명칭, 위치, 효력을 배운다. 【매주 2시간】

수신: 소설과 우언 등의 선을 권하는 이야기이다. 【매주 6시간】

괘획(罫畫): 직선의 단형획(單形畫)을 연습한다. 【매주 2시간】

노래하기: 해당 부분이 빠졌다. 【매주 3시간】

체조: 사지를 운동한다. 【매주 3시간】

　제7급【1주일간의 수업 시수】

독서: 【독법】 간단한 가타카나와 히라가나 문장 및 한자가 섞인 문장을 배운다. 【매주 6시간】

　【작문】 앞의 등급과 같다. 【매주 2시간】

습자: 행서를 연습한다. 【매주 3시간】

실물: 【낱셈】 앞의 등급과 같다. 【매주 6시간】

　【색채】 앞의 등급과 같다. 【매주 1시간】

　【형체】 면, 선, 각의 명칭과 종류를 배운다. 【매주 2시간】

　【위치】 방위 및 여러 지점을 배운다. 【 매주 2시간】

　【식물】 일반 초목의 전체 및 부분의 이름, 위치, 효용을 배운다. 【매주 2시간】

　【인공물】 앞의 등급과 같다. 【매주 2시간】

수신: 앞의 등급과 같다. 【매주 6시간】

괘획: 앞의 등급과 같다. 【매주 2시간】

노래하기: 앞의 등급과 같다. 【매주 3시간】

체조: 앞의 등급과 같다. 【매주 3시간】

제6급【1주일간의 수업 시수】

독서: 【독법】『소학독본』 권1·권2를 배운다. 【매주 4시간】

【작문】 가타카나와 히라가나로 가축과 가금, 정원과 초목의 기사문(記事)을 작성한다. 【매주 2시간】

습자: 앞의 등급과 같다. 【매주 3시간】

실물: 【형체】 삼각형과 사각형의 명칭, 종류, 부분을 배운다. 【매주 2시간】

【위치】 실내 여러 물건의 위치를 배우고, 그 약도를 측정한다. 【매주 2시간】

【광물】 칠금(七金)과 잡금(雜金)의 명칭, 성질, 효용을 배운다. 【매주 2시간】

【동물】 가축과 가금의 명칭, 부분, 습성, 효용을 배운다. 【매주 3시간】

【인공물】 앞의 등급과 같다. 【매주 2시간】

산술: 【필산】 백 이하 수의 더하기와 빼기를 배운다. 【매주 6시간】

수신: 앞의 등급과 같다. 【매주 6시간】

괘획: 곡선의 단형획을 연습한다. 【매주 2시간】

노래하기: 앞의 등급과 같다. 【매주 3시간】

체조: 앞의 등급과 같다. 【매주 3시간】

제5급【1주일간의 수업 시수】

독서: 【독법】『소학독본』권2·권3를 배운다.【매주 6시간】

　【작문】칠금(七金)·잡금(雜金)·과실(菓實)·나과(蓏菓)를 주제로 한자를 섞어 쓴 기사문(記事)을 작성하고, 서식 유형의 글을 배운다.【매주 2시간】

습자: 앞의 등급과 같다.【매주 3시간】

실물: 【형체】다각형, 원형, 타원형, 계란형(卵形)의 명칭, 종류, 부분을 배운다.【매주 2시간】

　【도량(度量)】척도(尺度)와 칭량(秤量)의 명칭, 관계, 용도를 배운다. 【매주 3시간】【위치】실외 여러 물건의 위치를 배우고, 그 약도를 측정한다.【매주 2시간】

　【식물】과실과 나과의 명칭, 부분, 효용을 배운다.【매주 3시간】

　【인공물】앞의 등급과 같다.【매주 2시간】

산술: 【필산】천 이하 수의 더하기와 빼기를 배운다.【매주 3시간】

수신: 앞의 등급과 같다.【매주 6시간】

괘획: 앞의 등급과 같다.【매주 2시간】

노래하기: 앞의 등급과 같다.【매주 3시간】

체조: 앞의 등급과 같다.【매주 3시간】

제4급【1주일간의 수업 시수】

독서: 【독법】『소학독본』권4를 배운다.【매주 4시간】

　【작문】야생동물과 가정용 광물(家用礦物)을 주제로 한자를 섞어 쓴 기사문(記事)을 작성하고, 서식 유형의 글을 배운다.【매주 2시간】

습자: 해서를 배운다.【매주 3시간】

실물: 【형체(形軆)】여러 형체의 명칭, 종류, 부분을 배운다.【매주 2시간】

【도량】앞의 등급과 같다. 【매주 2시간】

【위치】앞의 등급과 같다. 【매주 2시간】

【광물】가용 광물의 명칭, 성질, 효용을 배운다. 【매주 2시간】

【동물】야생동물의 명칭, 부분, 습성, 효용을 배운다. 【매주 3시간】

【인공물】앞의 등급과 같다. 【매주 2시간】

산술: 【필산】백 이하 수의 곱하기와 나누기를 배운다. 【매주 4시간】

수신: 앞의 등급과 같다. 【매주 6시간】

괘획: 곡선과 직선의 단형획을 연습한다. 【매주 2시간】

노래하기: 앞의 등급과 같다. 【매주 3시간】

체조: 앞의 등급과 같다. 【매주 3시간】

제3급【1주일간의 수업 시수】

독서: 【독법】『소학독본』권5를 배운다. 【매주 6시간】

【작문】곡물류와 채소류를 주제로 한 기사문(記事)을 작성하고, 기증문(寄贈文)과 청취서(聽取書)를 한자를 섞어서 작성한다. 【매주 2시간】

습자: 앞의 등급과 같다. 【매주 3시간】

실물: 【도량】앞의 등급과 같다. 【매주 2시간】

【위치】학교 주변의 위치와 그 약도(畧圖)를 가르친다. 【매주 2시간】

【식물】곡물류와 채소류의 명칭, 부분, 효용을 배운다. 【매주 3시간】

【인공물】앞의 등급과 같다. 【매주 2시간】

산술: 【필산】천 이하 수의 곱하기와 나누기를 배운다. 【매주 4시간】

【주산】산주(算珠)의 사용 방법과 더하기, 빼기를 배운다. 【매주 2시간】

수신: 앞의 등급과 같다. 【매주 6시간】

괘획: 앞의 등급과 같다. 【매주 2시간】

노래하기: 앞의 등급과 같다. 【매주 3시간】

체조: 앞의 등급과 같다. 【매주 3시간】

제2급【1주일간 수업 시수】

독서: 【독법】『소학독본』권6을 배운다. 【매주 4시간】

　【작문】한자를 섞은 문장인 어개(魚介)류의 기사문(記事), 유인문(誘引文) 및 송장(送狀)을 작성한다. 【매주 2시간】

습자: 초서를 연습한다. 【매주 3시간】

실물: 【도량】되(枡: 곡식 따위를 담아 분량을 헤아리는 데 쓰는 그릇)의 명칭, 관계, 실법(實法)을 배운다. 【매주 2시간】

　【위치】구내(區內)의 위치와 그 약도를 가르친다. 【매주 2시간】

　【광물】그림물감 부류의 명칭, 성질, 효용을 배운다. 【매주 2시간】

　【동물】어개류(魚介類)의 명칭, 부분, 습성, 효용을 배운다. 【매주 3시간】

　【인공물】전체와 부분의 구조와 효용을 배운다. 【매주 2시간】

산술: 【필산】천 이하 수의 더하기, 빼기, 곱하기, 나누기를 배운다. 【매주 4시간】【주산】곱하기와 나누기를 배운다. 【매주 2시간】

수신: 앞의 등급과 같다. 【매주 6시간】

괘획: 문획(紋畫)을 배운다. 【매주 2시간】

노래하기: 앞의 등급과 같다. 【매주 3시간】

체조: 앞의 등급과 같다. 【매주 3시간】

제1급【1주일간 수업 시수】

독서: 【독법】『소학독본』권7을 배운다. 【매주 6시간】

　【작문】해조류와 버섯류(芝栭類)를 주제로 한자가 섞인 기사문(記事)을

작성하고, 방문문(訪問文)과 신고서를 작성한다. 【매주 2시간】

습자: 앞의 등급과 같다. 【매주 3시간】

실물: 【도량】 여러 가지 척도의 무게를 비교하고, 이들의 관계를 익힌다.
【매주 2시간】

　【위치】 도쿄 시내의 위치와 그 약도를 가르친다. 【매주 2시간】

　【식물】 해조류와 버섯류의 명칭, 부분, 효능을 배운다. 【매주 3시간】

　【인공물】 앞의 등급과 같다. 【매주 2시간】

산술: 【필산】 분수의 기초를 배운다. 【매주 4시간】

　【주산】 덧셈, 뺄셈, 곱셈, 나눗셈이 섞여 있는 문제를 배운다. 【매주 2시간】

수신: 앞의 등급과 같다. 【매주 6시간】

괘획: 앞의 등급과 같다. 【매주 2시간】

노래하기: 앞의 등급과 같다. 【매주 3시간】

체조: 앞의 등급과 같다. 【매주 3시간】

상급 제8급【1주일간의 수업 시수】

독서: 【독법】『독본』 권1을 배운다. 【매주 4시간】

　【작문】 한자를 섞은 문장인 보석류(寶石類), 곤충류, 파충류를 주제로
한자가 섞인 기사문(記事)을 작성하고, 축하문과 신고서를 작성한다.
【매주 2시간】

습자: 행서를 배운다. 【매주 3시간】

실물: 【광물】 보석류의 명칭, 성질, 효용을 배운다. 【매주 3시간】

　【동물】 곤충류와 파충류의 명칭, 부분, 습성, 효용을 배운다. 【매주 3시간】

산술: 【필산】 정수(定數)의 명위(命位)를 배운다. 【매주 4시간】

【주산】 앞의 등급과 같다. 【매주 1시간】

【기하】 【남학생】 선의 성질과 관계를 배운다. 【매주 2시간】

지리: 총론을 배운다. 【매주 4시간】

수신: 위대한 인물의 언행에 관한 이야기와 인륜의 큰 도리를 배운다.
　【매주 6시간】

괘획: 기구와 가옥의 윤곽을 배운다. 【매주 2시간】

노래하기: 앞의 등급과 같다. 【매주 3시간】

체조: 맨손 체조를 연습한다. 【매주 3시간】

재봉: 【여학생】 바늘 쓰는 법을 연습한다. 【매주 2시간】

　제7급【1주일간의 수업 시수】

독서: 【독법】 『독본』 권2를 배운다. 【매주 6시간】

　【작문】 여러 가지 주제로 한자가 섞여 있는 기사문(記事)을 작성하고,
　감사문(謝言文)과 원서(願書)를 작성한다. 【매주 2시간】

습자: 앞의 등급과 같다. 【매주 3시간】

실물: 【식물】 제조용(製造用) 식물을 배운다. 【매주 4시간】

산술: 【필산】 더하기와 빼기를 배운다. 【매주 4시간】

　【주산】 앞의 등급과 같다. 【매주 1시간】

　【기하】 【남학생】 각(角)의 성질과 관계를 배운다. 【매주 2시간】

지리: 일본의 지리를 배운다. 【매주 4시간】

수신: 앞의 등급과 같다. 【매주 6시간】

괘획: 앞의 등급과 같다. 【매주 2시간】

노래하기: 앞의 등급과 같다. 【매주 3시간】

체조: 앞의 등급과 같다. 【매주 3시간】

재봉: 【여학생】 앞의 등급과 같다. 【매주 2시간】

제6급【1주일간의 수업 시수】

독서: 【독법】『독본』권3을 읽는다. 【매주 6시간】

　【작문】 여러 가지 주제로 한자가 섞여 있는 기사문(記事)을 작성하고,

　송별문과 원서를 작성한다. 【매주 2시간】

습자: 해서를 연습한다. 【매주 2시간】

산술: 【필산】 곱하기와 나누기를 배운다. 【매주 4시간】

　【기하】【남학생】 면의 성질과 관계를 배운다. 【매주 2시간】

지리: 앞의 등급과 같다. 【매주 4시간】

수신: 앞의 등급과 같다. 【매주 6시간】

박물: 【금석학】 금석의 공통된 성질 및 단순 광물(單純礦物)을 배운다.

　【매주 3시간】【식물학】 식물 부분을 배운다. 【매주 3시간】

괘획: 앞의 등급과 같다. 【매주 2시간】

노래하기: 앞의 등급과 같다. 【매주 3시간】

체조: 앞의 등급과 같다. 【매주 3시간】

재봉: 【여학생】 홑옷 종류의 재봉법을 배운다. 【매주 2시간】

　선택 과목(隨意科)을 공부한다.

독서: 【한문】『몽구(蒙求)』의 상권을 읽는다. 【매주 3시간】

　【영문】 맞춤법(綴字)과 읽기방법을 배운다. 【매주 3시간】

제5급【1주일간의 수업 시수】

독서: 【독법】 앞의 등급과 같다. 【매주 6시간】

　【작문】 여러 주제로 한자가 섞여 있는 기사문(記事)을 작성하고, 조의

　문과 원서(願書)를 작성한다. 【매주 2시간】

습자: 앞의 등급과 같다. 【매주 2시간】

산술: 【필산】 분수를 배운다. 【매주 4시간】

　【기하】【남학생】 앞의 등급과 같다. 【매주 2시간】

지리: 아시아, 유럽, 아프리카 각국의 지리를 배운다. 【매주 4시간】

역사: 일본 역사의 기원(紀元)[15]부터 2천백 년대[16]까지이다. 【매주 2시간】

수신: 앞의 등급과 같다. 【매주 6시간】

박물: 【금석학】 유화(硫化) 광물, 산화(酸化) 광물, 규화(珪化) 광물을 배

　운다. 【매주 2시간】

　【식물학】 일반 식물의 분류를 배운다. 【매주 2시간】

괘획: 초목과 짐승의 윤곽을 연습한다. 【매주 2시간】

노래하기: 앞의 등급과 같다. 【매주 3시간】 체조: 앞의 등급과 같다. 【매

　주 3시간】

재봉: 【여학생】 앞의 등급과 같다. 【매주 2시간】

　선택 과목(隨意科)을 공부한다.

독서: 【한문】『몽구(蒙求)』의 중권(中卷)을 읽는다. 【매주 3시간】

　【영문】 읽기방법과 문전(文典)을 배운다. 【매주 3시간】

　제4급【1주일간의 수업 시수】

독서: 【독법】『독본』권4를 읽는다. 【매주 6시간】

　【작문】 한자가 섞여 있는 논설문을 작성하고, 대차문(貸借文)과 증권

---

15 일본 역사의 기원(紀元): 진무천황(神武天皇) 원년인 기원전 660년을 말한다.
16 2천 백 년대: 기원전 660년부터 2000년 뒤인 기원 1400년대를 말한다.

서(證券書)의 예를 배운다. 【매주 2시간】

습자: 초서를 연습한다. 【매주 2시간】

산술:【필산】앞의 등급과 같다. 【매주 4시간】

　【기하】【남학생】용(容)의 성질과 관계를 배운다. 【매주 2시간】

지리: 남북 아메리카와 대양주 각국의 지리를 배운다. 【매주 4시간】

역사: 일본 역사 중 2천백 년대(기원 1400년대)부터 지금 시대까지 배운다. 【매주 4시간】

수신: 앞의 등급과 같다. 【매주 2시간】

노래하기: 앞의 등급과 같다. 【매주 3시간】

체조: 기구를 사용한 체조를 연습한다. 【매주 3시간】

재봉:【여학생】겹옷 종류의 재봉법을 배운다. 【매주 2시간】

　선택 과목(隨意科)을 공부한다.

독서:【한문】『몽구』의 하권을 읽는다. 【매주 3시간】

　【영문】앞의 등급과 같다. 【매주 3시간】

　제3급【1주일간의 수업 시수】

독서:【독법】앞의 등급과 같다. 【매주 6시간】

　【작문】앞의 등급과 같다. 【매주 2시간】

습자: 앞의 등급과 같다. 【매주 2시간】

산술:【필산】소수를 배운다. 【매주 4시간】

　【기하】【남학생】앞의 등급과 같다. 【매주 2시간】

역사: 세계 역사의 상고시대와 중고시대 부분을 배운다. 【매주 4시간】

수신: 앞의 등급과 같다. 【매주 6시간】

물리: 여러 역학의 삼위(三位)를 종합적으로 배운다. 【매주 3시간】

박물: 【동물학】무척추동물을 배운다. 【매주 3시간】

괘획: 앞의 등급과 같다. 【매주 2시간】

노래하기: 앞의 등급과 같다. 【매주 3시간】

체조: 앞의 등급과 같다. 【매주 3시간】

재봉: 【여학생】앞의 등급과 같다. 【매주 2시간】

　선택 과목을 공부한다.

독서: 【한문】『십팔사략』권1·권2를 읽는다. 【매주 3시간】

　【영문】앞의 등급과 같다. 【매주 3시간】

　제2급【1주일간의 수업 시수】

독서: 【독법】『독본』권5를 읽는다. 【매주 6시간】

　【작문】여러 주제로 다양한 문체의 문장을 작성한다. 【매주 2시간】

산술: 【필산】여러 비례를 배운다. 【매주 4시간】

　【기하】【남학생】여러 문제를 논증한다. 【매주 3시간】

역사: 세계 역사의 근세 부분을 배운다. 【매주 2시간】

수신: 앞의 등급과 같다. 【매주 6시간】

물리: 전동체(顫動體)와 열체(熱體)를 배운다. 【매주 3시간】

화학: 총론과 화(火)·풍(風)·수(水)·토(土)의 개론을 배운다. 【매주 3시간】

생리(生理): 골격, 근육, 피부, 소화기를 배운다. 【매주 3시간】

괘획: 산수의 약도를 배운다. 【매주 2시간】

노래하기: 앞의 등급과 같다. 【매주 3시간】

체조: 앞의 등급과 같다. 【매주 3시간】

재봉: 【여학생】솜옷 종류의 재봉법을 배운다. 【매주 3시간】

　선택 과목을 공부한다.

독서: 【한문】『십팔사략』 권3· 권4· 권5를 읽는다. 【매주 3시간】

　【영문】 읽기를 배운다. 【매주 3시간】

　제1급【1주일간의 수업 시수】

독서: 【독법】 앞의 등급과 같다. 【매주 6시간】

　【작문】 앞의 등급과 같다. 【매주 2시간】

산술: 【필산】 앞의 등급과 같다. 【매주 4시간】

　【기하】【남학생】 앞의 등급과 같다. 【매주 3시간】

수신: 앞의 등급과 같다. 【매주 6시간】

물리: 직사열광(直射熱光) 발전체(發電體)를 배운다. 【매주 4시간】

화학: 비금속과 금속의 여러 원소를 배운다. 【매주 4시간】

괘획: 앞의 등급과 같다. 【매주 2시간】

노래하기: 앞의 등급과 같다. 【매주 3시간】

체조: 앞의 등급과 같다. 【매주 3시간】

재봉:【여학생】 앞의 등급과 같다. 【매주 3시간】

　선택 과목을 공부한다.

독서: 【한문】『십팔사략』 권6· 권7을 읽는다. 【매주 3시간】

　【영문】 앞의 등급과 같다. 【매주 3시간】

　교원은 4명【여교사 1명】, 학생은 159명【남학생 104명, 여학생 55명】이다.

6. 여자사범학교

6.1. 규칙

1. 본교는 소학 과정의 여자 교원을 양성하기 위한 기관이다.

1. 교육 과정은 소학 교원에게 필수적인 여러 교과목, 교육이론 및 여러 학과의 교수 방법을 위주로 하며, 보육과 유치원 교육방법까지 가르친다. 그러므로 본교의 교육 과정을 마친 자는 소학 교원이 될 수 있으며, 또 유치원 교사를 맡을 수 있다.

1. 학생의 학업 기초를 향상하기 위해 예과를 설치하여, 배움이 본과 학업에 충분하지 않은 자를 가르쳐서 이후에 본과에 입학할 수 있게 한다.

6.2. 본과 과정

제1년 전기 제6급【1주일간의 수업 시수】

수신(修身): 수신학의 요지와 예절을 연습한다.【매주 3시간】

화학: 화학의 요점과 비금속 여러 원소와 화합물에 대해 공부한다.【매주 4시간】

동물학: 동물의 분류 및 구조와 성질 등을 공부한다.【매주 4시간】

산술: 여러 가지 비례, 차분(差分), 백분산술, 평균산술을 공부한다.【매주 4시간】

부기(簿記): 단식 부기와 복식 부기에 대해 공부한다.【매주 2시간】

문학:【강독】『원명청사략(元明淸史畧)』권1·권2·권3을 강독한다.【매주 4시간】

【문법】자론(字論), 언론(言論), 문론(文論)을 공부한다.【매주 2시간】

【작문】여러 가지 편지글이다.【매주 1시간】

도화(圖畫): 기구(器具)와 화엽(花葉) 등의 모사이다.【매주 2시간】

재봉: 홑옷 종류를 배운다.【매주 2시간】

음악: 노래하기이다.【매주 3시간】

체조: 맨손으로 하는 연습과 기구를 사용한 연습이다.【매주 3시간】

제1년 후기 제5급【1주일간의 수업 시수】

수신: 앞의 등급과 같다.【매주 3시간】

화학: 금속 여러 원소와 그 화합물, 유기화학의 개요를 공부한다.【매주 3시간】

식물학: 식물의 구조, 조직 및 분류를 배운다.【매주 4시간】

산술: 제곱(乘方), 개방(開方), 구적(求積), 급수(級數)를 배운다.【매주 2시간】

대수학: 정수(定數)와 분수(分數)를 배운다.【매주 2시간】

기하학: 선, 각, 다각형을 배운다.【매주 2시간】

문학:【강독】『원명청사략』권4·권5·권6과 고금의 일본어 문장을 강독한다.【매주 5시간】

【작문】여러 동식물 기사와 대차와 공용 등 여러 문서의 작성을 연습한다.【매주 1시간】

도화(圖畫): 새와 짐승과 인물 등을 모사한다.【매주 2시간】

재봉: 겹옷 종류를 만든다.【매주 2시간】

음악: 노래하기【매주 3시간】와 거문고 연주【매주 2시간】이다.

체조: 앞의 등급과 같다.【매주 3시간】

제2년 전기 제4급【1주일간의 수업 시수】

수신: 앞의 등급과 같다.【매주 2시간】

가정학(家政學): 가정학의 요지를 배운다.【매주 1시간】

물리학: 물성론(物性論), 역학(力學), 수학(水學), 기학(氣學), 음학(音學)
을 공부한다.【매주 4시간】

생리학: 뼈·살·피부, 음식소화, 운혈(運血), 호흡 및 신경계 감각 등을
배운다.【매주 4시간】

대수학: 일차방정식과 누승(冪), 근식을 배운다.【매주 3시간】

기하학: 비례권(比例圈)과 평면형 작법(平面形作法)을 배운다.【매주 2시간】

문학:【강독】『문장궤범』제1책·제2책과 고금의 일본어 문장을 강독한
다.【매주 5시간】

【작문】수신과 격물 등에 관한 기사와 논설을 작성한다.【매주 1시간】

도화(圖畫): 실물화와 풍경 모사를 배운다.【매주 2시간】

재봉: 솜옷 종류를 만든다.【매주 2시간】

음악: 노래하기【매주 3시간】와 거문고 연주【매주 2시간】이다.

체조: 앞의 등급과 같다.【매주 3시간】

제2년 후기 제3급【1주일간의 수업 시수】

수신: 수신학의 요지를 배운다.【매주 1시간】

가정학: 가정학의 요지를 배운다.【매주 2시간】

물리학: 열학과 광학을 배운다.【매주 3시간】

광물학: 광물 형태의 물리적·화학적 성질 및 분류와 식별에 대해 배운다.
【매주 2시간】

지문학(地文學): 성학(星學)의 지지(地誌), 지질론, 육지·강·바다의 기

상, 생물과 인류의 여러 이론을 배운다. 【매주 4시간】

대수학: 이차방정식, 비례, 순착열(順錯列), 급수(級數)를 배운다. 【매주 3시간】

기하학: 평면관계(平面關係), 다면체(多面體), 구체(毬體)를 배운다. 【매주 2시간】

문학: 【강독】『문장궤범』제3책과『근세명가문수(近世名家文粹)』「초편(初編)」을 강독한다. 【매주 4시간】

【작문】여러 주제의 기사와 논설, 간단한 한문을 작성한다. 【매주 1시간】

도화(圖畫): 기하도법(幾何圖法)과 투시도법(透視圖法)을 연습한다. 【매주 2시간】

재봉: 하오리(羽織)와 히리띠를 만든다. 【매주 2시간】

음악: 노래하기【매주 3시간】와 거문고 연주【매주 2시간】이다.

체조: 앞의 등급과 같다. 【매주 3시간】.

제3년 전기 제2급【1주일간의 수업 시수】

수신: 앞의 등급과 같다. 【매주 1시간】

물리학: 전기학(電氣學), 자기학(磁氣學), 물리 성학을 공부한다. 【매주 3시간】

삼각학(三角學): 대수팔선과 평삼각의 해법 등을 공부한다. 【매주 2시간】

문학: 【강독】『근세명가문수(近世名家文粹)』제2편을 강독한다. 【매주 2시간】

【작문】간단한 한문을 짓는다. 【매주 1시간】

음악: 노래하기이다. 【매주 3시간】

체조: 앞의 등급과 같다. 【매주 3시간】

교육론: 심리의 요지와 지육, 덕육, 체육의 요지를 배운다. 【매주 6시간】

소학교 교수법: 수신훈(修身訓), 실물 수업(實物課), 독서, 작문, 서화, 산술, 지지, 박물학, 물리학 등의 교수법을 배운다.【매주 1시간】

유치원 보육법: 실물 수업(實物課), 완기(玩器) 사용법, 노래하기, 유희, 체조 등의 교수법을 배운다.【매주 3시간】

제3년 후기 제1급

소학에서 실제로 수업하고, 유치원에서 실제로 보육을 진행한다.

6.3. 예과 과정

제1년 전기 제6급【1주일간의 수업 시수】

수신: 일상의 윤리와 교훈, 위대한 인물의 좋은 말과 좋은 행실을 공부한다.【매주 2시간】

식물학: 현화식물(有花植物)의 여러 부위 및 성장과 번식의 개론을 공부한다.【매주 2시간】

산술: 필산과 가감승제를 공부한다.【매주 5시간】

지리(地誌): 지도의 해설, 육지·강·바다의 기상, 생물 등을 배운다.【매주 4시간】

문학:【강독】이시무라 타이치(石村貞一, 1839~1919)가 편집한『국사략(國史略)』권1·권2를 배운다.【매주 5시간】

【문법】자론과 말의 분류, 성질 및 용언의 활용을 말한다.【매주 2시간】

【작문】간단한 기사문(記事), 증답문(贈答)과 경조사 등의 편지글을 짓는다.【매주 1시간】

도화: 직선과 곡선의 단일 형태를 배운다.【매주 2시간】

서법: 행서를 연습한다. 【매주 2시간】

재봉: 바늘 쓰는 법을 연습한다. 【매주 3시간】

　노래하기【매주 3시간】

체조: 앞의 등급과 같다. 【매주 3시간】

　　제1년 후기 제5급【1주일간의 수업 시수】

수신: 앞의 등급과 같다. 【매주 2시간】

식물학: 일반 식물의 특성과 효능 등을 배운다. 【매주 2시간】

동물학: 무척수동물의 구조와 습성 등을 배운다. 【매주 2시간】

산술: 필산(筆算)과 분수(分數)【매주 3시간】, 주산(珠算)과 가감(加減)【매주 2시간】을 배운다.

지리: 일본 각 지역의 위치, 형세, 도읍, 물산, 교육 등을 배운다. 【매주 2시간】

문학:【강독】이시무라 타이치(石村貞一)가 편집한 『국사략』 권3·권4·권5를 강독한다. 【매주 5시간】

　【문법】문장의 분해와 합성에 관계되는 것을 말한다. 【매주 2시간】

　【작문】앞의 등급과 같다. 【매주 1시간】

도화: 기구와 가옥을 그린다. 【매주 2시간】

서법: 초서를 연습한다. 【매주 2시간】

재봉: 홑옷 종류를 만든다. 【매주 3시간】

노래하기: 【매주 3시간】

체조: 앞의 등급과 같다. 【매주 3시간】

제2년 전기 제4급【1주일간의 수업 시수】

수신: 앞의 등급과 같다. 【매주 2시간】

물리학: 자연의 여러 힘, 응체(凝體), 유체(流體), 기체(氣體)의 성질과
  움직임 및 소리의 개론을 배운다. 【매주 시간】

동물학: 척추동물의 구조와 습성 등을 배운다. 【매주 2시간】

산술: 필산·분수·소수【매주 3시간】, 주산 및 곱하기·나누기【매주 2시간】
  를 배운다.

지리: 아시아와 유럽 여러 나라의 위치·형세·지리·물산·유명한 도시
  ·특이한 풍속 등을 배운다. 【매주 2시간】

문학:【강독】이시무라 타이치(石村貞一)가 편집한『국사략』권6·권7과
  고금의 일본어 문장을 강독한다. 【매주 6시간】

  【작문】여러 동식물의 기사문(記事), 대차와 공용 등의 여러 문서를 작
  성한다. 【매주 1시간】

도화: 꽃잎과 열매를 그린다. 【매주 2시간】

서법: 해서를 연습한다. 【매주 2시간】

재봉: 앞의 등급과 같다. 【매주 3시간】

노래하기:【매주 3시간】

체조: 앞의 등급과 같다. 【매주 3시간】

제2년 후기 제3급【1주일간의 수업 시수】

수신: 앞의 등급과 같다. 【매주 2시간】

물리학: 열광, 전기의 약설을 배운다. 【매주 3시간】

산술: 필산과 여러 가지 등비례(等比例)【매주 3시간】, 주산 및 가감승제의
  여러 문제【매주 2시간】를 배운다.

지리: 아프리카, 아메리카, 대양주 여러 나라의 위치, 형세, 지리, 물산,

　　유명한 도시, 특수한 풍속 등을 공부한다. 【매주 2시간】

역사: 유럽의 인종, 그리스 및 로마의 흥망성쇠를 배운다. 【매주 2시간】

문학: 【강독】『십팔사략』권1·권2·권3과 고금의 일본어 문장을 강독한

　　다. 【매주 6시간】【작문】앞의 등급과 같다. 【매주 1시간】

도화: 새·짐승·벌레·물고기를 그린다. 【매주 2시간】

서법: 행서와 초서를 연습한다. 【매주 2시간】

재봉: 겹옷 종류이다. 【매주 3시간】

노래하기: 【매주 3시간】

체조: 앞의 등급과 같다. 【매주 3시간】

　　제3년 전기 제2급【1주일간의 수업 시수】

수신: 여자의 의무, 응대와 분수에 맞는 언행에 관한 예절을 배운다.

　　【매주 2시간】

화학: 비금속 여러 원소의 개론을 배운다. 【 매주 3시간】

산술: 필산, 차분(差分), 백분산술, 평균산술을 배운다. 【매주 4시간】

기하학: 선각, 삼각형, 사각형을 배운다. 【매주 2시간】

역사: 서양 여러 나라의 중세와 근세의 연혁을 공부한다. 【매주 3시간】

문학: 【강독】『십팔사략』권4·권5와『맹자』1책·2책을 강독한다. 【매주

　　6시간】

　　【작문】수신, 격물, 역사 등의 기사와 논설을 짓는다. 【매주 1시간】

도화: 인물과 풍경을 그린다. 【매주 2시간】

서법: 해서, 행서, 초서의 잔글씨를 연습한다. 【매주 2시간】

재봉: 솜옷 종류를 만든다. 【매주 3시간】

노래하기: 【매주 3시간】

체조: 앞의 등급과 같다. 【매주 3시간】

제3년 후기 제1급【1주일간의 수업 시수】

수신: 앞의 등급과 같다. 【매주 2시간】

화학: 금속 여러 원소의 개론을 배운다. 【매주 2시간】

생리학: 뼈·살·피부, 소화, 운혈, 호흡 등의 개론을 배운다. 【매주 3시간】

산술: 필산, 제곱(乘方), 개방(開方), 구적(求積), 급수(級數)를 배운다. 【매주 4시간】

기하학: 비례와 다각형의 관계를 배운다. 【매주 3시간】

문학: 【강독】『십팔사략』권6·권7과『맹자』3책·4책을 강독한다. 【매주 6시간】【작문】 앞의 등급과 같다. 【매주 1시간】

도화: 기하도법과 투시도법을 배운다. 【매주 2시간】

서법: 해서, 행서, 초서의 잔글씨를 배운다. 【매주 2시간】

재봉: 하오리와 바지를 만든다. 【매주 3시간】

노래하기: 【매주 3시간】

체조: 앞의 등급과 같다. 【매주 3시간】

6.4. 입학 규칙

1. 본과 학생의 연령은 15세 이상 20세 이하이며, 성품이 선량하고 신체가 건강하며 재학 중에 집안일에 얽매임이 없는 자로 충원한다.

1. 입학 희망자는 입학시험 전에 학업 이력을 기재하고, 입학원서에 첨부하여 해당 학교에 제출한다.

1. 입학시험은 매 학기 초인 매년 2월 하순과 9월 중순에 시행한다.
입학시험 과목은 다음과 같다. 강독(講讀)은 『십팔사략(十八史略)』과
『국사략(國史略)』이며, 작문은 기사문(記事)과 편지글 작성을 시험한다.
서법(書法)은 해서와 행서와 초서, 도화(圖畵)는 기구(器具)·화엽(花葉)
을 시험한다. 산술(算術)은 필산, 여러 비례, 주산(珠算), 가감승제(加減
乘除)를 시험 보며, 이 밖에도 지리와 역사, 물리학 대의의 시험이 있다.

1. 예과 학생의 연령은 12세 이상 17세 이하이며, 쉬운 책을 읽고, 간
단한 산술을 배운 자로 충원한다. 일반 소학교 졸업자는 그 나이가 12세
미만이어도 입학을 허가한다.

1. 예과 학생의 입학은 입학 기일을 정하지 않고, 매번 입학 희망자가
있을 때마다 간단히 학업 시험을 치러서 해당 등급에 입하하게 한다.

6.5. 교수 규칙

1. 본과 및 예과 학생의 수업 연한은 각 3년으로 하고, 한 학년을 나누
어 전, 후 두 학기로 한다.

1. 학년은 9월 11일에 시작하여 다음 해 7월 10일까지이다. 전학기는
학년의 시작부터 다음 해 2월 15일까지이고, 후학기는 2월 23일부터 학
년의 마지막 날까지이다.

1. 본과 및 예과의 제1학년에서 수업하는 자는 제6급이며, 한 학기
학업을 마치면 매번 한 등급씩 진급하고, 3년을 수업하면 제1급이 된다.

1. 교수 시간은 매일 5시간 30분이며, 토요일은 3시간 30분이므로 한
주에 31시간이다.

1. 노래 및 체조 수업은 한 교시가 30분이며, 기타 여러 과목은 한

교시가 한 시간이다.

1. 모든 학과는 실질적인 지식 탐구를 중시하여, 교재를 강독하는 것만을 요구하지 않는다. 그러므로 문학 과목 가운데 여러 책 이외에 다른 서적들은 참고로 삼아 가르치기도 한다.

1. 가정학은 요리를 함께 가르치는데, 본 과목 수업 외에 실제로 연습하게 한다.

1. 학생의 시험은 한 학기에 3회 이상 6회 이하 시행하며, 각 과목의 시험은 교원의 재량에 따라 임의로 시행한다. 또 학기 말에는 그 학기에 공부한 모든 교과목을 시험으로 평가하고, 전후 시험 점수를 합계하여 각 과목의 점수를 기준으로 학생의 진급 여부를 결정한다.

1. 전 교과목 졸업자에게 졸업증서를 수여한다.

1. 학생의 방학과 휴일은 다른 학교와 같다.

교장은 2명, 교원은 26명【남녀 각 13명】, 학생은 194명이다.【학자금은 매월 4원 50전이며, 국가에서 학자금을 지원하는 학생은 78명이다.】

6.6. 부속유치원 규칙

1. 유치원을 설립하는 취지는 미취학 어린이가 타고난 자질을 깨닫고, 고유한 심성을 계발하는 데 있다. 아울러 신체의 건전함을 보태주고, 교제를 통해 우정을 알게 하며, 선량한 언행을 익히는 습관을 갖게 하는 데 있다.

1. 유치원에 입학하는 어린이의 나이는 만 3세 이상 만 6세 이하로, 남녀를 가리지 않는다.【단, 사정에 따라 만 2세 이상이 유치원에 입학하거나 만 6세 이상이 유치원에 계속 재학할 수 있다.】

1. 천연두 미접종 어린이, 천연두를 겪지 않은 어린이, 전염병에 걸린 어린이는 유치원 입학을 허가하지 않는다. 이미 입학한 어린이가 전염병에 걸려 완쾌되지 않으면, 유치원에 오는 것을 허용하지 않는다. 【단, 매달 첫 번째 토요일에 의사를 불러서 유치원에 있는 어린이를 진찰한다.】

1. 유치원 입학생은 대략 150명을 정원으로 한다.

1. 유치원 입학생 모집은 미리 그 입학 날짜와 인원수 등을 널리 알린다.

1. 유치원 입학을 원하는 자는 원서를 제출하며, 허가를 받으면 보증장을 제출한다.

1. 유치원 재학 중에는 보모(保姆: 여자보육사)가 어린이를 보육하는 책임을 맡는다. 그러므로 보부(保傅: 남자보육사)가 어린이를 따라 다니게 할 필요는 없다. 【단, 어린이가 보모에게 익숙하지 않으면, 원외(員外) 개유보육실에서 보육할 수 있다. 이때는 보부가 보육해도 무방하며, 어린이가 혼자서 돌아갈 수 없으면 보부가 데려다 줄 수 있다.】

1. 유치원에 입학한 어린이는 매달 금 30전을 보육비로 납부한다. 【단, 원외 개유실(員外開誘室)에서 보육하는 어린이는 그 반액을 납부한다.】

1. 유치원에 입학한 어린이는 나이에 따라 세 그룹(團)으로 나눈다. 【단, 만 5세 이상은 제1단(團), 만 4세 이상은 제2단, 만 3세 이상은 제3단이다.】

1. 어린이의 보육시간은 매일 4시간으로 한다. 【단, 보육시간 중에 어린이에게 사유가 있으면 보고하고, 하원해도 좋다.】

1. 어린이는 6월 1일부터 9월 30일까지는 오전 8시에 유치원에 등원하고, 점심 12시에 하원한다. 10월 1일부터 (다음 해) 5월 31일까지는 오전 9시에 유치원에 등원하여, 오후 2시에 하원한다.

6.6.1. 보육 과목

첫째, 물품과(物品科)에서는 일상에서 사용하는 기물을 배운다. 예를 들어 의자와 책상 혹은 금수(禽獸)와 화과(花果) 등의 성질과 형상(形狀)을 보여 준다.

둘째, 미려과(美麗科)에서는 어린이가 아름답다고 느끼거나 좋아하는 물건의 색채를 가르친다.

셋째, 지식과(知識科)에서는 지식을 계발할 수 있는 관찰과 놀이를 배운다. 예를 들어 입방체는 몇 개의 가장자리가 있고, 선과 평면은 몇 개의 각이 있으며, 어떠한 모양을 이루었는지에 대해 가르친다.

세 학과의 과목을 열거하면 다음과 같다.

오색공 놀이, 입체 모형(三形物)의 이해, 장난감 놀이, 쇠고리 연결하기(連鎖), 블럭 쌓기, 나무젓가락 두기, 고리 쌓기(置環方法), 종이 자르기, 종이 잘라 붙이기, 침화(鍼畫), 그림 깁기(縫畫), 그림 그리기, 종이 자르기(織紙), 종이접기, 나무젓가락으로 모형 만들기, 점토로 모형 만들기, 나무조각 맞추기, 종이조각 맞추기, 숫자 세기, 박물의 이해, 노래하기, 이야기, 체조, 유희가 있다.

6.6.2. 보육 과정

제3단(團)은 만 3세 이상 만 4세 이하의 어린이들이다. 월요일은 실내 집회【30분】, 노래하기【30분】, 공놀이【첫 상자, 45분】, 그림 그리기【삼각형 등, 45분】, 유희(遊嬉)【1시간 반】이다.

화요일은 실내 집회【30분】, 체조【30분】, 짤막한 이야기【45분】, 종이접기【제1호부터 제4호까지 기타 단순하고 쉬운 형태, 45분】, 유희【1시간 반】이다.

수요일은 실내 집회【30분】, 체조【30분】, 입체 모형 놀이【구·원주·육면형, 45분】, 장난감 놀이【45분】, 유희【1시간 반】이다.

목요일은 실내 집회【30분】, 노래하기【30분】, 숫자세기【1부터 10까지】와 체조【합쳐서 45분】, 쇠고리 연결하기(連鎖)【45분】, 유희【1시간 반】이다.

금요일은 실내 집회【30분】, 체조【30분】, 블럭 쌓기(積形體方法)【네 번째 상자까지, 45분】, 침화(針畫)【45분】, 유희【1시간 반】이다.

토요일은 실내 집회【30분】, 체조【30분】, 획을 풀이하기(畫解)【45분】, 나무젓가락 두기【여섯 개까지, 45분】, 유희【1시간 반】이다.

단, 보육 여가 시간에는 체조 혹은 노래를 가르친다. 이하 모두 동일하다.

제2단은 만 4세 이상 만 5세 이하의 어린이늘이다.

월요일은 실내 집회【30분】, 노래하기【30분】, 블럭 놀이(置形體方法)【45분】, 그림그리기【3각형 등까지, 45분】, 유희【1시간 반】이다.

화요일은 실내 집회【30분】, 체조【30분】, 박물 혹은 수신 이야기【45분】, 침화(針畫)【45분】, 유희【1시간 반】이다.

수요일은 실내 집회【30분】, 체조【30분】, 블럭 쌓기【세 번째 상자부터 네 번째 상자까지, 45분】, 책 깁기(縫書)【3배선 등, 45분】, 유희【1시간 반】이다.

목요일은 실내 집회【30분】, 노래하기【30분】, 숫자세기【1부터 12까지】, 체조【합쳐서 45분】, 종이 자르기(織紙)【제12호까지, 45분】, 유희【1시간 반】이다.

금요일은 실내 집회【30분】, 체조【30분】, 나무젓가락 두기【6개에서 20개까지, 45분】, 종이접기【45분】, 유희【1시간 반】이다.

토요일은 실내 집회【30분】, 체조【30분】, 역사 이야기【45분】, 블럭 쌓기【네 번째 상자, 45분】, 유희【1시간 반】이다.

제1단은 만 5세 이상, 만 6세 이하의 어린이들이다.

월요일은 실내 집회【30분】, 박물(博物) 혹은 수신(修身) 이야기【30분】, 블럭 놀이(置形體方法)【일곱 번째 상자에서 아홉 번째 상자까지, 45분】, 그림 그리기 및 종이조각 맞추기【합쳐서 45분】, 유희【1시간 반】이다.

화요일은 실내 집회【30분】, 숫자 세기【1부터 100까지, 30분】, 블럭 쌓기 【다섯 번째 상자】, 짤막한 이야기【합쳐서 45분】, 침화(針畫)【45분】, 유희【1시 간 반】이다.

수요일은 실내 집회【30분】, 나무젓가락으로 모형 만들기【나무젓가락을 꺾어 4분 이하의 분수 이치를 알게 하거나 문자와 숫자를 쓰게 한다. 30분】, 종이 자르기와 붙이기【45분】, 역사 이야기【45분】, 유희【1시간 반】이다.

목요일은 실내 집회【30분】, 노래하기【30분】, 블럭 쌓기【아홉 번째 상자 부터 열한 번째 상자까지, 45분】, 종이접기【45분】, 유희【1시간 반】이다.

금요일은 실내 집회【30분】, 나무젓가락으로 모형 만들기【나무젓가락과 콩으로 6면형과 일상의 기물을 모방해 만들기, 30분】, 블럭 쌓기【다섯 번째 상자부터 여섯 번째 상자까지, 45분】, 종이 자르기(織紙)【45분】, 유희【1시간 반】이다.

토요일은 실내 집회【30분】, 나뭇조각 맞추기와 점토로 모형 만들기【합쳐서 30분】, 고리 두기【45분】, 그림 깁기(縫畫)【45분】, 유희【1시간 반】이다.

보육사는 4명이고, 어린이는 98명이다.

7. 외국어학교

7.1. 연혁

이전의 개성학교에 영국과 프랑스 두 나라의 어학과를 설치하여, 외무성에서 설치한 '외국어학소'와 병합하였다. 메이지 2년(1869)에는 개성학교에 두 나라의 어학만을 두었다가 독일어학을 추가로 설치하였다.

메이지 6년(1873)에는 하등 중학 1급 이상을 '전문학(專門學)' 학생, 그 이하를 '어학 학생'으로 구분하였다. 외무성에서 설치한 독일어·러시아어·중국어 어학소 역시 문부성에 소속시켰다. 학생들의 학력을 검사하고, 외국어학교의 교칙에 따라 학급과 학과를 개정하였다. 개성학교의 어학 교육장에 독일어·러시아어·중국어 어학소를 설치하여 '도쿄외국어학교'라고 부르고, 영어·프랑스어·독일어·러시아어·중국어 등 어학을 교육했다.

메이지 7년(1874)에는 '도쿄영어학교'를 설립하고, 본교의 영어학을 분할하여, 이 학교에 소속시켰다. 본교는 프랑스어·독일어·러시아어·중국어 등의 어학을 교육하는 기관이다. 메이지 10년(1877)에는 조선어학을 함께 교육하였다.

7.2. 교칙

1. 본교에서는 프랑스어학, 독일어학, 러시아어학, 중국어학, 조선어학을 교육한다.

1. 각 어학은 상·하 두 등급으로 나누어, 하등 어학은 3년간, 상등 어학은 2년간 수학한다.

7.3. 별부 과정(別附課程)

1. 매일 진행하는 교과 과정은 본과[프랑스어·독일어·러시아어·중국어

의 각 어학 과목】 4시간, 부과(副課)【역독과(譯讀課: 번역과)와 국서과(國書課)】 1시간, 체조 30분간으로 한다.

1. 입학생의 연령은 18세 이하로 한정한다. 【단, 18세 이상이어도 학업 능력이 있는 자는 입학을 허용한다.】

1. 입학생이 소학 졸업의 학력을 갖추지 않으면 입학을 불허한다.

1. 입학 희망자는 입학 지원서와 학업 이력을 본교 서기괘(書記掛)에 제출한다.

1. 입학 시기는 매년 정기 시험【2월과 7월】 이후에 정한다. 【각 어학의 각 등급에 결원이 있으면, 임시로도 입학을 허가한다.】

1. 학년은 9월 11일에 시작하여 다음 해 7월 10일에 종료한다.

1. 학년을 나누어 2학기로 한다. 제1학기는 9월 11일에 시작하여 다음 해 2월 15일에 마친다. 제2학기는 2월 16일에 시작하여 7월 10일에 마친다.

1. 매 학기 말에 학생의 학업 성취도를 평가하여, 시험표를 각급 학생에게 부여하고, 합격자는 급수가 올라간다. 【학생의 학업 성취도에 있어 우열의 차이가 뚜렷한 경우 학기 말이 아니어도 임시로 진급시키거나 강등시킨다.】

1. 상등 어학 제1급을 졸업한 자에게는 졸업증서를 수여한다.

1. 학생의 학업 성취도에 진보가 없어서, 졸업할 가망이 보이지 않는 자는 퇴학시킨다.

1. 학생의 방학과 휴일은 다른 학교와 동일하다.

1. 수업료는 1개월에 금 2원을 월정액으로 한다.

7.4. 중국어·조선어학 과정

하급 제1년 제6급에서는 습자(習字)【해서】, 발음 수업【유학(儒學) 서적

을 사용한다.】, 단어 수업【단문】, 산술(算術)【숫자 명위(數目命位)와 가감승제
(加減乘除)】, 체조를 배운다.

제5급에서는 습자【앞의 등급과 같음】, 발음 수업【앞의 등급과 같음】, 단
어 수업【단문와 단어】, 문법, 산술【분수】, 체조【앞의 등급과 같음】를 배운다.

제2년 제4급에서는 습자【앞의 등급과 같음】, 발음 수업【앞의 등급과 같
음】, 단어 수업【앞의 등급과 같음】, 문법【앞의 등급과 같음】, 산술【소수(小數)
와 도량(度量)】, 체조【앞의 등급과 같음】를 배운다.

제3급에서는 습자【앞의 등급과 같음】, 발음 수업【앞의 등급과 같음】, 단
어 수업【단어와 화본(話本)】, 화고(話稿), 번역【산문(散文)】, 산술【비율과 비
례】, 체조【앞의 등급과 같다.】를 배운다.

제3년 제2급에서는 습지【앞의 등급과 같음】, 발음 수업【앞의 등급과 같음】,
단어 수업【앞의 등급과 같음】, 화고(話稿)【앞의 등급과 같음】, 번역【산문과 이
두문(吏讀)】, 산술【비례와 개방(開方)】, 체조【앞의 등급과 같음】를 배운다.

제1급에서는 발음 수업【앞의 등급과 같음】, 단어 수업【패사(稗史)】, 화고
【앞의 등급과 같음】, 번역【이두와 척독(尺牘)】, 독해(解文)【이두(吏讀) 문서와
청나라 경전(淸典)】, 산술【급수(級數)와 대수(對數)】, 체조【앞의 등급과 같음】
를 배운다.

상급 제4년 제4급에서는 발음 수업【앞의 등급과 같음】, 단어 수업【앞의
등급과 같음】, 화고【앞의 등급과 같음】, 번역【앞의 등급과 같음】, 독해【앞의
등급과 같음】, 장부 기입법【단식부기(單記)】, 대수【가감승제와 분수(分數)】,
기하(幾何), 영어, 체조【앞의 등급과 같음】을 배운다.

제3급에서는 발음 수업【앞의 등급과 같음】, 단어 수업【앞의 등급과 같음】,
화고【앞의 등급과 같음】, 번역【앞의 등급과 같음】, 독해【이두 문서와 청나라
법률(淸律)】, 장부 기입법【복식부기(複記)】, 대수【일차방정식】, 기하【앞의 등

급과 같음】, 영어【앞의 등급과 같음】, 체조【앞의 등급과 같음】을 배운다.

제5년 제2급에서는 발음 수업【앞의 등급과 같음】, 단어 수업【앞의 등급과 같음】, 화고【앞의 등급과 같음】, 번역【앞의 등급과 같음】, 독해【앞의 등급과 같음】, 장부 기입법【앞의 등급과 같음】, 대수【이차방정식】, 기하【앞의 등급과 같음】, 영어【앞의 등급과 같음】, 체조【앞의 등급과 같음】을 배운다.

제1급에서 발음 수업【앞의 등급과 같음】, 단어 수업【앞의 등급과 같음】, 화고【앞의 등급과 같음】, 번역【앞의 등급과 같음】, 독해【앞의 등급과 같음】, 대수【급수(級數)】, 기하【앞의 등급과 같음】, 영어【앞의 등급과 같음】, 체조【앞의 등급과 같음】를 배운다.

7.5. 프랑스어·독일어·러시아어학 과정

하급 제1년 제6급에서는 철자, 읽기【수신 및 박물학 관련서를 사용】, 습자【흘림체(快走體)】, 문장 번역, 산술【숫자 명위(命位)】, 체조【앞의 등급과 같음】를 배운다.

제5급에서는 철자【앞의 등급과 같음】, 읽기【앞의 등급과 같음】, 습자【앞의 등급과 같음】, 서취(書取:들리는 대로 받아 적기), 문법, 암송, 문장 번역【앞의 등급과 같음】, 산술【가감승제】, 체조【앞의 등급과 같음】를 배운다.

제2년 제4급에서는 읽기【앞의 등급과 같음】, 습자【앞의 등급과 같음】, 서취【앞의 등급과 같음】, 문법【앞의 등급과 같음】, 암송【앞의 등급과 같음】, 회화(會話), 문장 번역【앞의 등급과 같음】, 산술【분수(分數)】, 지리학, 체조【앞의 등급과 같음】를 배운다.

제3급에서는 읽기【앞의 등급과 같음】, 습자【앞의 등급과 같음】, 서취【앞의 등급과 같음】, 문법【앞의 등급과 같음】, 암송【앞의 등급과 같음】, 회화【앞의 등급과 같음】, 작문, 문장 번역【앞의 등급과 같음】, 산술【소수(小數)와 도량(度量)】, 지리학【앞의 등급과 같음】, 역사【태고사(太古史)】, 체조【앞의 등급과 같음】를 배운다.

　제3년 제2급에서는 읽기【앞의 등급과 같음】, 습자【둥근 글씨체(圓滑體)】, 서취【앞의 등급과 같음】, 문법【앞의 등급과 같음】, 암송【앞의 등급과 같음】, 회화【앞의 등급과 같음】, 작문【앞의 등급과 같음】, 문장 번역【앞의 등급과 같음】, 산술【비율과 반비례】, 지리학【앞의 등급과 같음】, 역사【속사(續史)】, 체조【앞의 등급과 같음】을 배운다.

　제1급에서는 읽기【앞의 등급과 같음】, 습자【흠사체(歆斜體: 기울어진 글씨체)】, 서취【앞의 등급과 같음】, 문법【앞의 등급과 같음】, 암송【앞의 등급과 같음】, 회화【앞의 등급과 같음】, 작문【앞의 등급과 같음】, 문장 번역【앞의 등급과 같음】, 산술【비례와 개방】, 지리학【앞의 등급과 같음】, 역사【중고사(中古史)】, 체조【앞의 등급과 같음】를 배운다.

　상급 제4년 제4급에서는 서취【앞의 등급과 같음】, 사격(詞格) 및 암송【앞의 등급과 같음】, 작문【앞의 등급과 같음】, 문장 번역【앞의 등급과 같음】, 산술【급수(級數)와 대수(對數)】, 지리학【앞의 등급과 같음】, 역사【앞의 등급과 같음】, 물리학, 대수【가감승제와 분수(分數)】, 기하, 체조【앞의 등급과 같음】를 배운다.

　제3급에서는 서취【앞의 등급과 같음】, 사격(詞格)【앞의 등급과 같음】, 연설(演說), 작문【앞의 등급과 같음】, 문장 번역【앞의 등급과 같음】; 장부 기입법【단식부기】, 지리학【앞의 등급과 같음】, 역사【근세사】, 물리학【앞의 등급과 같음】, 대수【일차방정식】, 기하【앞의 등급과 같음】, 체조【앞의 등급과 같음】를 배운다.

　제5년 제2급에서는 수사(修辭), 연설【앞의 등급과 같음】, 작문【앞의 등급과 같음】, 논리학(論理學), 역문【앞의 등급과 같음】, 장부 기입법【복식부기】, 역사【앞의 등급과 같음】, 물리학【앞의 등급과 같음】, 대수【이차방정식】, 기하 【앞의 등급과 같음】, 체조【앞의 등급과 같음】를 배운다.

제1급에서는 수사【앞의 등급과 같음】, 연설【앞의 등급과 같음】, 작문【앞의 등급과 같음】, 논리학【앞의 등급과 같음】, 문장 번역【앞의 등급과 같음】, 장부 기입법【앞의 등급과 같음】, 역사【앞의 등급과 같음】, 물리학【앞의 등급과 같음】, 대수【급수(級數)】,기하【앞의 등급과 같음】, 체조【앞의 등급과 같음】를 배운다.

교장은 1명, 교원은 40명【본국인이 32명, 외국인이 8명】, 학생은 377명이다.【학자금은 매월 5원 35전이며, 국가에서 학자금을 지급해주는 학생은 89명이다.】

8. 체조전습소

8.1. 규칙

체조전습소는 체육과 관련된 제반 학과를 전담하여 교육하는 기관으로 본국에 적합한 체육법을 선정하고, 체육학 교원을 양성한다.

체조전습소의 학생은 반드시 아래 여러 자격에 부합해야 한다.

1. 연령은 18세 이상 20세 이하이다.

1. 키는 5척 이상이다.

1. 건강한 자로 우두(種痘) 접종을 했거나 천연두를 겪었고, 폐병 혹은 불치병에 걸리지 않은 자이다.

1. 기본 학력은 일반적인 화한학(和漢學)과 영어영문학(英學)을 섭렵

하고, 간략한 산술을 이해하는 정도여야 한다.

1. 후일 체육학 교원을 지망하는 자이다.

1. 입학을 원하는 자는 보증장과 이력서를 체조전습소에 제출하여, 학력 및 신체 건강 등을 조사받고 합격하면 서약서를 제출한다.

8.2. 교칙(教則)

학과목은 다음과 같다.

'체조술'은 남자 체조술, 여자 체조술, 유아 체조술, 미용술(美容術), 조성조법(調聲操法)에 대해 배운다.

'영어영문학(英學)'은 읽기(讀方), 자문, 영문학(英文學)에 대해 배운다.

'화한학(和漢學)'은 읽기(讀講)와 작문을 배운다.

'수학'은 산술, 대수, 기하학에 대해 배운다.

'이학(理學)'은 해부학·생리학·건전학(健全學) 등 체육의 여러 학과에 긴밀하게 관련된 과목 및 물리학·화학의 대의를 배운다.

'도화(圖畫)'는 자재화법(自在畫法), 기하도법(幾何圖法), 투시화법에 대해 배운다.【단, 체조 전습소의 기본 취지는 체육학을 교육하는 것으로 영문학 이하의 여러 과목은 그 개요를 배우는 데 그친다.】

학기 및 재학 연한은 4학기로 과정으로 나누고, 매 학기는 6개월, 재학 기간은 2년으로 한다.

수업시간은 매일 5시간이고, 5시간 가운데 1시간 반 이상은 체조를 가르친다.

각 교과목의 일부를 마치면 시험을 통해 그 달성 여부를 확인하고, 학기 말에 각 부분의 대략적인 교과 내용을 시험으로 평가하여, 등급을 정한다.

재학 중에 행실이 바르고 학력이 상당한 학생은 졸업할 때 졸업증서를 수여한다.

졸업생은 졸업 후 3년 동안 문부성에서 정한 직무를 수행하며, 사임할 수 없다. 단, 봉직은 2년을 넘지 않는다.

교장은 1명, 교원은 6명, 학생은 28명이다. 【학자금은 매달 6원이며, 모두 국가에서 학자금을 지급한다.】

9. 도서관

9.1. 규칙

도서관 안에 성상(聖像)을 설치하고, 사람들이 수시로 와서 참배하는 것을 허용한다.

1. 본 도서관을 설립한 취지는 내국인과 외국인 등 많은 사람이 도서관에 소장한 도서를 열람할 수 있도록 하는 데 있다. 도서관의 규칙을 준수하는 자는 모두 도서관에 와서 열람하고자 하는 도서를 볼 수 있다.

1. 본 도서관은 매일 오전 8시에 열고, 오후 8시에 닫는다. 【단, 매년 7월 11일부터 9월 10일까지는 오전 7시에 열고, 오후 7시에 닫는다.】

1. 정기적으로 폐관하는 시기는 아래와 같다. 연초【1월 1일】, 기원절(紀元節)【2월 11일】[17], 관내 청소일【4월 15일부터 21일까지】, 책에 햇볕을 쬐는 날(曝書日)【8월 1일부터 15일까지】, 천장절(天長節)【11월 3일】[18], 연말【12

---

17 기원절(紀元節): 일본의 건국 기념일로 진무천황(神武天皇)이 즉위한 2월 11일이다.

월 22일부터 31일까지】이다.

1. 본 도서관의 소장 도서는 관외 대출을 허가하지 않는다.【단, 문부
경이 허락한 증서를 가져온 자는 이 규정에 제한받지 않는다.】

1. 새로 구입하거나 기증 받은 도서는 60일간 관외 대출을 허가하지
않는다.

1. 사서류 및 희귀한 귀중 도서와 기타 현행 신문 잡지는 관외 대출을
허가하지 않는다.【단, 월 1회 발행되는 신문·잡지는 끝부분 2편을 제외하고,
관외 대출을 허가할 수 있다.】

1. 관립학교 교원, 각 청의 관리 직원 및 기타 교육상 도움을 주는
자가 특별히 도서 대출을 원하면 반드시 그에 합당한 문부경의 특허표
에 근거하여 허가한다.

1. 문부경 특허표에 따라 대출하는 도서는 한 사람당 서양서는 3권,
화한서(和漢書)는 10권으로 한정하며, 10일을 넘기지 않는다.

1. 본 도서관의 관리와 직원을 제외하고는 서함(書函: 책을 넣는 상자)
을 개폐하는 것을 허가하지 않는다.

1. 도서 열람을 원하는 자는 책 제목, 본인의 성명과 주소를 기재하여
도서관 관리에게 제출하고, 도서를 수령한다.【단, 관내에서 빌려보는 도
서는 내용을 베껴가도 좋다.】

1. 열람자가 만약 도서를 분실하거나 훼손하면 같은 도서를 상환하거
나 혹은 그에 상응하는 대가를 치러야 한다. 이 일이 해결되지 않으면
도서를 다시 빌릴 수 없다.

1. 술에 취한 사람은 도서관에 출입할 수 없다.

---

18 천장절(天長節): 천장절은 천황의 생일이다. 11월 3일은 메이지 천황의 생일이다.

1. 관내에서는 소리 내어 읽는 것, 잡담, 흡연을 금하고, 열람실 밖을 배회하는 것을 금지한다.

10. 교육박물관

10.1. 규칙

교육박물관은 교육상 필요한 여러 가지 물품인 금석·초목·조수·충어·수륙 동식물을 두루 갖추어, 학생들에게 제공, 관람하게 하고, 탐구, 토의하게 한다. 또한 이를 해설하고, 모방, 제작하여 세상에 쓰일 수 있게 하는 기관이다. 그 규칙은 아래와 같다.

1. 본 박물관은 도서·학교모형·동식물·금석류 및 기타 학교에서 사용하는 의자·탁자 등 교육과 관련 있는 모든 물품을 수집한다.

1. 서적류는 별도로 한 실(室)을 설치하는데, 일반적으로 학사 보고, 학교 규칙, 교육가의 참고서, 교과서, 교육 잡지 등과 관련 있는 서적이다.

1. 국내외에서 간행한 도서와 도구의 목록을 두고, 필요한 자가 찾아볼 수 있게 한다.

1. 부(府)·현(縣) 및 공립·사립학교 등에서 교육상 필요한 서적과 물품을 외국에서 구매하고자 할 때는 제때에 응대하며, 중개 역할을 한다.

1. 학교 교원 및 교육자가 관내 진열품을 연구나 학술 목적으로 사용 신청을 하면, 상황에 따라 허락한다.

1. 관내 진열품 및 도서는 관외로 반출할 수 없다. 단, 관장의 특허를 얻은 자는 이에 제한을 받지 않는다.

1. 동물의 박제, 골격, 식물, 금석표본, 기타 교육상 편익을 주는 것은

본관에서 제작하여 교육자의 참고 자료로 제공하며, 구입하려는 자가 있으면 상황에 따라 그 요청에 응한다.

1. 모든 진열품은 제작자의 성명과 본적을 기재한다. 단, 동식물, 금석 등은 산지 이름을 병기한다.

1. 수집한 물품은 모두 유형별로 구분하고, 해설 목록을 간행한다.

1. 본 박물관에 물품을 기증한 자가 있으면, 그 성명을 기재하여 진열하고 기증자에게 영수증을 교부한다.

1. 부(府)·현(縣) 및 공립·사립학교 등에서 기증한 학사 보고, 학생들의 시험 답안 및 제작품 등은 영구적으로 보존·진열하더라도 가끔 새것과 오래된 것을 바꾸어 진열한다.

1. 물품에 대한 교육 과정이 이치를 연구하거나 기구의 편리성 여부를 설명하기 위하여 뜻이 있는 사람을 부르고, 관련 학자를 초빙하여 서로 만나도록 한다.

1. 본 박물관은 매월 월요일과 매년 12월 28일부터 1월 3일까지 폐관하며, 나머지 날짜는 매일 한시적으로 개폐한다.

1. 정신병자나 술에 취한 자는 박물관 출입을 허가하지 않는다.

1. 관내에서 시끄럽게 떠들어서는 안 되며, 거칠고 사나운 행동을 해서는 안 된다.

1. 본실의 개폐 시한은 본관과 동일하다. 그러나 매년 여름과 가을 시기 2주간은 '책에 햇볕을 쬐는 기간'으로 이 기간에는 폐관한다.

1. 도쿄부 산하의 사람은 도서 물품의 대출 기한이 3주이고, 기타 부(府)·현(縣) 산하의 사람은 도서 물품의 대출 기한이 왕복 일수를 제하고 6주인데, 기한에 이르면 도서 물품을 반납해야 한다. 단, 도서는 그 기한 내에 책에 햇볕을 쬐는 기간이 되면, 반납해야 한다.

1. 빌린 도서와 물품을 분실하거나 더럽히거나 훼손하면 마땅히 같은 도서와 물품을 구입하여 반납해야 하고, 혹은 그에 상응하는 금액을 변상해야 한다. 이 일이 해결되지 않으면 다시 다른 도서 물품을 빌릴 수 없다.

11. 학사회원(學士會院)

11.1. 규칙

1. 본원의 설립은 교육 관련 사항을 토의하고, 학술과 기예를 평론하는 데 있다.

1. 본원의 회원은 40명으로 제한한다. 【단, 현재는 21인이다.】

1. 회원을 선발하는 방법은 본원에서 추천하고, 문부경이 인가한다.

1. 회원 추천은 투표수로 정한다. 만약 두 명 이상이 얻은 투표수가 같으면 연장자를 추천한다.

1. 회원은 매년 금 3백 원을 수령한다.

1. 회원 순서는 성씨의 첫 글자를 이로하(伊呂波)의 순서에 따라 배열하여 정한다. 【통역하는 이가 말하기를, "이로하는 일본의 가나 48자를 모아서 노래로 만든 것인데, 세상 사람들의 입에 회자되었다."고 했다.】

1. 회원 중에 회장 1명을 선임하고, 재임 기간은 6개월로 한다.

1. 회장은 본원을 통솔한다.

1. 회장은 의안을 발의하고 토론하며, 회원과 같이 투표 등을 한다.

1. 본원의 서기는 5명 이하로 한다.

1. 서기는 회장에 소속되어 본원 서무를 정리한다.

1. 의안을 내는 자는 그 취지를 적어 제출한다.

1. 타소에서 송치한 의안은 회원 중에서 주요 인원이 그것을 토론에 붙인다.

1. 문부경 및 그 대리인은 본원 회의에 참석하여 의안을 발의하며 토론할 수 있다.

1. 문부경 및 그 대리인은 찬성과 반대에 투표수를 보탤 수 없다.

1. 본원의 의사결정은 논평과 토의를 위주로 한다. 그러므로 회원 과반의 논의가 아니면 결정하지 못 한다.

1. 찬성과 반대를 정하는 것은 다수결에 의한다.

1. 회원 3/4 이상의 동의로 결정하며 문부경의 인가를 거친다.

1. 매월 15일에 회의를 개최한디.

1. 본원의 모든 경비는 문부성에서 지급한다.

행호군(行護軍) 신(臣) 조준영(趙準永)

文部省所轄目錄

文部省

沿革

日主四年【辛未】, 創置本省。

日主初元, 以東京舊開成所, 爲學校, 傭外國人, 爲敎師, 大行洋法。又以東京舊昌平校, 爲學校。翌年, 改昌平校, 稱大學校。尋改大學校, 稱大學。開成校, 稱南校。醫學校稱東校。

至是年七月, 廢大學, 置文部省, 使揚制敎育事務, 管掌大中小學校。先是大學所管, 止於大學東、南校及大阪[1]開成所、理學所、醫學校、長崎廣運館醫學校所管理, 止於海外留學生徒, 未及全國學政, 及置本省, 總管全國敎育衛生事務, 於是大革舊大學面目。

自是以來, 職制之廢置不一, 歲費之增減無常, 事務章程, 以時變易, 學所敎令, 頻年改定, 凡所沿革, 不可殫述。畧擧現今施行之槪, 列錄如左。

職制

學校之官, 舊有頭取及知學事、正權判事、得業生、寫字生、寮長

1　大阪: 저본에는 '大坂'으로 나와있다. 실제 지명에 의해 바로잡았다. 아래도 마찬가지이다.

之屬。至四年，始定大中小博士、大中小教授、正權大中小助教等教官。及置本省，有卿與大少輔、大丞之官。後置大小監及大中小督學，尋廢大小監，更置大中小視學及書記。改正大中小學教員之等次及學位之稱，以博士、學士、得業生三等爲學位。十年，廢大丞以下官，置大書記官、權大書記官、少書記官、權少書記官。

現今官員，卿一人，月給金五百圓，統率部下官員，總理主管百般之事務。部下官員，進退黜陟，奏任以上具狀奏之，判任以下專行之。所主任施行之法案，則得列元老院之議場，辯論其利害。大輔一人，月給金四百圓，輔卿之職掌。若卿有故，則得爲其代理。少輔一人，月給金三百五十圓，掌亞大輔。大書記官二人，月給金各二百五十圓。權大書記官三人，月給金各二百圓。少書記官三人，月給金各一百五十圓。權少書記官一人，月給金一百圓，受卿之命，各幹其主務。

屬官，自一等屬，至十等屬，爲九十六人，等無定額，以勞次陞。又有御用掛二十七人，上項月給金，自六十圓至十二圓，各從事庶務。

事務章程【附九條】

四年，以東京府中小學校，爲本省直轄。後至頒布學制，悉隷之東京府。改正東、南兩校教則。先是置正、變二則，至是廢變則。聘外國教師於各國，增其員，更選俊秀生徒，留學於外國。【外國教師，以外國語授業，爲正則。日本教師，倂外國語與譯語授業，爲變則。】

五年，始頒學制於全國。六年，廢本省日誌，作本省報告及雜誌，頒之。盖審教育、學術及外國新聞關敎育等事也。

七年，分本省中事務，爲四課一局，各置長，專任其責。一曰學務課，掌關學校、敎師、生徒等事務；二曰會計課，掌査覈省中之財務及直轄各部之出納；三曰報告課，掌關省務諸報告臨時編集及印行雜誌等事；四曰准刻課，掌准許印行圖書事；五曰醫務局，掌關衛生諸事。

八年, 合博物會、事務局、博物館、書籍館、小石川植物園, 屬本省。

九年, 遣本省大輔於亞米利加, 觀博覽會。

十年, 翻譯大學所用敎科書。【先是大學諸科, 槪用外國語授之, 至是翻譯之, 將用國語敎之也。】

十一年, 自十年七月, 至本年六月, 調理往復文書八千九百五十八件, 印刷本省第三年報五千部, 刊行敎育雜誌二十四萬六千九百五十部, 刊行本省雜誌一千八百部, 刊行敎科圖書等二十九種三萬六千八百七十三部。本年七月, 至十二月, 調理文書四千三百四十一件, 印刷本省第四年報五千五百部, 刊行本省日誌八千四百部, 刊行敎育雜誌十萬五千七百五十部, 刊行敎科圖書等十一種二萬二千五百部。以本邦敎育, 偏於育知而薄於育體, 設體操傳習所, 聘外國體操專門敎師, 以授生徒。

十二年, 禁翻刻本省所刊行圖書者, 猥加訓注解等, 變摠體面, 不得其當, 多害敎育也。

第一, 廢置官立學校及幼穉園、書籍館、博物館等。

第二, 派遣部下官吏及生徒於外國。

第三, 廢置各局及命局長, 或免之。

第四, 定各局之處務規程。

第五, 與學位之稱。

第六, 定官立學校之學則。

第七, 布達主管之事務。

第八, 傭外國人, 又解傭。

第九, 新創事, 又變更舊規。

經費

五年九月, 本省定額金, 一年爲二百萬圓, 六年一月, 減爲一百三十

萬圓。八年一月, 復定二百萬圓, 七月又減爲一百七十萬圓。九年, 定
爲一百七十萬四千八百圓。十年, 又減爲一百二十萬圓。十一年, 爲一
百十四萬圓。十二年, 爲一百十三萬九千九百七十圓。

至十三年, 歲計入額金, 一百十八萬一千一百圓。應用本省二十五
萬八千五百五十八圓, 東京大學校二十六萬七千七百零三圓, 東京醫
學部十三萬九千四百四十九圓, 大阪中學校五萬九千圓, 東京外國語
學校四萬八千三百三十二圓, 東京師範學校三萬二千圓, 東京女子師
範學校二萬二千二百圓, 東京職工學校三萬五千圓, 圖書館一萬圓,
教育博物館一萬五千圓, 學士會院八千二百七十八圓, 體操傳習所一
萬五千五百八十圓, 府、縣師範學校輔助七萬圓, 府、縣小學校輔助
二十萬圓。

學校誌畧

設置本省後, 改大學校, 稱大學。改東京開成校, 稱大學南校。改東
京醫學校, 稱大學東校, 或單稱東校南校。又改東校曰第一大學區東京
醫學校, 南校曰第一大學區東京第一番中學, 洋學所曰第二番中學, 大
阪開成所曰第四大學區大阪第一番中學, 大阪醫學校曰第四大學區大
阪醫學校, 長崎廣運館曰第六大學區長崎第一番中學, 長崎醫學校曰
第六大學區長崎醫學校。設督學局於東京, 創設師範學校於東京, 又設
女子學校、女子師範學校。後又稱大阪中學曰開明學校, 長崎中學曰廣
運學校。

六年, 改定全國八大學區及大學本部。第一大學區, 以東京府爲大
學本部; 第二大學區, 以愛知縣爲大學本部; 第三大學區, 以大阪府爲
大學本部; 第四大學區, 以廣島縣爲大學本部; 第五大學區, 以長崎縣
爲大學本部; 第六大學區, 以新潟縣爲大學本部; 第七大學區, 以宮城
縣爲大學本部。現今東京所在學校, 大學法、理、文三學部, 大學豫備

門, 大學醫學部, 師範學校, 附屬小學校, 女子師範學校, 附屬幼稚園, 外國語學校, 體操傳習所.

教育令【十三年十二月, 改正頒布.】

一。 文部卿, 統攝全國教育事務、學校、幼稚園、書籍館, 不問公立、私立, 皆爲文部卿所監督.

一。 學校, 爲小學校、中學校、大學校、師範學校、農學校、商業學校、職工學校, 自餘諸般學校.

一。 小學校, 爲授普通教育兒童之所. 其學科, 爲修身、讀書、習字、算術、地理、歷史等初[2]步. 準土地情況, 加罫畫、唱歌、體操或物理、生理、博物等大意. 女子設裁縫一科, 若有不得已, 修身、讀書、習字、算術、地理、歷史中, 得減地理、歷史.

一。 中學校, 爲授高等普通學科之所.

一。 大學校, 爲授法學、理學、醫學、文學等, 專門諸科之所.

一。 師範學校, 爲養成教員之所.

一。 專門學校, 爲授專門一科之所.

一。 農學校, 爲授農耕學業之所; 商業學校, 爲授商賈學業之所; 職工學校, 爲授百工職業之所. 以上所揭, 不論何學校, 各人皆得設置之.

一。 各町村, 從府知事、縣令指示, 獨立或聯合, 要建足教育學齡兒童小學校.【但私立小學校, 可以代小學校, 經府知事、縣令之認可, 不必別設置.】

一。 各町村所設小學校, 獨立或聯合區域, 置學務委員, 使幹理學務. 學務委員, 以戶長, 加其員.【但人員多寡, 給料有無及費額, 區町村會議決之. 經府知事、縣令之認可.】

一。 擇學務委員, 町村人民, 薦擧定員, 二倍若三倍. 府知事、縣令,

2　初: 저본에는 '杓'로 되어 있다. 문맥을 살펴 바로잡았다.

就而撰任。【但薦擧規則, 府知事縣令起草, 經文部卿之認可。】

一。學務委員, 屬府知事、縣令之監督, 掌兒童就學及學校之設置保護。

一。凡兒童, 自六年至十四年, 八年間爲學齡。

一。令學齡兒童, 就學, 爲父母、後見人之責任。

一。父母、後見人, 有學齡兒, 未卒小學科三年課程者, 非不得已者, 每年不可少十六週以上就學。又學齡兒童, 雖卒小學科三年課程者, 非有相當理由, 不可少就學。【但就學督責規則, 府知事、縣令起草, 經文部卿之認可。】

一。小學校學期, 爲三箇年以上, 八箇年以下。授業日數, 一年爲三十二週日以上。【但授業時間, 一日不少三時, 不多六時。】

一。不入學齡兒童於學校, 又不依巡回授業法, 而別欲授普通敎育, 須經郡、區長之認可。【但郡、區長, 要使試驗兒童學業於町、村學校。】

一。町村之設小學校之資, 將設巡回授業法, 授普通學科於兒童, 則經府知事、縣令之認可。

一。學校, 有公立, 有私立。以地方稅若町村公費設立, 爲公立學校; 以一人若數人私費設立, 爲私立學校。

一。公立學校、幼稚園、書籍館等之廢立, 府縣, 經文部卿認可。町村, 經府知事、縣令認可。

一。設置私立學校、幼稚園、書籍館等, 經府知事、縣令之認可。廢止則亦申報府知事、縣令。【但私立學校, 代公立學校者, 廢止, 經府知、縣令之認可。】

一。町村, 所立私立學校、幼稚園、書籍館等, 廢止規則, 府知事、縣令起草, 經文部卿之認可。

一。小學校敎則, 基文部卿所頒之大綱, 府知事、縣令, 準土地情況, 編制之, 經文部卿之認可, 施行管內。【但府知事、縣令, 以所施行敎則,

有難準據, 將斟酌增減之, 則陳意見, 經文部卿之認可。】

　一。公立學校費用, 係府縣會議定者, 則地方稅支辨之; 掛町村人民協議者, 則町村費, 支辨之。

　一。以町村費, 所設置保護學校, 若仰要補助於地方稅, 經府縣會議, 得施行之。

　一。公立學校地, 免稅。

　一。凡供學事寄附金, 寄附人, 所指定目途之外, 不得支消。

　一。各府縣, 設師範學校, 養成小學教員。

　一。公立師範學校, 卒業生徒, 試驗已畢, 與卒業證書。

　一。公立師範學校, 雖不入學本校者, 請卒業證書, 試驗其學業, 合格者與卒業證書。

　一。教員, 不問男女, 年齡十八以上。【但品行不正者, 不得爲教員。】

　一。小學校教員, 必帶官立、公立師範學校卒業證書者。【但雖不帶師範學校卒業證書者, 府知事、縣令, 與教員免許狀者, 在其府縣, 得爲教員。】

　一。文部卿, 時遣吏員, 巡視府縣學事實況。

　一。不問公、私學校, 不得拒文部卿所發遣吏員。

　一。府知事、縣令, 每年記載管內學事之實況, 申報文部卿。

　一。凡學校, 男女不得同教場。【但小學校, 男女同教場, 不亦妨。】

　一。凡學校, 收授業料與否, 任適宜。

　一。凡兒童, 非歷種痘, 若天然痘者, 不得入學。

　一。罹傳染病者, 不得出入學內。

　一。凡學校, 不可生徒體罰。【毆或縛類。】

　一。試驗生徒, 其父母若後見人, 得來觀。

　一。町村所立學校教員, 因學務委員申請府知事、縣令, 任免之。

　一。町村所立小學校教員俸額, 府知事、縣令制定之, 經文部卿之認可。

一。各府縣準土地情況, 可設置中學校, 及設專門學校、農學校、商業學校、職業學校等。

大學法、理、文三學部

記畧

德川七代將軍家宣, 始倡西法。使人就和蘭人, 學其言語、醫術、曆算, 諸學術漸行於世。家宣子吉宗, 設天文臺於江戶, 製簡天儀, 掌曆算推步。始置翻譯局, 擢和蘭學者, 譯和蘭書, 稱蕃書和解方。後改翻譯局, 稱翻書調所, 行開校式, 許幕府士人及諸藩士入學, 竝講英、佛、獨、魯書。後設化學、物産學、數學三科, 稱本校爲洋書調所, 旋改校名, 稱開成所。

日主元年, 再興開成所, 新撰教則。二年, 始開教場, 更置講習所。傭米人, 爲英、佛、獨語學教師, 改校名, 稱大學南校, 改化學所, 爲理學所。令諸藩, 擧俊秀十六歲以上二十歲以下, 入本校, 稱貢進生。又選拔生徒, 使留學英國, 又開博覽會。

四年七月, 廢太學, 置文部省, 改本校, 單稱南校。八月, 又改稱第一大學區第一番中學。

六年, 改校名, 稱開成學校, 設法、理、工、諸藝、礦山學五科。法、理、工三科以英語, 諸藝學科以佛語, 礦山學科以獨逸語。

七年, 畫校內一室, 爲書籍閱覽室, 使生徒, 以餘暇繙閱和、漢、洋書籍。法、化、工三科外, 更置豫科。

十年, 行講義室開講式。四月, 文部省, 以本校及東京醫學校, 稱東京大學。分爲法、理、醫、文四學部, 而置法、理、文三學部於本校, 東京英語學校, 爲東京大學豫備門。

十一年五月, 命法學科、土木工學科, 卒業生各一名, 留學英國。物理學科, 卒業生一名, 留學佛國。九月, 改學期制及就業規則。爲不暇遵本則, 履各學科者, 設撰科一則。

編制及敎旨

一。東京大學, 綜法學部、理學部、文學部、醫學部。而法學部, 置法學科。理學部, 置化學科、數學、物理學、星學科, 生物學科, 工學科, 地質學科, 採鑛、冶金學科。文學部, 置哲學、政治學、理財學科, 和漢文學科。就各學科中, 專敎一科爲旨。

一。東京大學豫備門, 屬東京大學, 爲法、理、文學部之所管。凡生徒入本部者, 先由豫備門, 修普通學科。

學科課程

一。法、理、文學部諸學科課程, 爲四周年。生徒階級, 爲四等。

一。法學部生徒, 皆修同一學科。理學部設六學科, 文學部設二學科。而理文兩學科生徒, 隨其所好, 專修一科。

一。各學部, 期以邦語, 敎生徒。然現今姑用英語, 兼習佛蘭西、獨逸兩國語之一。如法學生徒, 必兼學佛蘭西語。

一。各學部課目, 如左。

法學部

一。本部, 以敎本邦法律, 爲本旨。旁授英吉利, 法蘭西法律之大綱。

第一年: 英文學及作文, 一年間【每週四時】; 倫理學, 半年間【每週二時】; 心理學大意, 半年間【每週二時】; 史學【佛國史, 英國史】, 一年間【每週三時】; 和文學, 一年間【每週二時】; 漢文學及作文, 一年間【每週四時】; 佛蘭西語, 一年間【每週三時】。

第二年: 日本古代法律, 一年間[每週二時]; 日本現今法律[刑法], 一年間[每週二時]; 英吉利法律[緒論、刑法、結約法、不動產法、私犯法], 一年間[每週六時]; 英吉利國憲, 一學期[每週三時]; 佛蘭西語, 一年間[每週三時]。

第三年: 日本古代法律[大寶令], 一年間[每週一時]; 日本現行法律[治罪法、訴訟演習], 一年間[每週二時]; 英吉利法律[結約法、衡平法、訴訟法、證據法、海運法、家族法、訴訟演習], 一年間[每週九時]; 佛蘭西法律要領[刑法], 一年間[每週三時]。

第四年: 日本古代法律[大寶令], 一年間[每週一時]; 日本現行法律[治罪法、訴訟演習], 一年間[每週二時]; 英吉利法律[海上保險法、訴訟演習], 一年間[每週二時]; 列國交際法[公法、私法], 一年間[每週三時]; 法論, 一年間[每週三時]; 佛蘭西法律要領[民法], 一年間[每週三時]; 卒業論文。

理學部

一。本部, 設六學科: 化學科, 數學、物理學及星學科, 生物學科, 工學科, 地質學科, 採鑛學、冶金學科。

一。第一年課程, 各學科無有異同。後三年從本人所撰, 專修一學科。

一。各學科, 第三年及第四年, 教員爲生徒, 設漢文講義, 隨意聽講。

諸學科

第一年: 數學[代數、幾何], 一年間[每週四時]; 重學大意, 二學期[每週二時]; 星學大意, 一學期[每週三時]; 化學[無機、實驗], 一年間[每週四時]; 金石學大意, 半年間[每週二時]; 地質學大意, 半年間[每週二時]; 畵學, 一年間[每週二時]; 論理學, 半年間[每週二時]; 心理學大意, 半年間[每週二時]; 英吉利語, 一年間[每週四時]。

化學科

第二年: 分析化學【檢質分析】, 一年間【每週十二時】; 有機化學, 一年間【每年二時】; 物理學, 一年間【每週四時】; 金石學, 一年間【每週二時】; 英吉利語, 一年間【每週二時】; 佛蘭西語或獨逸語, 一年間【每週二時】。

第三年: 分析化學【定量分析】, 一年間【每週二時】; 製造化學, 一年間【每週三時】; 冶金學, 一年間【每週四時】; 物理學, 一年間【每週三時】; 佛蘭西語或獨逸語, 一年間【每週二時】。

第四年, 分析化學【定量分析、試金】, 一年間【每週二十一時】; 製造化學, 一年間【每週三時】; 卒業論文。

數學、物理學及星學科

一。本科, 敎數學、物理學、星學三學, 各年不同課目。生徒至第二年, 三學中, 從其所欲, 專修一學。

第二年: 純正數學, 一年間【每週八時】; 物理學, 一年間【每週六時】; 星學, 一年間【每週六時】; 重學, 一年間【每週四時】; 分析化學【物】, 一年間【每週三時】; 英吉利語, 一年間【每週二時】; 佛蘭西語或獨逸語, 一年間【每週二時】。

第三年: 純正數學【數量】, 一年間【每週三時】; 應用數學, 一年間【每週四時】; 物理學, 一年間【每週六時】; 分析化學【物】, 一年間【每週四時】; 星學【數、星】, 一年間【每週六時】; 佛蘭西語或獨逸語, 一年間【每週二時】。

第四年: 純正數學【數、星】, 一年間【每週五時】; 應用數學, 一年間【每週五時】; 物理學, 一年間【每週八時】; 星學【數、星】, 一年間【每週六時】; 卒業論文。

生物學科

一。本科者第四年, 卽於最後一年間, 從本人撰, 使專修動物學或植物學之一課目。

第二年: 動物學, 一年間【每週八時】; 植物學, 一年間【每週八時】; 生理化學, 半年間【每週二時】; 英吉利語, 一年間【每週二時】; 佛蘭西語或獨逸語, 一年間【每週二時】。

第三年: 動物學, 一年間【每週十時】; 植物學, 一年間【每週十時】; 古生物學, 一年間【每週二時】; 佛蘭西語或獨逸語, 一年間【每週二時】。

第四年: 動物學, 一年間【每週三十六時】; 植物學, 一年間【每週二十時】 卒業論文。

工學科

一。本科者第四年, 卽於最後一年間, 從本人撰, 使專修機械工學或土木工學之 課日。

第二年: 數學, 一年間【每週五時】; 重學, 一年間【每週四時】; 物質強弱論, 一年間【每週二時】; 陸地測量【講義、野外及館內實驗】, 一年間【每週四時】; 物理學, 一年間【每週四時】; 機械圖, 一年間【每週四時】; 英吉利語, 一年間【每週二時】; 佛蘭西語或獨逸語, 一年間【每週二時】。

第三年: 熱動學及蒸氣機關學, 一年間【每週二時】; 結搆強弱論, 一年間【每週二時】; 機械學, 一年間【每週二時】; 道路及鐵道測量及構造, 一年間【每週六時】; 物理學, 一年間【每週六時】; 機械圖, 一年間【每週四時】; 佛蘭西語或獨逸語, 一年間【每週二時】。

第四年: 機械工學, 機械計畫製圖實驗, 材料試驗, 機械場實驗, 卒業論文。土木工學, 一年間【每週十二時】, 橋梁構造, 測地術【講義、野外及館內實驗】, 海上測量, 治水工學, 造營學, 二學期【每週二時】; 應用地質學, 一年間【每週一時】; 卒業論文。

地質學科

第二年: 地質沿革論, 一年間【每週二時】; 金石學, 一年間【每週二時】; 金石識別, 一年間【每週一時】; 檢質分析, 一年間【每週五時】; 吹管檢質分析, 一年間【每週二時】; 採鑛學, 一年間【每週三時】; 陸地測量及地誌圖, 一年間【每週四時】; 動物學, 一年間【每週二時】; 植物學, 一年間【每週二時】; 地質巡檢, 英吉利語, 一年間【每週二時】; 佛蘭西語或獨逸語, 一年間【每週二時】。

第三年: 古生物學, 一年間【每週二時】; 識別實驗巖石, 一年間【每週一時】; 識別實驗化石, 一年間【每週二時】; 測量地質及變動地質學, 一年間【每週二時】; 石質學, 一年間【每週一時】; 定量分析, 一年間【每週十時】; 巡檢地質, 佛蘭西語或獨逸語, 一年間【每週二時】。

第四年: 識別實驗巖石, 一年間【每週二時】; 識別實驗化石, 一年間【每週三時】; 用顯微鏡査察巖石及金石【講義及實驗】, 一年間【每週三時】; 測量地質及表面地質學, 一年間【每週三時】; 應用地質學, 一年間【每週一時】; 巡檢地質, 卒業論文。

採鑛、冶金學科

第二年: 採鑛學, 一年間【每週三時】; 金石學, 一年間【每週二時】; 石質學, 一年間【每週一時】; 測量陸地, 一年間【每週四時】; 應用重學, 一年間【每週四時】; 識別金石, 一年間【每週一時】; 檢質分析, 一年間【每週八時】; 機械圖, 一年間【每週二時】; 英吉利語, 一年間【每週二時】; 佛蘭西語或獨逸語, 一年間【每週二時】。

第三年: 冶金學, 一年間【每週四時】; 吹管檢質分析, 一年間【每週三時】; 淘汰鑛礦法, 一年間【每週二時】; 定量分析, 一年間【每週十時】; 機械圖, 一年間【每週二時】; 地質沿革論, 一年間【每週二時】; 鑛山操業實驗、佛蘭西語或獨逸語, 一年間【每週二時】。

第四年: 試金, 一年間【每週五時】; 地中測量, 一學期【每週一時】; 定量吹管分析, 一年間【每週三時】; 鑛業計量, 一年間【每週四時】; 淘汰鑛礦法及冶金學試驗, 一年間【每週四時】; 應用地質學, 一年間【每週一時】; 造營學, 二學期【每週三時】; 測量實驗地中, 巡視鑛山, 卒業論文。

文學部

一。本部中, 設二學科。哲學、政治學、理財學科, 和漢文學科。

一。第一學科, 與第二學科者, 其第一年課程, 已有所異。故於第一年初, 使生徒, 撰定其可專修一學科。

一。第一學科者, 使悉履修第二、第三兩年間課程所載之諸科。至第四年, 就哲學、政治學、理財學中, 使撰一課目專修之。且使撰其餘二課目, 及史學中之一課目, 兼修之。

一。第一學科, 第四年英文學及漢文學者, 生徒學之與否, 雖任其意, 漢文則必使作之。

一。第二學科者, 以三年間使專修和漢古今文學爲旨。且三年間, 使兼學英文學或史學或哲學。

一。別置佛書講義一課, 使文學部生徒, 隨意聽講之。

第一年: 和文學, 一年間【每週二時】; 漢文學及作文, 一年間【每週四時】; 史學【佛史, 英史】, 一年間【每週三時】; 英文學及作文, 一年間【每週四時】; 論理學, 半年間【每週二時】; 心理學大意, 半年間【每週二時】; 佛蘭西語或獨逸語【獨, 修第一科者課之。】, 一年間【每週三時】。

哲學、政治及理財學科

第二年: 哲學【哲學史, 心理學】, 一年間【每週四時】; 史學【英國憲史】, 一年間【每週三時】; 和文學, 一年間【每週二時】; 漢文學及作文, 一年間【每週四時】; 英文學【文學史, 作文及批評】, 一年間【每週三時】; 佛蘭西語或獨逸語, 一年間【每週三時】。

第三年: 哲學【道義學】, 一年間【每週三時】; 政治學, 一年間【每週三時】; 理財學, 一年間【每週三時】; 史學【希臘史, 羅馬史】, 一年間【每週三時】; 和文學, 一年間【每週二時】; 漢文學及作文, 一年間【每週四時】; 英文學【作文及批評】, 一年間【每週三時】。

第四年: 哲學, 一年間【每週五時】; 政治學及列國交際公法, 一年間【每週四時】; 理財學, 一年間【每週三時】; 史學, 一年間【每週三時】; 漢文學及作文, 一年間【每週三時】; 英文學【批評及解析】, 一年間【每週三時】; 卒業論文。

和漢文學科

第二年: 和文學及作文, 一年間【每週五時】; 漢文學及作文, 一年間【每週九時】; 英文學或史學或哲學, 一年間【每週三時】。

第三年: 和文學及作文, 一年間【每週五時】; 漢文學及作文, 一年間【每週十時】; 英文學或史學或哲學, 一年間【每週三時】。

第四年: 和文學及作文, 一年間【每週五時】; 漢文學及作文, 一年間【每週十一時】; 英文學或史學或哲學, 一年間【每週三時】; 卒業論文【和、漢兩文】。

敎科細目
日本古代法律

法學、文學第一年課: 講授《貞永式目》。

法學第二年課: 講授《憲法志料》、《制度通》。第三年課: 講授《大寶令》。第四年課: 兼講修《大寶令》及《法曹至要抄》。

生徒平日, 所自讀課書如左【但第一年生之自讀書, 畧之。】。

第二年課書:《類聚三代格》、《政事要畧》、《續日本記》。

第三年課書:《律疏殘篇》、《令集解》、《職原抄》。

第四年課書:《建武式目》、《金玉掌中抄》、《延喜式》、《裁判至要抄》。

日本現行法律

法學第二年課: 講授刑法。

第三年課及第四年課: 講授治罪法之餘暇, 使就司法裁判所, 既決訴訟件, 作訴訟書、答辨書。且每週一回, 使生徒, 假爲原告、被告、代言人, 演習法庭訴訟之事。

英國法律

擇所適於生徒之敎科書, 講授之。敎授法, 敎授先講解課書之意, 就其所授起問, 使生徒答之。若無所適於生徒之敎科書, 則以講義授之。

現今所用敎科書, 如左。

法律緖篇: 巴辣克思頓或弗兒武及哈土來著《英國法律註釋》。

憲法: 特利著《法律原論》, 亞橋思著《英國憲法》, 利伯耳著《自治論》。

結約法: 西密斯著《結約法》, 勃洛克著《結約法》, 蘭克特兒著《結約法摘要判決錄》。

不動産法: 巴辣克思頓著《法律註釋》, 維廉著《不動産法》。

刑法: 卑涉著《刑法註釋》。

私犯法: 弗婁唎著《法律註釋》。

賣買法: 蘭克特兒著《賣買法摘要判決錄》。

衡平法: 伯燕著《衡平法》, 斯內兒著《衡平法》。

證攄法: 斯知般著《證攄法》, 伯斯特著《證攄法》。

列國交際私法: 哈華兒頓著《萬國私法》。

列國交際公法: 哈伊頓著《萬國公法》。

法論: 豪斯丁著《法論》, 墨因著《古代法律》。

佛蘭西法律

佛蘭西法律, 第三年, 講授刑法, 第四年, 講授民法爲規。而唯本年第三年生, 講授佛國民法人事篇及刑法。第四年生, 講授民法財産篇以下。共以佛蘭西法律書, 爲敎科書, 使知其要領。

普通化學

理學部第一年, 使生徒試驗諸物, 而熟其在敎室所學之非金屬及化合物等製法及性質等。以魯斯果著《無機化學》, 爲敎科書。

分析化學

本科第二年, 使生徒專從事檢質分析。始于單一鹽類, 漸進及混合物, 而終于研究亞兒古保兒類、有機酸類、鹽類等化學之變化。有餘暇, 則令製作各種純粹有機物票本。

第三年、第四年, 使生徒專從事無機及有機物定量分析。始於二三之合金類, 終於鹽類及糅雜之礦物。但第三年生, 於終期, 使以容量及重量分析法, 泛驗定製造物。

第四年前半學年中, 使生徒, 專從事有機物之遠成分分析。卽驗定炭素、水素、鹽素、燐素、硫黃及窒素等之成分。 又從事有機物之近成分分析, 卽以重量分析法及回光分析法, 考查糖質。且驗定穀類, 卽米等之成分及酒類, 卽淸酒、味淋酒等之成分。又敎授水之分析法。

第四年, 後半學年中, 使生徒, 就其隨意所撰卒業論文【生徒卒其業時, 必作文章, 名之曰卒業論文。】之題, 爲實地試驗。但其爲實地試驗, 不得受敎員之指敎, 惟與學友, 有所講論而已。如其作文, 不可不生徒自撰述之。

分析化學, 所用之敎科書, 多兒普著《檢質分析學》, 許利塞尼斯著《檢質分析學》, 戎著《實驗化學》, 多兒普著《定量分析學》, 許利塞尼斯著《化學分析》, <u>文克林</u>著《水質分析法》, <u>撒頓</u>著《檢容定量分析法》。

應用化學

本科, 專以講義及圖畫, 敎導之。以二年間, 爲程期。講義之主題如左。

第一年, 卽化學第三年。可燃物化學, <u>亞兒珂理</u>工業。

第二年, 卽化學第四年。含水炭素製造化學, 有機色料化學。

有機化學

所敎授之主題如左。

有機化學, 所以一名炭素化合物之化學之由, 炭素一微分子, 與他同質微分子, 化分之力, 有機物聚合生成。根基體交換及元形說, 當適量及駿曾美理池㖡, 有機分析, 分子定量法, 蒸氣調度法, 有機物判列及有機羣屬性質, 納特魯加兒盆, 脂肪物質揮發物, 德兒敏及干福兒有機鹽基, 不經判列物質。<u>曾列摩耳</u>著《有機學》, 爲敎科書。

純正及應用數學

第一年級純正數學, 所授平面解析幾何學。卽<u>拍克兒</u>著《代數幾何學》自第一章至第十一章。有餘暇, 則講授<u>亞兒地斯</u>著《立體幾何學》。又應用數學, 第二及第三學期, 授重學大意。其敎科書, 爲<u>突土蕃太兒</u>著《重學初步》。

第二年, 所講修純正數學課目, 卽高等平三角及弧三角術, 立體幾何學, 微分積分學, 微分方程式。其敎科書, 首<u>布內</u>著《三角術》, <u>亞兒地斯</u>著《立體幾何學》, <u>突土蕃太兒</u>[3]著《微分及積分學》, <u>布兒</u>著《微分方程式》。且以<u>維廉遜</u>著《加耳幾剌斯》【書名】, <u>普賴斯</u>著《印希尼特西摩兒

3　突土蕃太兒: 저본에는 '土蕃太兒'로 되어 있다. 다수의 용례에 비추어 바로잡았다.

加耳幾剌斯》, 供參考。又同年應用數學, 敎以重學, 但定科書, 大抵敎以講義。

第三年, 所敎授純正數學課目, 則高等代數學及加耳幾剌斯, 高等解析幾何學。其所用敎科書及參考書, 爲突土蕃太兒著《方程式論》、沙耳門著《高等代數及圓錐曲線法》、《立體幾何學》、布洛斯德著《立體幾何學》、突土蕃太兒著《積分學及加耳幾剌斯啞布白理埃戎》【書名】等。又應用數學, 第一學期[4], 據巴兒均遜著書, 講授幾何光學, 且講授熱動力論。又第二及第三學期, 授靜力學攝引理論。光音波動論, 其敎科書及參考書, 用突土蕃太兒著《靜力學及攝引理論史》、維李著《數學雜記》、洛伊突氏著《光學》等。

第四年純正數學, 講授高等加耳幾剌斯, 高等微分方程式。其敎科書用布兒著《華內特德希廉西斯》【書名】, 突土蕃太兒著《漢克戎啞布剌布禮斯別設兒剌米》【書名】, 布兒著《微分方程式》、維李著《數學雜記》等。又本年, 講授近世幾何學及《加特兒尼恩》【書名】。且旁授日本數學, 敎科書用多溫設突著《近世幾何學》、革蘭德氏、特多氏合著《加特兒尼恩》。

第四年應用數學, 敎導動力學流動力學。其敎科書, 爲特多氏、斯知兒氏合著《微體動力學》、老斯著《固體動力學》及陪散著《流動力學》。其他尙講授電氣學、磁氣學等之數理大意。以加閔克著《電氣學》, 爲敎科書。以上所擧諸書之外, 關各課之書, 各年廣採供參覽引用。

物理學

本部中, 從事物理學者, 分爲三學科: 卽數學物理學星學科、工學科、化學科。

第二年所學, 卽簡易物理學。試驗實修, 所測定尺度、質量、時間

---

4 學期: 저본에는 '學學期'로 되어 있다. 문맥을 살펴 바로잡았다.

等, 精微器械之用法, 觀測及其結果論, 最小平方律應用論, 機械物理學之簡易問題及同上論理之實地應用。而本學年末期, 爲熱學。

第三年, 專講究理論及實驗光學、幾何學、熱動力論。在物理學科, 數學及星學生徒, 比之物理學專修生徒, 第二、第三兩年, 授簡易物理學。

第四年, 專講究電氣及磁氣學。且其理論外, 別在實驗室, 練習電力、磁力, 測定之實驗及應用電線之試驗。本年卒業論文之題, 期新探討一理之條件, 故使各生徒, 專攻特要精密之一事。

所用教科書: 斯去亞兒著《物理學初步》, 德沙內兒著《物理學》, 果刺烏捨著《物理測定法》, 額諾著《物理學》, 涉伯內著《最小自乘法》, 維理著《觀測差違算定法》, 米理滿著《最小自乘法》, 布力著《物理實驗法》, 卑革凌著《物理實驗法》, 維理著《音學》, 斯去亞兒著《熱學》, 摩幾思乞著《熱學理論》, 然均著《電氣及磁氣學》, 甘明著《電氣理論》, 洛伊德著《磁氣學》, 維理著《磁氣學》, 斯播知士烏德著《光線分極論》, 維理著《光線波動論》, 洛伊德著《光線波動論》, 捨廉著《光線分析論》, 洛克牙著《分光鏡用法》, 巴均遜著《光學》, 冶巴列著《度量衡比較法》。

星學

理學第一年級第一學期, 授星學大意講義。

第二年課目, 論理星學: 數學及形象星學初步。教科書: 路米西氏、細甘氏、和顚氏著。實驗星學: 子午儀、天頂儀、紀限儀之運用, 測定時間及緯度, 用水平尺及分微尺法。教科書: 路米西氏及涉伯內氏著。

第三年課目, 論理星學: 觀測移算法, 天體重學。教科書: 涉伯內氏、紬特果倫氏及刺布列氏著。實驗星學: 赤道儀觀測及移算, 分光鏡及光線計使用, 卯西儀測定緯度。教科書: 涉伯內氏著 。

第四年課目, 論理星學: 行道, 攝道。教科書: 可烏斯氏、伯設兒氏、嫛百兒撒氏著。實驗星學: 子午儀觀測及移算，測定其子午圈恒差。教科書: 伯設兒氏及涉伯內氏 著。

植物學

生物學第二年，每週二回，講植物結搆及其生理，且於實驗室，就實地敎此二課。又使生徒，講明判定有花部種屬。供其用植物，日取之小石川植物園，其在植物學實驗室授業，每週六時爲常。

地質學第二年，第一學期，於實驗室，授分析植物法。使生徒，通植物結搆及其天然分類。第二全學期及第一、第三兩期之數週日，講授植物形體論及生理論。第三學期，就本學期及前兩期中所講諸課，於實驗室，更敎導之，其時間，爲每週二時。

生物學第三年，一年間每週二回，講植物分類及應用。但第二學期末及第三全學期，授無花植物，而於實驗室，每週八時間，課單子葉部中之禾本科及莎草科。無花部中之石松類、蘋類、瓶爾小草類、木賊類、羊齒科、土馬駿類、地錢類。諸業，又雖敎授通長部係下等部屬者，然精究之，姑讓後日。

生物學第四年，敎授植物學，專修生徒。所講義，則爲地理及古生植物，通長部及植物高等生理。而試驗室諸業，亦就同課目授之。且使生徒，別專究植物之一部類。

參考書: 屈列著《植物學》，白耳和兒著《植物學》，撒克著《植物學》，少米著《植物結搆及生理學》，扁布列著《植物學初步》，特甘德兒著《地理植物學》，林特列著《藥用及應用植物學》，白兒傑列著《無花植物學》，德兒維著《蘮蔓草說》，德兒維著《食蟲草說》，德兒維著《植物界各自受精及交互受精說》，斯保兒特著《日本植物說》，撒白兒克著《日本植物說》，米傑兒著《日本植物說》，佛蘭設氏、撒巴設氏合著《日本植物目錄》，撒林傑兒著《日本海草說》，本唐著《香港植物說》，巴毋著《拉伊顚博物館植物記》, 麻幾西毋維屈著《黑龍江植物說》, 屈列著《北米植物說》, 特甘德兒著《植物界》, 本唐氏及弗傑兒合著《植物屬類說》, 維特著《東印度植物圖說》, 巴毋著《細亞巴嬰植物說》, 德利細斯著《禾本科說》, 巴特著《莎草科說》, 虎傑兒著《羊齒科說》, 米特紐斯著《利布斯植物園植物羊齒科說》, 虎傑兒著《英國植物羊齒科說》, 撒利含特著《合衆國土馬駿類及錢苔類說》, 白兒克列著《英國土馬駿類說》, 格克著《芝栭類說》, 白兒克列著《英國芝栭類說》, 多連著《芝栭類說》, 亞加兒特著《藻類說》, 加鄭著《藻類說》, 刺扁和兒斯多著《歐洲藻類說》, 哈標著《藻類說》, 林特列及哈頓合著《英國化石植物說》,《草木圖說》,《本草圖譜》,《本草綱目啓蒙》,《和漢三才圖會》,《花彙》,《本草綱目》。

動物學

第二年級, 授有脊動物比較解剖之講義。且使爲之實驗, 其目如左。注射諸法的之脉管究査, 筋肉、消化機、骨相學、泌尿生子機、神經, 顯微鏡用法。

第三年級, 授無脊動物比較解剖之講義。且使爲之實驗, 其目如左。動物分類, 解剖各大部之動物, 感覺機及諸機關之生物組織學。

第四年級, 使各生徒於實驗室, 專攻涉比較解剖及發生學之一事, 特授其講義。每週一回, 會第三年及第四年生, 使報告各自所研究之事項。

地質學, 第二年級課目, 爲動物分類及骨相學。其序, 先敎動物界中各大門至要的諸部。次使研究解剖學及組織學, 以知動物分類之大意。蓋骨相學, 未修古生物學之前, 當豫修之學也。敎科書: 屈老斯著《動物學大意》, 傑戈毋巴維兒著《動物各大部解剖大意》, 克斯列著《有脊動物解剖及無脊動物解剖》, 老列斯頓著《動物生活形質》, 巴兒保兒著《發生學大意及比較發生學》, 布列著《組織學書》, 尼果兒遜著《動物學書》, 慕兒斯著《動物學初步》。

土木工學

土木工學科, 第二年及第三年課目, 同機械工學科課目。至第四年, 別爲兩級, 從各生徒所撰, 使專修機械工學, 或土木工學一課。

各年普通課目外, 土木工學生, 修左諸課目。第二年所學課目, 爲陸地測量術。卽通常測量器之理解、實用及距離、面積計算, 平準器之實用法、製測量圖、地誌圖法也。但第二年, 以時限已充, 使各生徒, 就上所記諸課目, 熟練實地經驗。

第三年間, 所從事築造道路及鐵道法, 及研究土木業諸材料者是也。

築造鐵道課: 直線、曲線布置法, 平準測量法, 平面圖、橫截面圖、平行測面圖【示沿道高低者。】之製法及鑿道堤線之布置計算屬焉。每課, 逐序學之。卒業後, 實驗之於野外。其法, 先布置諸試線於數里間, 尋判定鐵線之位置, 敷設之而後, 製諸種詳細圖, 作諸種計算及作諸種說明條款書等, 一如眞設鐵道者。

築造道路課: 所學修爲築造修繕村落市街道路諸方法, 就中要多學, 適日本之方法。土木工學生, 要考究石灰、漆灰、粘土、石灰之性質, 且實驗之。又研究, 所最要於土木業諸材料之物質。

第四年, 講習測地術、治水工學。且自計畫諸土木工學。

測地術, 敎員口授之, 課中之目如左。基線測量, 測點位置採擇, 號標設置, 角度測量, 用最小自乘法而調整測量之法, 決定緯度、經度, 持平經度之法, 量定觀象臺實驗測點之高低之法, 普通測地平準法, 製地毬圖法等。

治水工學中之目如左。係流動體之數理論, 所示水道、河川流水之速力諸定式之評論, 築造運河法, 灌水法, 排汚法, 關洪水法諸工業, 修川流而便運輸, 保存堤防, 築造船槽、橋脚及港埠之法。其他, 使測量東京府下川流或品川港, 製其圖, 以研究水上測量於實地。

第四年, 所修工事, 槪如左。木橋、石橋、鐵橋各一個。其他, 各自所撰諸工業。但要作完備計算表及說明條款書。

第四年期末, 卽卒業前, 使生徒撰係土木工學一題, 草卒業論文。蓋驗其學力, 果可受卒業證書否也。

敎科書及參考書。第二年: 季兒斯裨著《陸地測量書》。

第三年: 邊克著《鐵道工學家必攜》, 麻漢著《土木工學》, 季路莫亞耳著《石炭煉、石炭沙製法及用法》, 和斯著《掌中鐵道工學書》, 巴犁著《鐵道器械要說》。

第四年: 麻漢著《土木工學》, 蘭均著《土木工學》, 克拉克著《測地術》, 米利滿著《最小自乘法》, 路米斯著《實驗星學》, 倍克兒著《建築法》, 保斯著《鐵道工學家用書》, 杜尧特尹著《工學家必携》, 漢巴兒著《鐵橋建築法》, 汝克遜翻譯、加特兒著《水勢表》。

機械工學

第二年所履修課目有二: 第一重學, 第二物質强弱論。

重學課目: 本原單位及因生單位, 單位保存法, 測度法, 實質速度、加速度等之說, 陪克特兒【示方位及長線之義。】表示法, 和特克刺布【謂所接續, 發於點速力之度, 與示方位線之端之弧線。】, 牛董氏運動律, 應逼力, 運動理論動靜學及靜勢學之別。靜勢學課目, 力之組成及分素, 力率, 雙力, 散布力, 重心, 等布力及等變力, 平面惰力率, 液汽兩體之抑壓, 水壓機, 浮體之平均, 摩擦, 摩擦定固, 帶類摩擦, 動勢學, 力之完全測度, 勢力及動作, 勢力之保存, 動力率, 衝突, 分子回轉, 圓錐形的擺振, 單純循軌動, 單純擺子, 固體回轉, 受壓心性質, 集成擺子, 實質通動, 特蘭倍兒氏律, 移抵抗力及惰力於導點運動理論, 運動理論中之雜律, 瞬時軸, 回轉及直線動之組成, 瞬時軸畫線, 自由運動及緊

縛之度, 依連鎖機直線動。以上課, 工學、採鑛學、物理學、數學及星
學, 諸生徒, 且時設適實問題, 使之於敎室或私室解明之, 以習熟應用
重學之理於工學上。後所記諸科, 亦然。

物質强弱論: 工術用材料之製造及供辨法。

木材: 木材生長及伐材法, 木材乾晒及保存法。

鐵: 製鐵爐, 銑鐵種類, 製鑄爲鍊鐵法, 鐵車, 鍊鐵種類。

鋼: 和炭鍊鋼法, <u>陪斯摩氏</u>、<u>細眠氏</u>及<u>數氏</u>鍊鋼法, 鐵及鋼中混和
物, 燒鍛法、燒硬法及燒鈍法, 他金屬及合金, 砂土鑄造法, 鑄物冷硬
法, 物質試驗, 試驗器, 恒久重量、變更重量及急加重量之結果, <u>渦刺
兒氏</u>之試驗, 保安因數, <u>佛克氏</u>之律, 試驗上確定不變數, 論機械及結
搆之强弱, 足負其形狀與應逼力否。材力數理, 大抵收之於第三年所
課, 結搆强弱論中。

第三年所履修課目有三。第一, 結搆强弱論。第二, 熱動力及蒸氣機
關學。第三, 機械學。

結搆强弱論: 强弱定固及支桿繫柱計畫法, 橋及屋背架構, 串孔關
節, 釘縫接合法, 木工梁及聯結梁接合法, 連梁, 任轉扭軸, 汽鑵鐵甲
及汽鑵鐵管, 懸鎖及懸橋, 鐵製彎梁, 擁壁烟突等。

熱動學及蒸氣機關學: 勢力之保存變形及消耗通論, 天然勢力之源,
驗熱及溫度法, 驗溫器分度法, 熱之移動、導熱、交換之理, 物體上熱
之作用, 體內及體外之動作, 比熱, 潛熱, 蒸氣及瓦斯[5]之性質, <u>保以兒
斯</u>、<u>查理</u>、<u>如兒斯</u>三氏之律, <u>額諾氏</u>動作循環律, 反用熱機關, 功力制
限, <u>斯太凌氏</u>及<u>愛犁克遜氏</u>空氣機關, 蒸氣膨脹, 實際及推測視脹圖,
筒套, 加熱蒸氣, 復箭機關, 汽鑵及凝汽器等所要水量計算, 算定機關
功力之法, 爐鑵製作及功力, 燃料, 蒸氣配分法, 汽筒器, 鏈鎖機運動,

5　瓦: 저본에는 '凡'으로 되어 있다. 문맥을 살펴 바로잡았다.

拒絶弇, 節速器, 自動阻汽器, 蒸氣機關各成及其製作詳解, 起動諸器. 熱動理論部, 要第三年第一學期中, 卒之.

機械學, 工場諸工具, 機械所用工具, 機械運動之理, 機械摩擦功力, 機械計畫. 課此科之間, 要常示所備於工學職場之工具及機器於生徒. 機械工學生徒, 至第三年末, 使之在橫須賀造船所[6], 九月間, 親執工事, 以實驗機器工具之使用. 歸校之後, 第四年中, 使之計畫機器及作卒業論文.

教科書參考書. 第二年: 蘭均著《應用重學》, 他唎遜氏、底土氏合著《物理學》, 麻季斯維兒著《物質及運動論》, 諳特兒遜著《物質强弱論》.

第三年及第四年: 蘭均著《應用重學土木工學及蒸氣機關學》, 可特利兒著《蒸氣機關學》, 麻季斯維兒著《熱學》, 設列著《工場機械說》, 克特布著《器械學》, 曼尹著《機械計畫法》, 利克著《蒸氣機關論》.

圖學

圖學課程, 爲三年. 蓋生徒, 在豫備門, 已習自在畫學. 故入本部, 則專授機械圖法. 第一年, 授幾何圖法, 附以問題, 使之應用肄習.

第二年, 就他畫圖或模型, 敎機械圖.

第三年一學期, 授着色機械圖; 第二學期, 授橋梁及土木工業圖; 第三學期, 授着色地誌圖.

本部, 所以敎此科之旨, 在授作各學科成業上, 所必要各般圖之法. 故各生徒, 所演習課業不同, 因今不載之.

金石學及地質學

理學第一年, 專授金石晶形學之要領. 金石物理上, 卽光線上之性

---

6 橫: 저본에는 '橫'으로 되어 있다. 실제 지명에 의해 바로잡았다.

質, 堅度、比重及化學的之性質。金石分類法, 而所最要於金石之詳
記。據答那著《金石學書》, 旁附適切於實地化學的之反應, 其係本邦所
産者, 併載其産地。

次金石學講義, 以地質學講義, 以示地毯全部之要領、地質上之顯
象、地毯之構造說、其變動及溫度比重等。地質學中, 屬石質部巖石
之講義, 特加詳細。所謂構造地質學部, 自山嶽之構造, 至巖石之浸
蝕、火山力、山脈之構造、地殼變體, 凡百地毯上活動勢力之理論是
也。又第一年, 講授地質沿革論之大畧。

第二年金石學, 易答那著《金石學書》, 以同氏著《金石學敎科書》, 詳
論晶形理論, 化學上金石符號式、金石諸性以及稀生物。而至所關金
石種族, 異質同形及同質異形諸物部, 則殊使注意。

金石識別學, 專主實地, 使生徒, 得一目判知緊要金石之捷迳, 其法
之口授。雖無所遺, 至吹管分析, 則敎授有其人, 故不必詳講其義。但
所必要於識別之化學、物理學、晶形上之性質, 反覆敎授, 無得遺漏。
蓋吹管反應, 爲識別法中最緊要者。其書, 爲窩以斯巴比 著《英文識別
表》及答那著《金石學書附錄識別表》。

同年, 地質沿革論, 論辨關水成層、火成層、礦道等諸構造, 隨自然
年代之順序。而水成構造中, 迸此順序者, 卽如無生跡層、太古層、中
古層、近古層, 皆盡其說, 使生徒, 得暗熟巖石及化石。又講義中, 務
傍引日本所産巖石及化石之說。且參用答那著《地質學書》。地質學及
採鑛學三年生, 以第二年級, 不授此講義, 本年授之。

製地質圖及測量地質講義, 當於第三年授之。然三年生, 以其第二
年已修是業, 本年特授地質沿革論。

石質學, 特明敎示之, 以爲他日下手於巖石, 顯微鏡查察之階梯。而
敎授, 因所自撰之方法敎導之, 不別用敎科書。但務參考英吉利、佛
蘭西、獨逸書, 特引用答那氏《地質學書》。

古生物學講義, 占本學年教課之一大要部。而先發端於人類, 自哺乳動物、禽類與匍匐動物、水陸兩生動物及魚類, 至有脊骨動物說。次自節足類【羽蟲、蜘蛛、蟹類】, 海盤車【海膽等】, 亞尼剌以笞【蛭、蚯蚓等】, 百理瑣亞及佛剌幾沃百笞等說, 及軟體動物。蓋此動物者, 以緊要於地質學者, 教授之費多數時間。而後自細廉特剌笞【珊瑚、海綿】、普洛多瑣兒說論及生物學中第二部古生植物學, 其他解明自動物各部發生年代及其發生如何之說。至各種動植物化石, 定斷巖石之時代, 呈何等良效, 傍詳悉此動植物化石, 在動植分類, 占何等地位。

地質學, 教員, 時率生徒, 巡檢其方土。使就實地研究之, 且專就實地, 示製地質圖法。而後不止實驗, 兼授講義。又使本年生徒, 因石質學及古生物學講義所示方法, 就實地識別巖石及化石。

第四年所授, 講義之人要。本年所履習石質學, 用顯微鏡爲其實驗及講義。且擧第三年所畧示, 更細論之。古生物學, 因教授之指示, 使實驗之, 且特就化石詳論之。蓋此講義, 專令甄別種類。識別巖石與識別化石, 同一從事用顯微鏡。

本年中, 實地敎導課目如左。第一, 測量地質、製地質圖講義及實修巡驗地質, 是也。但其講義中, 加表面地質學。以是學, 緊要於測量地質也。第二, 應用地質學講義, 是也。其目如左。甲: 當供普通實用物質概論【金石、巖石、山嶽】。乙: 壓力之作用, 因巖石凝聚力、堅度、吸濕性及構造致變異之槪論。丙: 論必要於百般事業物品, 卽水、石材、粘土等之功用。丁: 論土壤或表層巖石之性, 大關農業上。以上所記, 應用地質學講義, 不獨止地質學, 採鑛學生, 亦要授之工學生。故歷進本論之前, 豫敎示金石學及地質學之大要, 所不得已也。

敎科書參考書: 笞那著《金石學書》及《金石學敎科書》, 弗剌瑣兒譯、窩以斯巴比著《識別金石表》, 笞那著《地質學敎科書》及《地質學書》, 尼苛兒遜著《古生物學》, 烏特窩兒德著《軟體動物論》, 來冶兒著《地質原論》及《地質學初步》, 彼日著《應用地質學》, 刺他列著《石質學》, 知兒傑兒著《石質學及金石、嚴石顯微鏡查察法》。

冶金學及採鑛學

第一, 冶金學。普通冶金學: 冶金學沿革署史, 諸金及合金類之性質, 諸冶金施法, 冶金用之物質及燃料, 冶金用之器械, 冶金上製出物, 冶金上廢棄物。應用冶金學: 鉛、銅、銀、金、白金、汞、亞鉛、加土慕毋、錫、砒、安質毋尼、蒼鉛、格巴兒土、尼傑兒、鐵及他冶金法。

第二, 採鑛學。有用鑛物發現之狀況, 探鑛試鑿及檢定鑛脈斷續、長短等, 鑛夫之手業及用具, 鑛山之開坑準備及操業, 保存鑛山方法【支柱及造壁】, 地中運搬法, 直坑昇降法, 坑內通氣及點燈法, 消防坑內失火法, 坑內疏水法。

第三, 冶金及淘汰實驗。冶金實驗場, 列置小反焰焙燒爐一個、鎔鑛及蒸鎦爐數個。淘汰實驗場, 列置木製舂一個【三個杵附】、汰板一個、碎石機一個、圓筒狀篩一聯、水力分類篩一個及雜器。以上供實驗鑛石, 取之左所記鑛山。生野及佐渡金銀鑛, 院內、輕井澤及小坂銀鑛, 別子及生野銅鑛, 宇陀汞鑛, 政所鉛鑛, 谿山錫鑛, 中小坂鐵鑛, 天草安質毋尼鑛。探鑛學生徒, 以右所記之諸鑛付之, 實驗上鎔冶淘汰, 宜考適宜方法, 且檢定金屬分之消耗等。製鑛上或得新法, 則實驗之, 証其適否。凡欲知關製鑛方法者, 得輸送其鑛塊於本部, 乞指敎。

第四, 冶金及採鑛器械, 幷工場之計畫。採鑛學生徒, 製冶金及採鑛用諸器械圖, 附以供用物質之量及實施所要經費豫算表, 又製造右諸器械摸型裝置之採鑛學列品室。使優等生徒, 計畫所適於鎔製鑛工場裝置, 又備外國產諸物價表, 使知之。補[7]口授講義, 以諸器械模型圖面、標品、鑛石及鎔解物塊片等【不問本邦產與他國產】。 凡摸型及圖面數, 追日增加, 就中勉蒐集成于本邦人手者。

冶金學所用參考書: 巴洛克散著《金屬論》, 綠林烏土著《冶金學》, 蘭保倫著《銅鑛冶金法及金銀冶金法》等。

試金術及吹管分析術。

採鑛、冶金學及化學, 第四年級, 授試金術講義, 且使之實地試驗。但化學生, 止試驗金、銀、銅、鉛耳。採鑛、冶金學, 第三、第四兩年間, 講授吹管分析術, 且使生徒, 爲檢質及定量吹管分析。地質學第二年生, 亦講授吹管分析, 但止授檢質分析耳。教科書, 普刺多尼兒著《吹管分析法》。

哲學

論理學及心理學之原理, 以緊要於凡百學術。法、理、文學部, 第一年, 各自專修科目外, 特授此二課目。教科書: 澌猛著《論理學》, 白印著《感覺智力論》。

文學第二年, 使生徒, 研究心理學。稍涉形以下者及哲學、生理學原理, 知心體所以相關係, 與意識體樣所以相並行。本年, 又授底加耳特氏、彼該兒、斯邊設兒諸氏著《近世哲學史之概畧》。其意, 蓋在示歐羅巴近世哲學史者, 一理貫徹上進, 而適學生論理學上思想之進步。且授此業, 專主口授, 使審會得各種哲學論之要領。故學生, 當後來讀諸家著作, 得容易窺其蘊奧, 又觀今古純精哲學論文, 則得一據哲學本理, 批評之。教科書: 白印著《心理學》, 加兒邊太耳著《精神生理學》, 斯邊設兒著《原理總論及生物原論》。參考書: 莫斯列著《精神生理及病論》, 亞白兒克倫庇著《智力論》, 伯格兒著《創造史》, 設維克列兒著及祿以斯著《哲學史》, 伯尹著《近世哲學史》。

---

7 補:저본에는 '補'로 되어있다. 문맥을 살펴 바로 잡았다.

第三年, 講近代心理學、哲學之緊切結果之大要而後, 使生徒專研究道義學。教科書: 白印著《心理學及道義學》, 斯邊設兒著《道義學論料》, 亞立斯特德兒著《道義學》, 西跏維克著《道義學》。參考書: 本唐著《道義及立法論綱》, 彌兒著《利學》, 巴多列兒著《人性論》, 甘多著《道義論》, 福布斯著《西設洛德啞布沙埃》【書名】。

第四年, 分講義爲二種。其一, 專授心理學及近世哲學諸論說中, 較著明者。其他, 使研究人類與下等動物之心力比較, 太古與文明時代之人心變遷, 動物及人類陳情語、摸擬語及其修文變遷等諸題。教科書: 斯邊設兒著《心理學》, 彌兒著《哈迷兒頓氏哲學》, 希斯傑著《萬有哲學》。 參考書: 答兒尹著《生物原始論》、《人類原始論》及《情思發顯論》, 路易著《哲學史》, 低洛爾著《原民社會論》及《太古人類史》, 路本著《開化起原論》, 列傑著《歐士明理說》, 斯邊設兒著《萬物開進論》及《新論文集》, 彌兒 著, 《論文集》。

其二, 授哲學上思想沿革史, 憑擄特加兒、斯巴印撒、伯克列、甘多所著書。且學年一部, 令研究純理學。教科書及參考書: 特加兒著《哲學及迷知底戎》【書名】, 斯巴印撒著書, 甘多《純理學》, 傑牙特著《甘多氏哲學》, 麻保希著《甘多氏純理論》, 彪睦 著《人性論》, 列特著《心理論》, 窩列斯著《海該兒氏論理學》, 路易著《哲學史》, 餘白兒維克著《哲學史》, 彌兒著《哈迷兒頓氏哲學》。

政治學

政治學科, 涉二年。

第三年級, 授本科初步。始于世態學之誦讀口授, 使生徒, 知人生社會爲一活物, 成於繁雜組織, 其構造效用, 紛繁無限。非就其本源與進步之狀況, 而深研究之, 輒不可明瞭, 次之示政理者, 本原於純正哲學。故口授哲學, 使生徒, 知今日諸家論說, 所以適實際而後, 始入政理核論。研究倫理，政理諸說，以漸究其蘊奧。其所用書如左。斯邊設兒著《世態論綱》，巴西墨著《物理政治相關論》，默兒干著《古代社會論》，斯邊設兒著《政理論》，烏爾斯著《政治論》。

第四年級，政治學科，爲可卒業生徒設之，使專究政理蘊奧。始于係國家性質、國民權利諸說。次就理論或實際上，講明自由之理，併說政府效用，兼涉憲法史，推究今日文明諸憲法。終于略論就後來可期起社會組織之變遷，可期望之要件。又本科生徒，爲他日修卒業論文，別令有所學修。其所用諸書如左。烏爾捨著《政治論》，利伯兒著《自治論》，彌兒著《自由論》，斯知分著《自由辨》，哈理遜著《順序及進步編》，彌兒著《代議政體論》。

理財學

理財學科，涉二年。第三年級，先授其綱領，以爲他日所使精研之豫習。而其目的，固非專修一學派之說，而在特就理財學上，誘掖獎勵學生之推考，使其得批評斷定諸家異說之學力。教科書及參考書：彌兒著《理財論綱》，麻克安編纂、傑列著《世態論》，蟇亞倫著《理財論法》，淛啞著《貨幣論》，蟇亞倫著《理財新說》，牡文著《米國理財論》。

第四年級，理財學科，爲使現可卒業生徒，專修之所設。而其二三論題，係講究所緊要於本科，勞力租稅法、外國貿易、銀行法、貨幣論等。又生徒，尋常科書之外，別以所研究從事於策文著述。教科書及參考書：麥列惡特著《銀行論》，坷閃著《外國兌換法》，渦迦著《貨幣論》，心納著《米國貨幣史》，蟇亞倫著《理財新說》，捌斯打著《米國租稅法》，麥家洛克著《租稅論》，梭倫頓著《勞力論》，排兒斯著《自由貿易辨》，巴斯知亞著《保護稅辨》，撒奈著《米國保護論》。

和文學

法、文學第一年級, 使學《語彙別記》及《神皇正統記》。本級第二科生, 卽和漢文學生, 別講授《竹取物語》及《枕草紙》。

文學第二年級, 第一科生, 講授《竹取物語》及《枕草紙》。第二科生, 講授《大鏡》、《源氏物語》、《增鏡》, 又使生徒質問《續世繼物語》。

第三年級, 第一科生, 敎《源氏物語》、《萬葉集》。第二科生, 講前年所修《源氏物語》, 更講授《古事紀》、《萬葉集》, 且使生徒質問《古語拾遺古今集》。

第四年級, 第二科生, 講授前年所修《古事紀》、《萬葉集》, 使生徒質問《六國史》、《類聚三代格》。最後三年間, 隔月一回, 使作和文及和歌。

爲生徒, 欲以餘暇讀正課外書者, 槪定其書籍如左。但爲第一年生, 所指示書, 略之。第二年:《十訓抄》、《宇治捨遺》、《古今集》、《源平盛衰記》、《土佐日記》。

第三年:《續日本紀》、《萬葉集》【卷三以下】、《水鏡》、《增鏡》、《作文章》。

第四年:《日本書記》、《日本後記》、《東鏡》、《讀史餘論》、《太平記》、《詞玉緖》、《詞八衢》、《詞通路》。

漢文學

法、文學第一年級, 使輪讀《史記》。本級第二科生, 加之以輪講《孟子》、《論語》。

文學第二年級, 第一科及第二科生, 使輪讀八大家文。第二科生, 加之使輪講《左傳》, 質問《資治通鑑》。

第三年級, 第一科生, 使輪講《左傳》; 第二科, 使輪講《大學》、《中庸》、《詩經》、《韓非子》、《荀子》, 傍質問《宋元通鑑》。

第四年, 第一科生, 講授《詩經》及《書經》, 但其學否, 從生徒所望。

第二年生, 講授《易經》及《莊子》, 使輪講《書經》及《老子》, 且質問《明朝紀事本末》。第二科, 每月二回, 使作詩文。其他各級, 每月一回, 使作文。但第四年第一科生, 隔月一回, 使作文。

爲生徒, 欲以餘暇讀課外書者, 槪定其書籍, 如左。

第一科:《大學》、《中庸》、《論語》、《孟子》、《資治通鑑》、《宋元通鑑》、《明朝紀事本末》。

第二科:《漢書》、《後漢書》、《三國志》、《唐書》、《五代史》、《國語》、《戰國策》。

史學

第一年課程, 法學第一年級生與文學第一年級生, 共可學修之。但本級生徒, 以旣學得《萬國史大意》。第一學期中, 專講英國史, 第二學期, 講佛國史。敎科書:《英國史》, 斯密士著《佛國史》。參考書: 克林著《英國史》, 斯答布著《英國憲法史》, 蘭比著《英國史》, 麻方著《英國史》。

文學第二年, 使研究英國憲法及史論要旨。憲法參考書, 如左。斯答布著《特許典例類纂》, 哈婪著《中世史》及《憲法史》; 米耶著《憲法史》, 維兒西斑特著《斯底特多剌亞兒斯》【書名】。 史論參考書: 米印著《古代法律及制度沿革史》, 季素著《文明史》, 斯邊設兒[8]著《世態學》及《萬物開進論》, 布利曼著《史論》, 巴來西著《羅馬史》。

文學第三年, 專修課目, 爲希臘、羅馬二國史。敎科書: 斯密士著《希臘史》及《羅馬史》。參考書: 克老多著《希臘史》、加兒知西著《希臘史》、門閃著《羅馬史》、米利巴兒著《帝政羅馬史》、芝般著《羅馬盛衰史》。

文學第四年, 講授所關各國諦盟條約及列國交際法之問題, 歐邏巴及亞細亞近世史。且使生徒, 作論文。

---

8 斯邊設兒: 저본에는 '斯邊設色'으로 되어 있다. 다수의 용례에 의해 바로 잡았다.

英文學

英文學專修之前, 先要容易談英語、讀英文、綴英文。

生徒之專修本課也, 先使之就敎科書, 通曉英語及英文學史。而後敎員, 時撰拔敎科書中之數部, 使生徒讀之。又以筆記試業, 檢生徒學力進否。其法, 付諸家名文於生徒, 使之加批評, 且誦讀, 且釋解之也。其文, 必取全備者。

文學科, 常使生徒作論文, 且爲批評。至其終期, 隨時宜使生徒, 更讀尋常文章家所作文, 而批評析剖之。每月, 試生徒之優越以筆記試業。敎科書: 克列屈氏著《英語及英文學史》, 斯比廉著《英文學大家文集》, 格列克訓解、設克斯比亞著《該撒》, 格列克及來多訓解、設克斯比亞著《罕列多》、《麻占多·阿霏·威尼斯》、《查理第二世》【書名】, 來多訓解、設克斯比亞著《京理牙》【書名】, 慕理西訓解、獨秀著《布魯洛克安多內土的耳》【書名】, 幾顚訓解《彌兒頓詩集》, 克利斯的訓解《德來定詩集》, 彌倫訓解《戎遜文集》, 比印訓解《巴兒克詩集》, 伽利非斯訓解《顧巴詩集》。

佛蘭西及獨逸語

法學生, 使學佛蘭西法律。故前二年間, 使攻修佛蘭西語。又理學部、文學部, 使各生徒, 二年間, 撰脩佛、獨兩語中之一語。但文學第二科生, 則不然。蓋當其專攻各自所撰學科, 廣索援引, 便得佛蘭西語或獨逸書中之諸說也。其各級所用敎科書及自讀書, 如左。甘荷多著《英獨對譯文典》、琉便及納䇦合著《獨逸讀本》、隨多列兒著《理學書》, 刺麻多著《佛蘭西讀本》, 巴蘭瑣著《佛蘭西會話篇》, 努耳及殺撒合著《佛蘭西文典》, 果力著《佛蘭西讀本》, 彼揉努著《佛國史》, 烏兒德兒著《路易第十四世紀》, 希內龍著《特列末漫遊記》, 低刺克耳秩著《佛國政典》。

諸學部規則

一。學年, 九月十一日始, 七月十日終。

一。學年, 分三學期。第一學期, 自九月十一日, 至十二月二十四日; 第二學期, 自一月八日, 至三月三十一日; 第三學期, 自四月八日, 至七月十日。

一。冬期休業, 自十二月二十五日, 至一月七日; 春期休業, 自四月一日, 至七日; 夏期休業, 自七月十一日, 至九月十日。日曜日及國祭祝日。

一。入學之期者, 每學年之始爲一回。但依時宜, 第二及第三學期之始, 或許入學。

一。本部, 可入第一年級者, 其齡, 十六年以上。可入第二年級者, 其齡, 十七年以上。其餘準此。

一。本部, 可許入第一年級者, 豫備門卒業者, 若於該門, 施試業之等, 有以學力爲限。

一。望入於第二年以上之級者, 先入第一年級, 必需諸料目之試業, 尋其欲入級之合格不合格, 以定入級之許否。或嘗修業於他大學校者, 因其本部證書, 施該課目試業。

一。望於入學高等級者, 如非第四年級第一學期之始, 不許之。

一。學年試業, 六月二十一日爲始, 本學年中, 履修諸課目試業。

一。學期試業, 第一及第二學期之季週中, 於本學期內, 履修諸課目試業。第三學期, 於 卒學期試業。

一。課目之學期評點, 每學期之終, 通計學期課業及學期試業之兩評點, 均一以定。

一。課目之學年評點者, 於學年之終, 三學期課業及試業, 平均之數, 以二乘之, 加學年試業之評點, 以三除而得之。

一。於每學期之終, 各教授者, 受持生徒之課業評點, 及試業評點,申報於綜理。

一。於第一及第二學期之終, 必隨學業之優劣, 而列次之於各生徒之級表, 詳載各課目之學期課業評點及試業評點。學期評點, 卽一課目評點平均數, 與諸課目平均數而可揭示之。亦於學年之終, 同上又詳記各課目之學期評點平均數, 學年試業評點數, 學年評點數, 幷諸課目評點平均數, 揭示級表, 每年印行本部一覽之中, 各生徒之姓名。

一。學年之諸課目評點平均之數, 順次記載。

一。本部, 一學科卒業者, 於法學部, 法學士; 於理學部, 理學士; 於文學部, 文學士之學位授與。

一。學位, 於其學年之終授與。

一。本部之學士, 旣爲卒業, 而更欲硏究其學者, 依願許之。

一。各學部第二年級已上之諸課目中, 撰一課目與數課目, 欲專修者, 許應各級正科生欠員之數。惟其英、佛、獨語, 和漢文學及日本法律者, 使不得撰。

一。生徒之費用, 合計受業料、食料、炭、薪、油等。一學期所費, 金十八圓以內。

一。受業料, 一學期金四圓。每學期之始, 其一學期, 分納于本部會計掛。而若有事故缺課或退學, 則旣分納者, 更不還付。

一。生徒中學力優等, 行狀端正, 有將來成業之目, 而貧不能遂其志者, 限其入舍之乞, 依其願詮議之後, 給付學費, 稱以給費生。

一。給費生, 卒業滿三年後, 每月已用金五圓, 還報納付。而從受來之給費金, 全額畢納。

一。但三年之內, 雖納報謝, 得資力者, 自其時, 納報謝。

一。給費生, 若罹疾病, 或因他事故, 自請退學, 而或於學期及學年試業, 不參, 且不爲出席於次學年第一學期試業, 仍爲退學者, 使卽時納給費金。

綜理二人, 敎員五十人【本國人三十八, 他國人十二】, 生徒二百八人【學資金, 每月 自五圓至四圓。官給, 一百四十六人。】。

大學豫備門

沿革

七年, 分東京外國語學校英語科, 創一校, 命爲東京英語學校, 隷文部省。其敎則, 爲上、下等二科: 上等生, 專修語學; 下等生, 修進上等之前課。但卒下等語學之後, 進於上等語學, 爲主旨。入開成學校, 爲專門科。十年, 更屬東京大學, 改稱大學豫備門。

敎旨及課程

一。本校, 屬東京大學。爲生徒欲入法、理、文學部者, 博授普通學科, 爲之豫備。

一。本校課程, 爲四年, 因設四階級。生徒卒業者, 得入大學, 擇修法、理、文之一科。學科之課程, 其目如左。

第一年第四級

第一期: 英語學【讀方、綴文、文法、釋解, 每週十一時】, 數學【算術, 每週六時】, 畵學【自在畵法, 每週二時】, 和漢書【《日本外史》, 每週五時】。

第二期、第三期: 竝同上。

第二年第三級

第一期: 英語學【讀方、文法、作文、釋解, 每週十一時】, 數學【算術, 幾何總論, 每週四時】, 地理學【自然地理, 每週三時】, 史學【萬國史畧, 每週三時】, 畵學【自在畵法, 每週二時】, 和漢書【《日本政記》, 每週五時】。

第二期: 數學【代數、幾何】, 其他竝同上。

第三期: 竝同上。

第三年第二級

第一期: 英語學【修辭、作文、釋解、講演, 每週九時】, 數學【代數、幾何, 每週六時】, 史學【萬國史, 每週三時】, 生物學【生理, 每週三時】, 畵學【自在畵法, 每週二時】, 和漢書【通鑑擥要正篇, 每週四時】。

第二期: 畵學【用器畵法】, 其他竝同上。

第三期: 生物學【植物】, 其他竝同上。

第四年第一級

第一期: 英語學【英文學、作文、釋解、講演, 每週七時】, 數學【代數、幾何, 每週六時】, 物理學【重學、乾電論、水理重學, 每週三時】, 生物學【動物, 每週三時】, 畵學【用器畵法, 每週二時】, 和漢書【《通鑑擥要·續篇》、《文章軌範》, 每週四時】, 第二期: 數學【三角法】, 物理學【熱論、光論】, 化學【無機, 每週三時】, 其他同上。

第三期: 物理學【磁力論、濕電論】, 理財學【大意, 每週三時】, 其他同上。【但第一期, 無化學、理財學; 第二期, 無生物學、理財學; 第三期, 無生物學。數學, 第二、第三期, 每週三時。】

教科細目

第一年

讀方【每週二時】。

教科書用占弗兒著《讀本》卷三、卷四。

第一學期, 使生徒, 正狀貌, 明發音。

第二學期, 敎文法上之停節, 且自一語詞至一句一章, 正發音, 漸擴進誦讀之範圍。

第三學期, 爲抑揚音聲, 使聽者感動, 所讀之書, 令詳解其意。

綴文【每週四時】。

第一學期, 令生徒, 就設題綴單文, 寫之黑板上, 教員正其誤謬。又每月一回, 令諳記普通語。

第二學期, 授業法, 同前期。而教員故加俚俗語, 且說明其意義。每月一回, 令諳記其語, 又日練習會話。

第三學期, 授業法, 同前期。而特摘示和、英兩語組成自異。故作文上致誤謬者, 令常注意於此。但諳記會話, 同前學期。

英文法【每週二時】。

教科書用弗羅翁著《英國小文法書》。

第一學期, 教以可用綴單文之語詞、品類之區別。又令生徒, 練習英國常用語之話法及文法上之語詞與別類同義之句。

第二學期, 教以語詞變化法。練習法則, 同前學期。

第三學期, 講簡單作文法之義及正文章誤謬。

釋解【每週三時】。

教科書用斯維頓著《萬國史畧》。

第一學期, 教小引古代東國及希臘部。

第二學期, 教羅馬及中古部。

第三學期, 教近世部。而其授業法, 每學期, 稍有異同。然教員, 專以邦語譯講, 令生徒, 解其意義。

數學。

教科書用路敏遜著《實用算術書》。

第一學期, 教自貨幣算至諸等。

第二學期, 教自諸等至百分算。

第三學期, 教自百分算至比例, 而授必要釋義。又就教科書, 說明生徒所不能解者, 且揭問題解釋於黑板上, 令生徒辨明之。

畫學。

第一、第二學期, 就圖畫範本之簡易者, 模寫諸器體、草木、花實、景色及人體。

第三學期, 摸寫諸器形體及諸物體, 令其實用自在。

和漢書。

教科書用《日本外史》。

通三學期, 令生徒, 先溫讀教科書而後, 教員講之。又兩週間, 一回設課題, 令作通俗所用手簡文。

第二年

讀方【每週二時】。

教科書用由尼恩《讀本》四卷。

第一學期, 詳解說文法上之停節, 又令畧會得修辭上之停節。

第二學期, 令生徒, 特練習聲音之調和。

第三學期, 令生徒, 用意姿勢、行動, 以爲他日學講演之階梯。

英文法【每週二時】。

教科書用伯羅恩著《英國大文法書》。

第一學期, 令生徒, 復習語詞之區別及變化法, 而解說語詞之本原及連語、助語。

第二學期, 授位置詞之慣用法, 動詞時之連續法, 直接及間接之引用法及一般語詞之品類等。

第三學期, 說明分別文章及綴成文章之法, 且摘錄他書章句, 令批評之。通三學期, 旣習之文法上規則, 以爲實用讀本中撰擇其的例, 令練習之。

英作文【每週四時】。

教科書用格賢勃著《作文階梯書》。

第一學期, 教句點及作文法。又令就通常課題, 用普通語詞, 書簡單文章於黑板上, 敎員, 於生徒前, 校正之。

第二學期, 其授業法, 與第一學期大同小異, 稍高尙其課業。令生徒, 記規則外語詞及話法於手簿。又設諸口述課題, 令爲之答詞, 蓋爲令慣速解釋應答敎員之問也。

第三學期, 更進課業一層, 以就高尙。

釋解【每週三時】。

敎科書用《讀本》。

第一、第二學期用由仁恩《讀本》卷四。 第三學期用占弗兒《讀本》卷五。其授業法, 敎員以邦語講說, 或令生徒譯讀, 以進達解意義之力。

數學。

敎科書用盧敏遜著《實用算術書》、來土著《平面幾何書》、突土蕃太兒著《小代數書》。

第一學期, 卒算術, 敎幾何總論。

第二學期, 卒幾何第一卷, 授自代數之始至最小公倍數。

第三學期, 卒幾何第二卷, 授自代數、分數、約方至一次方程式。其授業法, 算術及代數學, 試問前回所授之諸課而後, 說明次回之課業。
猶有餘暇, 則設卽題或宿題, 令莫懈練習。

幾何學, 從敎科書之序, 反覆講明其理義, 令生徒, 諳記名稱、解釋
及定論等。

地理學。

敎科書用莫耳列著《自然地理書》。

第一學期, 授地毬論。

第二學期, 授空中現象論。

第三學期, 授海洋現象、海中生物論及陸地物産、陸上生物論。其
授業法, 不止敎科書, 揭數種課題, 或示實物, 說物象互有關係, 不必
要令生徒, 諳誦敎科書。

史學。

敎科書用斯維頓著《萬國史畧》。

第一學期, 授太古東國及希臘史。

第二學期, 授羅馬及中古史。

第三學期, 授中古開化史及近世史。其授業法, 使生徒諳記緊要事
項, 敎員設問, 試其應答。又敎科書中, 所漏泄, 參攷他書, 摘出口授之。

畫學。

修業法, 通三學期, 令生徒, 原遠近法之理及用法, 陰影法, 形體、
景色、草木、花果、人體及動物彫像, 四支、顏面之比較法及骨骼等,
而練摸形臨寫之術。

和漢書。

教科書用《日本政記》。

授業法, 通三學期, 與第一學年, 大同小異。但進課業一層向高尙。
又二週間一回, 設課題, 令倣漢文體, 而雜假字之文。

第三年

修辭【每週四時】。

教科書用格賢勃著《英國作文及修辭書》。

第一學期, 授英語沿革之槪畧、句點法及譬喩用法等。論文, 同第
二年作文法。每週一回, 令習快滑讀方。

第二學期, 敎文體及詩律篇。且令就商業及交誼上諸題作通信文,
敎員臨場添削之。又每週一回, 令講演。

第三學期, 復習第二學期課業。且論文加高一層。

釋解【每週三時】。

教科書用論文。

第一、第二學期, 用摩呆列著《窩連希斯陳》【書名】。

第三學期, 用摩呆列編《巴羅無憲法史評論》。其授業法, 使生徒, 講
義論難。其不能解釋者, 敎員爲之譯講, 明其意義。

數學。

教科書用來土著《平面幾何書》、突土蕃太兒著《小代數書》。

第一學期, 幾何, 第三卷自卷首至第四章。代數, 自二次方程式, 至
有奇數。

第二學期, 卒平面幾何及代數初步。

第三學期, 令復習平面幾何及代數。總使生徒, 講明前日所授課業或

就問題而解釋之, 而敎員正其誤謬。若生徒有疑義, 令之質問而後, 就敎科書[9], 授次回之課業, 又摘出他書或自設卽題或宿題, 令練習其術。

史學。

敎科書用弗利萬著《萬國史》。

第一學期, 自歐羅巴人種基源論至羅馬滅亡。

第二學期, 自歐羅巴各國興起論至西曆一千三百年間。

第三學期, 自西曆一千四百年間至近世。其授業法, 同第二年史學, 惟博衾諸書, 摘抄大小記事, 敎授之。

生物學。

敎科書用巴苦斯列、由曼合撰《生理書》, 玖禮《敎室及野外植物篇》。

第一學期, 授生理總論、血行機論、呼吸機論、排泄吸收論。

第二學期, 營養機論、運動論、五官効用論、神經系論, 以卒生理書。

第三學期, 敎植物大意。

生理授業法, 敎員講說敎科書, 時就摸塑人體骨骼及解剖懸圖, 解釋之, 使生徒通曉其理。植物學授業法, 敎員從敎科書所論之序, 講說敎授之, 使生徒解剖草木, 辨別其種屬。

畫學。

第一學期, 令生徒, 摸寫練習。第二年學修所未完備諸物景, 以卒自在畫法。

第二、第三學期, 令學平面幾何圖。敎員說明直線、弧線、多角形、其他高等弧線之所成, 使生徒就實地練習之。

---

9 敎科書: 저본에는 '敎課書'로 되어 있다. 문맥을 살펴 바로잡았다.

和漢書。

敎科書用《通鑑覽要 · 正編》。

通三學期, 使生徒輪講敎科書, 敎員正其誤謬, 且時發問難磨勵解釋
之思想。又每二週間一回, 設課題, 令作漢文或倣漢文體而雜假字之文。

第四年

英文學【每週三時】。

敎科書用諳太耳烏土著《掌中英國文學書》。

第一學期, 敎員講英語起原及開發, 又使生徒讀自兆佐兒氏, 時至
美耳頓氏, 英國著名文章家傳, 而學其文章。

第二學期, 敎員講英國戲作文之起原及其開發。又使生徒, 準第一
學期, 讀自美耳頓氏, 時至佐亞窩兒太兒蘇格氏, 著名文章家傳, 而學
其文章。

第三學期, 使生徒讀近世著名文章家傳, 而學其文章。

通三學期, 每月一回, 使生徒, 就學術上及通常之題作文, 又每週一
回, 令以英語講演。

釋解【每週二時】。

敎科書用論文。第一學期, 用斯邊設兒[10]氏《詞格論》。第二學期, 用
摩杲列氏《美耳頓》【書名】。第三學期, 用摩杲列氏所評論、摩耳加耳母
著《貴族古來伯傳》等。

授業法, 同第三年之釋解, 而生徒問難, 敎員講義, 在此級, 總用英語。

數學。

敎科書用突土蕃太兒著《大代數書》、維兒遜著《立體幾何書》、占弗

---

10 斯邊設兒: 저본에는 '斯邊設耳'로 나와 있다. 다수의 용례에 근거하여 수정하였다.

耳著《對數表》、突土蕃太兒著《小三角書》。

第一學期, 卒立體幾何及代數。

第二學期, 三角法自第一節, 至十七節。

第三學期, 自第十八節, 至卷尾, 卒三角法。

授業法, 同第三年數學。

物理學。

教科書用斯去亞土著《物理書》。

第一學期, 授重學、乾電論、水理重學。

第二學期, 授熱論、光論。

第三學期, 授磁力論、濕電論。

授業法, 教員自講說教科書, 又示各種實驗, 令生徒知物理所以確實。

化學。

教科書用盧斯杲著《化學初步》。

第二、第三學期, 教員先試問所日課於生徒。若不解其意, 不能答者, 教員自講說之, 時示各種實驗, 令明化學眞理。

生物學。

教科書用仁可耳遜著《教科用動物書》。

第一學期, 教員講說教科書, 或使生徒, 答所試問, 時就實物, 明所說之意。本學期中, 卒是業。

理財學。

教科書用和塞土著《小理財書》。

第三學期, 授業法, 教員原教科書教授之。而緊要課題, 博衆考諸

書, 拔其萃, 口授之。令生徒, 曉其要領。【此科, 唯於第三學期敎之。】

畫學。

第一學期, 授平寫圖法。

第二學期, 授陰影法。

第三學期, 授平行配景圖。其授業順序, 第一、第二學期, 敎員說寫形面之理及正寫面圖之本原, 令生徒練習之。至第三學期, 置諸種摸形, 使生徒測其大小, 以實施所旣學修之課程, 而畫單一製造圖。

和漢書。

敎科書用《通鑑覽要 · 續編》及《文章軌範》。

通二學期, 《通鑑覽要》生徒輪讀之, 而質其疑。《文章軌範》敎員講之, 使生徒解明文章諸體、諸則。又二週間一回, 設課題, 令作漢文。

大凡規則, 與大學校同。

主幹一人, 敎員二十四人【本國人二十一, 他國人三】, 生徒四百二十一人【學資幷自辦。】

大學醫學部

沿革

先是, 設種痘館, 以西洋醫術, 樹旌於江戶。後改稱西洋醫學所, 其冠西洋二字者, 所以別於漢醫學校也。遣人就和蘭, 學醫術。乃建病院, 敎生徒, 悉從和蘭方法, 後又單稱醫學所。至元年, 醫學校、病院, 共屬軍務官, 爲東京府所轄。二年, 合本校於病院, 稱醫學校兼病院,而屬大學校。後又稱大學東校。四年, 單稱東校。五年, 改稱大學區醫學校。七年, 改稱東京醫學校, 竝長崎醫學校於本校。十年, 始稱東京大學醫學校, 敎師多聘於獨逸及普國。定學科課程, 更設豫科、本科, 豫科敎則中, 置和漢學一科。

通則

一。本部, 爲敎醫學設之, 爲大學之一部, 文部省轄之製藥學敎場及醫院屬焉。

一。分敎科爲二: 曰醫學本科, 曰豫科。【但醫學, 關諸般學科, 故不修高尙中學之學科, 難解其眞趣。苟欲從事醫學者, 不可不豫踐履中學課程。然現今未有高尙中學校, 是以般設敎場於本部中, 敎高尙中學之學科, 名曰豫科; 隨專門醫學敎則敎之, 曰本科。】

一。豫科學期, 爲五年; 醫學本科學期, 爲五年。【但現今隨此學期敎者, 專用獨逸語。】

一。本部內, 別設敎場, 以邦語, 敎醫學諸科及製藥學。假名此生徒, 稱通學生。

一。生徒入豫科者, 其齡十四年以上, 二十歲以下, 小學課程卒業者, 許之。

一。豫科卒業者, 試驗後, 許入本科。

一。學期、休業、證書授與等規, 與他學校同。

豫科課程

五等第一年下級: 習字、綴字、算術、讀方、譯讀、和漢學。

上級: 讀方、文法、作文、地理學、分數、和漢學。

四等第二年下級: 文法、作文、地理學、分數問題、分數、和漢學。

上級: 文法、作文、地理學、比例、小數、和漢學。

三等第三年下級: 獨逸語學、算術、地理學、幾何學。

　　　　上級: 獨逸語學、算術、博物學、地理學、幾何學。

二等第四年下級: 獨逸語學、羅甸語學、博物學、代數學、幾何學。

　　　　上級: 與下級同。

一等第五年下級: 獨逸語學、羅甸語學、動物學、植物學、鑛物學、
代數學。

　　　　上級: 獨逸語學、羅甸語學、植物學、鑛物學、動物學、
對數、三角術、代數學。

本科課程

五等第一年下級: 物理學、化學、醫科動物學、解剖學。

　　　　上級: 物理學、化學、醫科植物學、各部解剖學、組織
學。

四等第二年下級: 物理學、化學、實地解剖學。

　　　　上級: 物理學、化學、顯微鏡用法、生理學。

三等第三年下級: 外科總論、生理學、生理學實地演習。

　　　　上級: 外科總論、內科總論及病理解剖、藥物學、毒物
學、製劑學實地演習、分析學實地演習。

二等第四年下級: 外科各論、病理各論、外科臨床講義、內科臨床
講義。

　　　　上級: 與下級同。

一等第五年下級: 外科各論及眼科學、病理各論、外科臨床講義、
內科臨床講義。

　　　　上級: 外科各論及眼科學、病理各論、外科臨床講義、
內科臨床講義、外科手術實地演習。

製藥學敎場規則

一。本場生徒, 非卒豫科課程者, 不許入學。

一。敎科爲三年。一級之課程, 爲六月。每期終, 試業。

製藥學本科課程

三等第一年下級: 物理學、藥用動物學、鑛物學、化學。

上級: 物理學、藥用植物學、無機化學、顯微鏡學。

二等第二年下級: 物理學、化學、藥品學、製藥化學、定性分析學。

上級: 物理學、有機化學、藥品學、製藥化學、定性分析學。

一等第三年下級: 製藥實地演習、藥物試驗實地演習。

上級: 藥局調劑實地演習。

通學生規則

本部中, 別設通學生敎場。醫學, 自三年半至四年, 製藥學二年, 是爲學科期。蓋爲齡已長, 無暇修外國語學、數學、羅甸學等者與有故不得久就學者, 以邦語, 敎其要領也。

醫學通學生學科課程

第一期: 物理學、化學、解剖學。

第二期: 化學、動植物學、解剖學。

第三期: 生理學、生理總論。

第四期: 藥物學、繃帶學、處方及調劑學、內科通論、外科通論。

第五期: 內科各論、外科各論、內科臨床講義、外科臨床講義、眼科學、診斷法。

第六期: 內科各論、外科各論、外科臨床講義、眼科臨床講義、內科臨床講義。

第七期: 內科臨床講義、外科臨床講義、婦人病論、產科學。

第八期: 內科臨床講義、外科臨床講義、裁判醫學、衛生學。

製藥學通學生學科課程

第一期: 物理學、無機化學、植物學。

第二期: 有機化學、藥品學、金石學、動物學。

第三期: 藥品學、製藥化學、毒物學分析法、調劑法。

第四期: 製藥局實地演習。

綜理二人, 教員四十四人【本國人三十五, 他國人九】, 生徒一千三百九十五人。【學資金一月, 自四圓至六圓。官給, 七十人。】

附病院規則

一。入院所費, 上、中、下等有分別。

一。上等、中等病室食料, 皆有差別。而至於藥品, 勿論上、中、下三等, 同樣治療。下等, 入院所費, 極其減數, 使實地治療, 爲生徒之演習, 教師及隨醫員之指揮, 俾無拘礙。

一。入院中, 不背醫院看病人之言葉, 堅守病室法度。

一。身體、衣服, 常時用心, 無至汚穢。

一。回診前, 不解帶類、鈕鈕等, 不離寐所, 可待診察之時。

一。回診中, 勿爲談話及多葉粉, 不作害病之事。

一。食物, 不得醫員之許諾, 不可自食。

一。室內, 不可高聲與讀書。

一。不得已有事出他時, 則可受醫員之指揮。

一。喧嘩口論及金銀貨借等, 一切嚴禁。

一。看病人, 金錢、物品等, 一切不給。

一。男女病室, 不可互相往來。而如有所觀事, 與看病人同行。

一。右之條目不守者, 卽爲退院。

一。捄助病者, 限一月, 藥與食物等, 一切自學校辦給。

一。有新入患者, 藥用法及病室諸規則, 仔細敎之。

一。器械與諸品物之可用於患者, 回診前準備, 及時無至窘跆。

一。藥瓶及膳具等, 精洗之, 患者所持物品, 無至破毀。

一。親族、朋友之爲看護來者, 若止宿於病室之內, 申告醫局。

師範學校

沿革

日主五年, 創設爲文部省直轄。六年, 置附屬小學校, 學就實地, 敎小學生徒之方法。當時本校, 爲專攻小學師範, 本科, 卽授業法之制。本科外, 更設餘科。至七年廢之, 改小學師範學科, 以豫修可爲敎員之學業, 爲豫科。豫科之學, 稍成後, 學授業方法, 爲本科。合此二科, 稱師範學校。

八年, 新設中學師範學科, 爾後幷置中小學師範學科。十二年二月, 釐革校制, 以類分諸學科, 爲格物學、史學及哲學、數學、文學、藝術之五學。又大別全科, 爲豫科、高等豫科、本科之三科。豫科、高等豫科, 各分四級。本科, 分上、下二級。自豫科, 直入本科卒業者, 爲適小學敎員者。經豫科、高等豫科, 而入本科卒業者, 爲適中學敎員者。

規則

一。本校, 專養成可爲普通學科【小學、中學】敎員者之所。

一。附屬小學校, 爲使本校生徒, 就實地練習設之。

一。學年, 始於九月十一日, 終於七月十日。

一。學期: 前學期, 始於九月十一日, 終於二月十五日。後學期, 始於二月二十三日, 終於七月十日。

一。課程區分, 大別本校教科課程爲三。豫科、高等豫科、本科, 是也。

一。等級順序, 豫科及高等豫科中, 各置四級。最下爲第四級, 最上爲第一級。又本科中置二級, 爲下級、上級。

一。修學期限, 豫科及高等豫科, 各以二年, 爲修學期限。本科, 以一年, 爲修學期限。每級修學期, 爲半年, 卽十八週。每日授業, 爲五時, 卽一週, 二十八時【不算土曜半日】。

敎科細目

豫科第四級

化學: 以數多之試驗, 敎非金屬諸元素及其緊要化合物之製法、性質等。【每週三時】。

物理學: 總論諸種自然力, 凝軆、流軆、氣軆之性質, 運動軆、顫動軆、熱軆及起電軆之畧論。【每週三時】

地誌: 授地毬儀及地圖之解說, 光熱之散布, 地面之形狀, 空氣之現象, 諸大洲之生物畧論, 且授亞細亞、歐羅巴兩洲之位置、形積、地勢、氣候、金石、動物、植物及日本、其他各國之位置、地利、生業、産物、都府、市邑、政軆、風俗之概論。【每週四時】算術: 百分算, 諸比例。【每週四時】

和漢文: 使讀且講《通鑑覽要》卷一至卷八, 兼使作混假字文章。據《語彙指掌圖及別記》【書名】, 敎語格, 且使讀《神皇正統記》。【每週四時】

英文: 【講讀】拔萃《第三理土兒》【書名】及地理書等要領, 使譯讀之。【但此科, 專主解字義文意, 以下倣之。】

【文法】使學語類及其分解。

【作文】使作簡易文章，以習熟文法。【每週三時】

圖畫: 【臨畫】曲、直線，單形等。【每週二時】

體操: 徒手演習，啞鈴，珠竿，棍棒演習，正列進行。【每週五時】

豫科第三級

化學: 授普有金屬諸元素之所在採收法、性質、用法等之槪畧，且以
　　試驗，示其化合物之製法。【每週二時】

植物學: 授植物諸部生育畧說，諸植物特部殊性、効用等。【每週三時】

地誌: 授亞非利加、南北亞米利加、濠斯太剌里亞等諸大洲之位置、地
　　利、生業、産物、都府、市邑、政體、風俗。【每週二時】

歷史: 【日本歷史】授自神武天皇至今上天皇，《歷代史乘》之槪畧。【每週
　　三時】算術: 乘方，開方，求[11]積法。【每週一時】

代數學: 整數四術，分數四術。【每週三時】

和漢文: 使讀且講《通鑑覽要》卷九至卷十五與《淸史覽要》卷一，兼作
　　混假字文章。 據《語彙指掌圖及別記》以敎語格， 且使讀《神皇正統
　　記》等，兼作簡易和文。【每週四時】

英文: 【講讀】拔萃《第三理土兒》【書名】及地理書、植物書等之要領，使譯
　　讀之。【文法】前級同。【作文】使作地理、植物等記文。【每週三時】

圖畫: 【臨畫】器具、家屋類之輪郭。

　　【幾何畫法】總論器械用法，曲、直線及屬單形諸題。【每週二時】

體操: 【前級同，每週五時。】

---

11 求: 저본에는 ‘求’자의 이체자인 ‘尗’로 되어 있다.

豫科第二級

動物學: 無脊髓及有脊髓諸動物之搆造、性習等。【每週三時】

生理學: 骨骼、筋肉、皮膚、消食器、循血器、呼吸器、神經及感覺等
之槪論。【每週三時】

歷史: 【支那歷史】授太古三皇五帝以下至明末, 沿革之槪畧。【每週二時】

記簿法: 商用紙類, 單記法, 複記法。【每週二時】

代數學: 一元一次方程式、多元一次方程式、乘方及開方。【每週三時】

幾何學: 直線論。【每週二時】

漢文: 使讀且講《淸史覽要》卷二至大尾與《文章軌範‧正編》, 兼作漢文。
　　【每週二時】

英文: 【講讀】拔萃《第四理土兒》、動物書、生理書等之要領, 使譯讀之。
　　【文法】使學思想及文章分解。
　　【作文】使作動植物等之記文。【每週三時】

圖畫: 【臨畫】前級同。
　　【幾何畫法】比例, 更面橢圓線, 抛物線等諸題。【每週三時】

體操: 【前級同, 每週五時。】

豫科第一級

物理學: 物、力、動通論。
　　【重學】重力、墜下體、搖錘、權衡等。
　　【水學】靜水學, 亞氏理論及其應用水力平均等。
　　【氣學】氣體性質, 其張力之測定, 空氣、氣壓及關之諸器等。
　　【熱學】寒暑鍼, 物質膨脹之理, 溶解、固實、氣發、凝結之理, 驗濕
　　學、外射熱、定熱學、用熱術、蒸氣機關、地熱等。【每週五時】

歷史: 【西史】授太古、中古、近世沿革槪畧。【每週三時】

經濟學: 授生財、配財、交易、反租稅等之槪畧。【每週二時】

代數學: 根數式, 一元二次方程式, 二元二次方程式。【每週三時】

幾何學: 面積論及比例。【每週二時】

星學: 授總說地毬及太陰之運動, 太陽系、諸遊星、太陽及他恒星畧
論及定天體位置方法等之槪畧。【每週三時】

英文: 【講讀】拔萃《第四理土兒》、物理書、歷史等之要領, 使譯讀之。
【文法】授句讀法, 使專校正文章之誤謬。【作文】使作歷史中著名人物
畧傳。【每週二時】

圖畫: 【透視畫法】總論器具、家屋等之輪郭。

【投影畫法】總論點線投影法, 平面視圖、斷面視圖、點線等。【每週三時】

體操: 【前級同, 每週五時。】

高等豫科第四級

物理學: 【聽學】音響之發生及傳達, 顫動數之測定, 諸體顫動, 音樂理論。
【視學】光之發生、反射及曲折, 視學諸器, 光線分解, 物色, 光波論,
光線分極法。【每週三時】

地文學: 授地毬總論, 地皮畧說, 陸地形勢、大氣、光熱、電磁等之現
象槪畧。【每週二時】

論理學:　總論各稱、成文、命題、演題、虛說、分解法、合成法、歸
納法等。【每週三時】

代數學: 比例, 順錯列, 數學級數, 幾何級數。【每週二時】

幾何學: 圓論及雜問。【每週三時】

和漢文: 使讀且講《史記·論文列傳》卷六十一至卷九十三, 兼作漢文。
授《言葉之八衢》【書名】、《天仁遠波之栞》【書名】、《文藝類纂·文志部》
等, 兼使作和文。【每週四時】

英文: 【講讀】拔萃《第五理土兒》及他書中名文, 使譯讀之。【修辭】使學總
論及諸法則等。【作文】使練習英譯和文, 兼作論文。【每週三時】

圖畫：【臨畫】山水、禽獸、草木等，帶影密畫。【每週三時】

體操：【前級同，每週五時。】

高等豫科第三級

物理學：【磁氣學】磁氣性質、大地磁氣吸引力及拒反力法則、起磁法等。
　　【電氣學】通有之現象，電氣之誘導，電氣力之測定，起電器及所屬之
　　試驗，蓄電器、測電器等，濕電氣及所屬之諸器，電氣化學等。【每
　　週三時】

植物學：授植物詳記類別之理，識別筌之用法，兼使用顯微鏡學植物
　　之組織。【每週三時】

地文學：授海水論，海陸生物論，物産及人類概論。【每週二時】

經濟學：生財論、配財論、交易論、租稅論等。【每週三時】

三角術：八線變化，對數用法，三角實算。【每週三時】

和漢文：使讀且講《史記·論文列傳》卷九十四至大尾，兼作漢文。授《言
　　葉之八衢》、《天仁遠波之栞》、《文藝類纂·文志部》等，兼使作和文。
　　【每週四時】

英文：【講讀】前級同。【修辭】前級同。【作文】使學英譯和文，兼作關地文
　　學、經濟學論文等。【每週三時】

圖畫：【臨畫】前級同。【透視畫法】家屋、堂門之輪郭及燭光陰影等。【寫生】
　　摸型輪郭，器具陰影等。【每週二時】

體操：【前級同，每週五時。】

高等豫科第二級

化學：有機物中，必要於百工製造者及特關於化學上者等，兼授所必
　　要於定性分析酸類及諸金屬鑑識法。【每週三時】

金石學：物理的金石學、化學的金石學、記實金石學、識別金石學。【每

週四時】

動物學: 授動物綱目槪論，使解剖各種中當爲標摸動物，且使專臨寫
　　實物。【每週四時】

歷史:【總論】歐洲之地勢及人種論，印度敎及埃及開化槪畧。【希臘】疑團
　　之世、信敎之世、道理之世、智力衰頹之世。【羅馬】史學及哲學之勢
　　力。【每週三時】

測量術: 器械用法，製圖法，實地測量等。【每週二時】

漢文: 選唐宋八大家名文凡百五十篇，使讀且講之，兼作漢文。【每週
　　二時】

英文:【英文學】使學英語沿革及英米諸大家詩、賦、散文等，　兼讀諸大
　　家傳。【作文】使就開化史中事迹作論文等。【每週三時】

圖畫:【寫生】前級同。【製圖】繪圖法。【每週二時】

體操:【前級同，每週五時。】

高等豫科第一級

化學: 使就實地，硏究前期所講授諸元素鑑識法，而後單純鹽類之溶
　　液或混合物，以使學定性分析，且記其分析法與成果，而乞敎員之
　　檢閱。【每週三時】

生理學: 使用顯微鏡學皮膚、筋肉、骨髓、神經等之組織。【每週三時】

地質學:【力學的地論】氣力、水力、火力、生力。
　　【地質造搆論】大地造搆、成層石、不成層石、變質石通有之磨滅等，
　　地質及生物變遷史，　太古代、古生代、中古生代、新生代、人代。
　　【每週五時】

歷史:【歐羅巴】疑團之世、信敎之世、東部廢敎之世、西部信敎之世、
　　道理之世。【每週三時】

星學: 星學變遷史，普有之重力，望遠鏡解說及實用，天體距離測度，

光線運動, 三稜玻璃鏡之用, 太陽系之造搆, 太陽內郭遊星、外郭遊星、彗星及隕石。【每週四時】

漢文: 選唐宋八大家名文, 凡百五十篇, 使讀且講之, 兼作漢文。【每週二時】

英文: 【英文學】前級同。【作文】前級同。【每週三時】

體操: 【前級同, 每週五時。】

本科下級

物理學: 使就物性, 重學、氣學、水學等部, 專研習教授術, 兼學器械之用法。【每週三時】

金石學: 用金石實物, 研習其教授術。【每週一時】

植物學: 採集普有之花卉、草木, 研習其教授術。【每週一時】

動物學: 用普有之動物, 研習其教授術。【每週一時】

地誌: 研習教授地圖及地毬儀之用法, 地文學初步, 諸大洲及各國地誌之方法。【每週二時】

心理學: 【智】表視力、再現力、反射力, 道理。

【情】慾、性、望、愛、意及德。【每週五時】

教育學: 講授心育、智育、體育之理, 實物課、讀方、作文、書法、畫法、算術、地誌, 歷史及唱歌等之教授接。【每週四時】

學校管理法: 學校管理之目的關校具整置法、分級法、課程表製法、校簿整頓法, 器械、校舍、園庭等諸件及生徒威儀等。【每週二時】

算術: 使研習數、記數法、合結關係等之教授術。【每週二時】

幾何學: 使就點、線、角、面、容、形、體之性質、關係等, 研習其教授術。【每週三時】

圖畫: 使研習諸種畫法之教授術。【每週一時】

書法: 使研習教授之順序及運筆之方法等。【每週半時】

讀法: 使就單語、連語讀本等, 研習讀法之敎授術.【每週一時】

唱歌: 使就關八音變化歌曲凡五十, 研習其敎授術.【每週一時】

體操: 使研習敎授幼兒體操術, 男子體操術, 女子體操術等方法.【每週半時】

本科上級

實地授業:【每週二十八時】.

入學規則

一。志願者, 揭年齡、身體及志望所具, 且應其試業科目, 有以學力爲要. 年齡十六年以上, 二十二年以下者, 身體無病强健, 在學中無家事係累者, 志望欲爲小學、中學敎員者.

一。入學試業科目: 和漢文、英文、算術【代數初步】、日本及各國地誌、日本歷史、物理學大意.

一。臨時試業, 從其各科進步之程度, 一學期內, 三度以上, 六度以下, 各敎員臨時見量行之.

一。定時試業, 於每級修習各學科課程之終, 每定期日, 試驗其全體.

一。試業評點調查之法, 至期末, 合計該學期內, 諸試業之評點數, 定各科點數之法.

一。等級進退: 無論何等學科, 期末調查之點數, 六十以下者, 又一學期內, 凡六十日以上欠課者, 不許進級.

一。卒業生種類, 不由豫科, 直入本科, 卒業者, 爲小學敎員; 經豫科及高等豫科, 入本科者, 爲中學敎員.

一。休業期日, 與他學校同.

一。學資金, 每生徒一名, 一月金六圓付定. 而在校日數, 未滿一月者, 計日給之.

一。學校, 命退學者及願退者, 已受學資, 皆辨償。

校長一人, 敎員十六人, 生徒一百六十三人。【學資金, 每月六圓, 竝官給。】

附屬小學規則

一。大別上、下二等, 各置八級, 最下第八級, 最上第一級。

一。每級修學之期, 限半年, 卽十八週間。【諸休業日算入。】故在學年, 限上、下通爲八年。

一。通例修業時數, 每日五時間, 卽一週, 二十八時間,【土曜半日算入。】但下等第八級之授業時數, 每日四時間, 卽一週, 二十三時間。

一。修身談一課, 付二十五分時, 講於每朝開校時; 唱歌及體操一課, 付三十分時, 隔日分授; 其他諸學, 總一課, 付四十五分時。但裁縫與幾何學, 同時授之。男生徒幾何學之時間, 尤女生徒, 習裁縫之時間。

一。上等小學第六級以上之生徒, 隨其志望, 得英文或漢文習學。

一。志願者, 不論華族、士族及平民。年齡, 六年以上, 七年以下。

一。試驗, 分爲小試驗、定時試驗之二種。小試業者, 各學科之凡一個月間, 所修習之試驗於部分。定時試業者, 每學期之終, 全體試驗於該學期內之所修習。

一。每級卒業者, 與第一號證書; 全科卒業, 與第二號證書。

小學敎則

下等第八級【一週內之課數】

讀書:【讀法】伊呂波、五十音、次淸音、濁音。【每週四時】

　　　【作文】假名人工物之記事作。【每週二時】

習字: 片假名、平假名。【每週三時】

實物:【數目】實數名稱、計方、加減乘除。【每週四時】

　　　【色彩】本色、間色。【每週二時】

【位置】諸物位置之關係。【每週二時】

【動物】人體各部名稱、位置、効力。【每週二時】

【人工物】全體及部分名稱、位置、効力。【每週二時】

修身: 小說、寓言等勸善大意口論。【每週六時】

罫畫: 直線單形畫。【每週二時】

唱歌: 當分欠。【每週三時】

體操: 四支運動。【每週三時】

　第七級【一週內之課數】

讀書: 【讀法】簡易假名文及漢字交文。【每週六時】

　　　【作文】前級同。【每週二時】

習字: 行書。【每週三時】

實物: 【數目】前級同。【每週六時】

　　　【色彩】前級同。【每週一時】

　　　【形體】面、線、角名稱、種類。【每週二時】

　　　【位置】方位及諸點。【每週二時】

　　　【植物】普通草木全體及部分、名稱、位置、効用。【每週二時】

　　　【人工物】前級同。【每週二時】

修身: 前級同。【每週六時】

罫畫: 前級同。【每週二時】

唱歌: 前級同。【每週三時】

體操: 前級同。【每週三時】

　第六級【一週內之課數】

讀書: 【讀法】《小學讀本》卷之一、二。【每週四時】

　　　【作文】假名家畜、家禽、庭樹、園草之記事。【每週二時】

習字: 前級同。【每週三時】

實物: 【形體】三角形、四角形之名稱、種類、部分。【每週二時】

　　　【位置】學室內諸物之位置，測定其畧圖。【每週二時】

　　　【礦物】七金、雜金之名稱、性質、効用。【每週二時】

　　　【動物】家畜、家禽之名稱、部分、常習、効用。【每週三時】

　　　【人工物】前級同。【每週二時】

算術: 【筆算】百以下數之加算、減算。【每週六時】

修身: 前級同。【每週六時】

罫畫: 曲線單形畫。【每週二時】

唱歌: 前級同。【每週三時】

體操: 前級同。【每週三時】

第五級【一週內課數】

讀書: 【讀法】《小學讀本》卷之二、三。【每週六時】

　　　【作文】漢字交文七金、雜金、菓實、蓏菓之記事，　且書式類語。
　　　【每週二時】

習字: 前級同。【每週三時】

實物: 【形體】多角形、圓形、橢圓形、卵形之名稱、種類、部分。【每週
　　　二時】

　　　【度量】尺度、秤量之名稱、關係、實用。【每週三時】

　　　【位置】學室外諸物之位置，測定其畧圖。【每週二時】

　　　【植物】菓實、蓏菓之名稱、部分、効用。【每週三時】

　　　【人工物】前級同。【每週二時】

算術: 【筆算】千以下數之加算、減算。【每週三時】

修身: 前級同。【每週六時】

罫畫: 前級同。【每週二時】

唱歌: 前級同。【每週三時】

體操: 前級同。【每週三時】

　第四級【一週內之課數】

讀書: 【讀法】《小學讀本》卷之四。【每週四時】

　　　【作文】漢字交文野生動物、家用礦物之記事，且書式類語。【每週二時】

習字: 楷書。【每週三時】

實物: 【形體】諸體之名稱、種類、部分。【每週二時】;

　　　【度量】前級同。【每週二時】

　　　【位置】前級同。【每週二時】

　　　【礦物】家用礦物之名稱、性質、効用。【每週二時】

　　　【動物】野生動物之名稱、部分、常習、効用。【每週三時】

　　　【人工物】前級同。【每週二時】

算術: 【筆算】百以下數之乘算、除算。【每週四時】

修身: 前級同。【每週六時】

罫畫: 曲、直線單形畫。【每週二時】

唱歌: 前級同。【每週三時】

體操: 前級同。【每週三時】

　第三級【一週內之課數】

讀書: 【讀法】《小學讀本》卷之五。【每週六時】

　　　【作文】漢字交文穀類、菜蔬類之記事，且寄贈文、聽取書。【每週二時】

習字: 前級同。【每週三時】

實物: 【度量】前級同。【每週二時】

【位置】學校近傍之位置, 教授其畧圖。【每週二時】

【植物】穀類、菜蔬類之名稱、部分、効用。【每週三時】

【人工物】前級同。【每週二時】

算術: 【筆算】千以下數之乘算、除算。【每週四時】

【珠算】算珠用法、加法、減法。【每週二時】

修身: 前級同。【每週六時】

罫畫: 前級同。【每週二時】

唱歌: 前級同。【每週三時】

體操: 前級同。【每週三時】

第二級【一週內之課數】

讀書. 【讀法】《小學讀本》卷之六。【每週四時】

【作文】漢字交文魚介類之記事, 且誘引文、送狀。【每週二時】

習字: 草書。【每週三時】

實物: 【度量】枡之名稱、關係、實法。【每週二時】

【位置】區內之位置, 教授其畧圖。【每週二時】

【礦物】繪具類之名稱、性質·、効用。【每週二時】

【動物】魚介類之名稱、部分、常習、効用。【每週三時】

【人工物】全體及部分之搆造、効用。【每週二時】

算術: 【筆算】千以下數之加、減、乘、除。【每週四時】

【珠算】乘法、除法。【每週二時】

修身: 前級同。【每週六時】

罫畫: 紋畫。【每週二時】

唱歌: 前級同。【每週三時】

體操: 前級同。【每週三時】

第一級【一週內之課數】

讀書：【讀法】《小學讀本》卷之七。【每週六時】

　　　【作文】漢字交文海藻類、芝栭類之記事，且訪問文、屆書。【每週二時】

習字：前級同。【每週三時】

實物：【度量】諸種之尺度量目、比較關係。【每週二時】

　　　【位置】東京市中之位置，教授其畧圖。【每週二時】

　　　【植物】海藻類、芝栭類之名稱、部分、效力。【每週三時】

　　　【人工物】前級同。【每週二時】

算術：【筆算】分數初步。【每週四時】；

　　　【珠算】四則雜題。【每週二時】

修身：前級同。【每週六時】

罫畫：前級同。【每週二時】

唱歌：前級同。【每週三時】

體操：前級同。【每週三時】

上等第八級【一週內之課數】

讀書：【讀法】《讀本》卷之一。【每週四時】

　　　【作文】漢字交文寶石類、虫類、爬虫類之記事，且祝賀文、屆書。【每週二時】

習字：行書。【每週三時】

實物：【礦物】寶石類之名稱、性質、效用。【每週三時】

　　　【動物】虫類、爬虫類之名稱、部分、常習、効用。【每週三時】

算術：【筆算】定數命位。【每週四時】

　　　【珠算】前級同。【每週一時】

　　　【幾何】【男生徒】線之性質、關係。【每週二時】

地理: 總論。【每週四時】

脩身: 賢哲之言行說, 人倫之大道。【每週六時】

罫畫: 器具、家屋之輪廓。【每週二時】

唱歌: 前級同。【每週三時】

體操: 徒手演習。【每週三時】

裁縫:【女生徒】運針法。【每週二時】

第七級【一週內之課數】

讀書:【讀法】《讀本》卷之二。【每週六時】

【作文】雜題, 漢字交作記事文, 且謝言文、願書。【每週二時】

習字: 前級同。【每週三時】

實物.【植物】製造用植物。【每週四時】

算術:【筆算】加法、減法。【每週四時】

【珠算】前級同。【每週一時】

【幾何】【男生徒】角之性質、關係。【每週二時】

地理: 日本國之地誌。【每週四時】

脩身: 前級同。【每週六時】

罫畫: 前級同。【每週二時】

唱歌: 前級同。【每週三時】

體操: 前級同。【每週三時】

裁縫:【女生徒】前級同。【每週二時】

第六級【一週內之課數】

讀書:【讀法】《讀本》卷之三。【每週六時】

【作文】雜題, 漢字交作記事文, 且送別文及願書。【每週二時】

習字: 楷書。【每週二時】

算術: 【筆算】乘法、除法。【每週四時】

　　　　【幾何】【男生徒】面之性質、關係。【每週二時】

地理: 前級同。【每週四時】

脩身: 前級同。【每週六時】

博物: 【金石學】金石之通性及單純礦物。【每週三時】

　　　　【植物學】植物部分。【每週三時】

罫畫: 前級同。【每週二時】

唱歌: 前級同。【每週三時】

體操: 前級同。【每週三時】

裁縫: 【女生徒】單物類之裁方、縫方。【每週二時】

隨意科

讀書: 【漢文】《蒙求》之上卷。【每週三時】;

　　　　【英文】綴字及讀方。【每週三時】

　第五級【一週內之課數】

讀書: 【讀法】前級同。【每週六時】

　　　　【作文】雜題，漢字交作記事文，且吊慰文及願書。【每週二時】

習字: 前級同。【每週二時】

算術: 【筆算】分數。【每週四時】

　　　　【幾何】【男生徒】前級同。【每週二時】

地理: <u>亞細亞</u>、<u>歐羅巴</u>、<u>亞弗利加</u>各國之地誌。【每週四時】

歷史: 日本歷史紀元[12]，至二千百年代。【每週二時】

修身: 前級同。【每週六時】

博物: 【金石學】硫化、酸化、珪化礦物。【每週二時】

---

12 紀元: 저본에는 '記元'으로 되어 있다. 문맥을 살펴 바로 잡았다.

【植物學】普通植物之分類。【每週二時】

罫畫: 草木、禽獸之輪廓。【每週二時】

唱歌: 前級同。【每週三時】

體操: 前級同。【每週三時】

裁縫:【女生徒】前級同。【每週二時】

隨意科。

讀書:【漢文】《蒙求》之中卷。【每週三時】

　　　【英文】讀方、文典。【每週三時】

第四級【一週內之課數】

讀書:【讀法】《讀本》卷之四。【每週六時】

　　　【作文】漢字爻之論說文, 且貸俉文、證劵書例。【每週二時】

習字: 草書。【每週二時】

算術:【筆算】前級同。【每週四時】;

　　　【幾何】【男生徒】容之性質、關係。【每週二時】

地理: 南北亞米利加、大洋洲各國之地誌。【每週四時】

歷史: 日本歷史, 二千百年代至今代。【每週四時】

修身: 前級同。【每週二時】

唱歌: 前級同。【每週三時】

體操: 器械演習。【每週三時】

裁縫:【女生徒】袷物類之裁方、縫方。【每週二時】

隨意科。

讀書:【漢文】《蒙求》之下卷。【每週三時】

　　　【英文】前級同。【每週三時】

　　第三級【一週內之課數】

讀書：【讀法】前級同。【每週六時】

　　　　【作文】前級同。【每週二時】

習字：前級同。【每週二時】

算術：【筆算】小數。【每週四時】

　　　　【幾何】【男生徒】前級同。【每週二時】

歷史：萬國歷史上古、中古之部。【每週四時】

修身：前級同。【每週六時】

物理：總論諸力物之三位。【每週三時】

博物：【動物學】無脊椎動物。【每週三時】

罫畫：前級同。【每週二時】

唱歌：前級同。【每週三時】

體操：前級同。【每週三時】

裁縫：【女生徒】前級同。【每週二時】

隨意科。

讀書：【漢文】《十八史畧》卷之一、二。【每週三時】

　　　　【英文】前級同。【每週三時】

　　第二級【一週內之課數】

讀書：【讀法】《讀本》卷之五。【每週六時】

　　　　【作文】雜題諸體之文章。【每週二時】

算術：【筆算】諸比例。【每週四時】

　　　　【幾何】【男生徒】諸題論證。【每週三時】

歷史：萬國歷史近世之部。【每週二時】

修身：前級同。【每週六時】

物理：顫動體、熱體。【每週三時】

化學: 總論及火、風、水、土之槪論。【每週三時】

生理: 骨骼、筋肉、皮膚、消化器。【每週三時】

罫畫: 山水之畧畫。【每週二時】

唱歌: 前級同。【每週三時】

體操: 前級同。【每週三時】

裁縫: 【女生徒】綿入物類之裁方、縫方。【每週三時】

隨意科。

讀書: 【漢文】《十八史畧》卷之三、四、五。【每週三時】

　　　【英文】讀方。【每週三時】

　第一級【一週內之課數】

讀書: 【讀法】前級同。【每週六時】

　　　【作文】前級同。【每週二時】

算術: 【筆算】前級同。【每週四時】

　　　【幾何】【男生徒】前級同。【每週三時】

修身: 前級同。【每週六時】

物理: 直射熱光發電體。【每週四時】

化學: 非金屬、金屬諸元素。【每週四時】

罫畫: 前級同。【每週二時】

唱歌: 前級同。【每週三時】

體操: 前級同。【每週三時】

裁縫: 【女生徒】前級同。【每週三時】

隨意科。

讀書: 【漢文】《十八史畧》卷之六、七。【每週三時】

　　　【英文】前級同。【每週三時】

教員四人【女一人】, 生徒一百五十九人。【男一百四, 女五十五】

女子師範學校

規則

一。本校，爲養成可爲小學敎員女子處。

一。敎科，以小學敎員必須之諸學科及敎育理論諸科，敎授術爲主，兼及保育幼稚術。故卒本校敎科者，不止當爲小學敎員，又足爲幼稚園保姆。

一。爲高生徒學業之基礎，別設豫科，以敎學淺未足學本科者，爲他日登本科階梯。

本科課程

第一年前期第六級【一週內之課數】

修身: 修身學之要旨及禮節演習。【每週三時】

化學: 化學之要理，非金諸原素及其化合物。【每週四時】

動物學: 動物之分類及構造、性質等。【每週四時】

算術: 諸等比例、差分、百分算、平均算。【每週四時】。

簿記: 單記、複記。【每週二時】

文學: 【講讀】《元明淸史畧》卷一、二、三。【每週四時】

　　　【文法】字論、言論、文論。【每週二時】

　　　【作文】各種之書牘。【每週一時】

圖畫: 器具、花葉等之臨畫。【每週二時】

裁縫: 單物類。【每週二時】

音樂: 唱歌。【每週三時】

體操: 徒手演習、器械演習。【每週三時】

第一年後期第五級【一週內之課數】

修身: 與前級同。【每週三時】

化學: 金屬諸原素及其化合物, 有機化學之槪畧。【每週三時】

植物學: 植物之構造、組織及分類。【每週四時】

算術: 乘方、開方、求積、級數。【每週二時】

代數學: 定數、分數。【每週二時】

幾何學: 線角、多角形。【每週二時】

文學: 【講讀】《元明淸史畧》卷四、五、六及古今和文。【每週五時】

　　　【作文】動植諸物記事, 貸借、公用等諸文。【每週一時】

圖畫: 鳥獸、人物等臨畫。【每週二時】

裁縫: 袷類。【每週二時】

音樂: 唱歌【每週三時】, 彈琴【每週二時】。

體操: 與前級同。【每週三時】

　　第二年前期第四級【一週內之課數】

修身: 與前級同。【每週二時】

家政學: 家政學之要旨。【每週一時】

物理學: 物性論, 力學、水學、氣學、音學。【每週四時】

生理學: 骨肉皮、飮食消化、運血呼吸及神經系感覺等。【每週四時】

代數學: 一次方程式羃及根式[13]。【每週三時】

幾何學: 比例圈、平面形作法。【每週二時】

文學: 【講讀】《文章軌範》第一、第二冊及古今和文。【每週五時】

　　　【作文】關修身、格物等記事、論說。【每週一時】

圖畫: 實物畫、景色臨畫。【每週二時】

裁縫: 綿入類。【每週二時】

音樂: 唱歌【每週三時】, 彈琴【每週二時】。

---

13 根式: 저본에는 '根根式'으로 되어 있다. 문맥을 살펴 바로잡았다.

體操: 與前級同。【每週三時】

　第二年後期第三級【一週內之課數】

修身: 修身學之要旨。【每週一時】

家政學: 家政學之要旨。【每週二時】

物理學: 熱學、光學。【每週三時】

鑛物學: 鑛物形態物理的、化學的性質及分類、識別。【每週二時】

地文學: 星學的地誌, 地質論, 陸地、河海氣象, 生物、人類諸論。【每
　　　週四時】

代數學: 二次方程式, 比例, 順、錯列, 級數。【每週三時】

幾何學: 平面關係多面體、毬體。【每週二時】

文學: 【講讀】《文章軌範》第三冊及《近世名家文粹·初編》。【每週四時】
　　　【作文】雜題之記事、論說, 簡短之漢文。【每週一時】

圖畫: 幾何圖法、透視圖法。【每週二時】

裁縫: 羽織、袴帶。【每週二時】

音樂: 唱歌【每週三時】, 彈琴【每週二時】。

體操: 與前級同。【每週三時】

　第三年前期第二級【一週內之課數】

修身: 與前級同。【每週一時】

物理學: 電氣學、磁氣學、物理的星學。【每週三時】

三角學: 對數八線、平三角解法等。【每週二時】

文學: 【講讀】《近世名家文粹·二編》。【每週二時】;
　　　【作文】簡短之漢文。【每週一時】

音樂: 唱歌。【每週三時】

體操: 與前級同。【每週三時】

教育論: 心理之要旨, 智育、德育、體育之要旨。【每週六時】

小學教授術: 修身訓、實物課、讀書、作文、書畫、算術、地誌、博物
　　　學、物理學等之教授方法。【每週一時】

幼稚保育術: 實物課、玩器用法、唱歌、遊嬉、體操等之教授方法。【每
　　　週三時】

第三年後期第一級

小學實地教授, 幼稚園實地保育。

豫科課程

第一年前期第六及【一週內之課數】

修身: 日用彝倫、敎訓, 賢哲嘉言、懿行。【每週二時】

植物學: 有花植物諸部及成長、生殖畧說。【每週二時】

算術: 筆算、加減乘除。【每週五時】

地誌: 地圖解說, 陸地、河海氣象, 生物等。【每週四時】

文學:【講讀】石村貞一編輯《國史畧》卷之一、二。【每週五時】
　　　【文法】字論言分類、性質用言活用。【每週二時】
　　　【作文】簡易記事, 贈答、慶吊等書牘。【每週一時】

圖畫: 直線、曲線、單形。【每週二時】

書法: 行書。【每週二時】

裁縫: 運針。【每週三時】

唱歌:【每週三時】。

體操: 與前級同。【每週三時】

第一年後期第五級【一週內之課數】

修身: 與前級同。【每週二時】

植物學: 普通植物特性、功用等。【每週二時】

動物學: 無脊髓動物構造、性習等。【每週二時】

算術: 筆算、分數【每週三時】, 珠算、加減【每週二時】。

地誌: 日本各部位置、形勢、都邑、物産、教育等。【每週二時】

文學: 【講讀】石村貞一編輯《國史畧》卷之三、四、五。【每週五時】

　　　【文法】言關係文章分解、合成。【每週二時】

　　　【作文】與前級同。【每週一時】

圖畫: 器具、家屋。【每週二時】

書法: 草書。【每週二時】

裁縫: 單物類。【每週三時】

唱歌: 【每週三時】

體操: 與前級同。【每週三時】

　　第二年前期第四級【一週內之課數】

修身: 與前級同。【每週二時】

物理學: 天然諸力, 凝體、流體、氣體性質動及音畧說。【每週三時】

動物學: 脊髓動物構造、性習等。【每週二時】

算術: 筆算、分數、小數【每週三時】, 珠算、乘除【每週二時】。

地誌: 亞細亞、歐羅巴諸國位置、形勢、地理、物産、名都、殊俗等。【每
　　　週二時】

文學: 【講讀】石村貞一編輯《國史畧》卷之六、七, 古今和文。【每週六時】

　　　【作文】動植諸物記事, 貸借、公用等屬諸文書。【每週一時】

圖畫: 花葉、果菰。【每週二時】

書法: 楷書。【每週二時】

裁縫: 與前級同。【每週三時】

唱歌: 【每週三時】

體操: 與前級同。【每週三時】

第二年後期第三級【一週內之課數】

修身: 與前級同。【每週二時】

物理學: 熱光、電氣畧說。【每週三時】

算術: 筆算、諸等比例【每週三時】, 珠算、加減乘除雜題【每週二時】。

地誌: <u>亞非利加</u>、<u>亞米利加</u>、<u>大洋洲</u>諸國位置、形勢、地利、物産、名都、殊俗等。【每週二時】

歷史: <u>歐羅巴</u>人種, <u>希臘</u>、<u>羅馬</u>盛衰。【每週二時】

文學: 【講讀】《十八史畧》卷之一、二、三, 古今和文。【每週六時】
　　　【作文】與前級同。【每週一時】

圖畫: 鳥獸、虫魚。【每週二時】

書法: 行書、草書。【每週二時】

裁縫: 袷類。【每週三時】

唱歌: 【每週三時】。

體操: 與前級同。【每週三時】

第三年前期第二級【一週內之課數】

修身: 女子要務, 應對、進退節。【每週二時】

化學: 非金諸原素畧說。【每週三時】

算術: 筆算、差分、百分算、平均算。【每週四時】

幾何學: 線角、三角形、四角形。【每週二時】

歷史: 西洋諸國中世、近世沿革。【每週三時】

文學: 【講讀】《十八史畧》卷之四、五,《孟子》第一、第二冊。【每週六時】
　　　【作文】修身、格物、歷史等記事、論說。【每週一時】

圖畫: 人物及景色。【每週二時】

書法: 楷、行、草書細字。【每週二時】

裁縫: 綿入類。【每週三時】

唱歌: 【每週三時】。

體操: 與前級同。【每週三時】

第三年後期第一級【一週內之課數】

修身: 與前級同。【每週二時】

化學: 金屬諸原素之畧說。【每週二時】

生理學: 骨、肉、皮, 消化, 運血, 呼吸等之畧說。【每週三時】

算術: 筆算, 乘方, 開方, 求積, 級數。【每週四時】

幾何學: 比例、多角形之關係。【每週三時】

文學: 【講讀】《十八史畧》卷之六、七,《孟子》第三、第四冊。【每週六時】
　　　【作文】與前級同。【每週一週】

圖畫: 幾何圖法、透視圖法。【每週二時】

書法: 楷、行、草書細字。【每週二時】

裁縫: 羽織、袴。【每週三時】

唱歌: 【每週三時】。

體操: 與前級同。【每週三時】

入學規則

一。本科生徒, 年十五歲以上, 二十歲以下, 性行善良, 身體康健, 在學中無家事係累者, 以充之。

一。望入學者, 先於入學試驗之期日, 記載學業之履歷, 添以入學願書, 差出當校。

一。入學試業, 每學期之初, 卽每年二月下旬及九月中旬行之。

入學試業之科目: 講讀:《十八史畧》、《國史畧》。作文: 記事、書牘。

書法: 楷、行、草書. 圖畫: 器具、花葉等. 算術: 筆算、諸比例、珠算、加減乘除. 地誌、歷史、物理學大意.

一。豫科生徒, 年十二歲以上, 十七歲以下者, 以讀近易之書, 又畧學算術者, 充之. 而卒尋常之小學校業者, 其齡, 雖不滿十二歲, 當許入學.

一。豫科者之入學校, 不定其入學之期日, 每有望入者, 畧試其學業, 入相當級中.

教授規則

一。本科及豫科生徒, 修業之年限, 各爲三年. 又分一學年, 爲前後二學期.

一。學年, 始於九月十一日, 終於翌年七月十日. 前學期, 自學年始日, 至翌年二月十五日. 後學期, 自二月二十三日, 至學年終日.

一。本科及豫科, 第一年受業者, 第六級. 卒一期之業者, 每進一級. 修業三年者, 爲第一級.

一。教授之時間, 每日五時三十分, 土曜日則三時三十分, 一週中, 三十一時間.

一。唱歌及體操之教授, 一課爲三十分間; 其他諸學科, 一課爲一時間.

一。諸科之學, 槪以求實學智識爲主, 不要講讀其用書. 故文學科中, 所屬諸書之外, 他書籍, 揚爲參考授付之.

一。家政學中, 兼授割烹之事, 於本科時外, 以爲練習之.

一。生徒之試業, 一學期內, 三回以上, 六回以下, 而各科進步之度, 從其教員之見量, 臨時行之. 又至學期之末, 同時試驗其期內學習之諸科, 合計前後試業之點數, 以得各科之點數, 定生徒之進退.

一。得全科之卒業者, 當授與卒業證書.

一。生徒休業, 與他學校同.

校長二人，教員二十六人【男女各十三人】，生徒一百九十四人。【學資金，每月四圓五十錢。官給七十八人。】

附屬幼稚園規則

一。所以設幼穉園之旨，在使未滿學齡幼稚者，開達天賦之知覺，啓發固有之心思，滋補身體之健全，曉知交際之情誼，慣熟善良之言行。

一。幼稚入園者，齡滿三年以上，滿六年以下，無論男女。【但隋時宜，使滿二年以上者入園，或滿六年以上者，猶在園。】

一。幼稚未種痘或未歷天然痘者及罹傳染病者，不許入園。其旣入園者，罹傳染病，則非全愈，不許至園。【但每月第一土曜日，招醫師，診在園幼稚者。】

一。入園幼稚者，大約百五十人，爲定員。

一。募入園幼稚者，則預廣告其期日及人員等。

一。欲使幼稚者入園，則呈書願之，得許可，則呈保證狀。

一。在園中，則保姆任保育幼稚者之責。故不要使保傅從幼稚者。【但幼稚者，未慣馴保姆，則可保育之於員外開誘室。故保傅相從，亦無妨，且幼稚者不能獨往還，則可使保傅，送迎之。】

一。幼稚入園者，每月出金三十錢，充育費。【但保育於員外開誘室者，納其半額。】

一。幼稚入園者，各隨其齡，分之三團。【但滿五年以上，爲第一團。滿四年以上，爲第二團。滿三年以上，爲第三團。】

一。保育幼稚者，每日以四時間爲期。【但雖保育時間中，幼稚者，有故，則告之退園，亦無妨。】

一。幼稚者在園時間，自六月一日至九月三十日，午前第八時入園，正午十二時出園；自十月一日至五月三十一日，午前第九時入園，午後第二時出園。

保育科目

第一, 物品科就日用器物, 卽椅子與机或禽獸、花果等, 示其性質、形狀等。

第二, 美麗科示幼稚者所觀以爲美麗而愛好之物, 卽彩色等。

第三, 知識科因所觀玩開其知識, 卽示立方體以幾個之端, 線、平面幾個之角而成其形如何之類。

列三科目之如左。 玩五彩毬、三形物之理解、玩具[14]、連鎖、積形體方法、置形體方法、置木著方法、置環方法、剪紙、剪紙貼付之、鍼畫、縫畫、圖畫、織紙、疊紙、木著摸製、粘土摸製、組木片方法、組紙片方法、計數、博物理解、唱歌、說話、體操、遊嬉。

保育課程

第三團。幼稚滿三年以上, 滿四年以下。

月曜日: 室內會集【三十分】、唱歌【三十分】、玩毬【第一箱, 四十五分】、圖畫【三倍線之直角等, 四十五分】、遊嬉【一時半】。

火曜日: 室內會集【三十分】、體操【三十分。】、小話【四十五分】、疊紙【第一號至第四號其他單易之形, 四十五分】、遊嬉【一時半】。

水曜日: 室內會集【三十分】、體操【三十分】、三形物【毬、圓柱、六面形, 四十五分】、玩具【四十五分】、遊嬉【一時半】。

木曜日: 室內會集【三十分】、唱歌【三十分】、計數【一至十】、體操【幷四十五分】、連鎖【四十五分】、遊嬉【一時半】。

金曜日: 室內會集【三十分】、體操【三十分】、積形體方法【至第四箱, 四十五分】、鍼畫[15]【四十五分、遊嬉【一時半】。

---

14 具: 저본에는 '貝'로 되어 있다. 문맥을 살펴 바로잡았다.
15 鍼: 저본에는 '織'로 되어 있다. 문맥을 살펴 바로잡았다.

土曜日: 室內會集【三十分】、體操【三十分】、畫解【四十五分】、置木著方法【至六本, 四十五分】、遊嬉【一時半】。

但保育之餘間授體操或唱歌, 以下皆然。

第二團。幼稚滿四年以上, 滿五年以下。

月曜日: 室內會集【三十分】、唱歌【三十分】、置形體方法【四十五分】、圖畫【至三角形等, 四十五分】、遊嬉【一時半】。

火曜日: 室內會集【三十分】、體操【三十分】、博物或修身等之說話【四十五分】, 針畫【四十五分】、遊嬉【一時半】。

水曜日: 室內會集【三十分】、體操【三十分】、積形體方法【第三箱至第四箱, 四十五分】、縫畫【三倍線等, 四十五分】、遊嬉【一時半】。

木曜日: 室內會集【三十分】、唱歌【三十分】、計數【一至十二】、體操【幷四十五分】、織紙【至第十二號, 四十五分】、遊嬉【一時半】。

金曜日: 室內會集【三十分】、體操【三十分】、置木著方法【六本至二十本, 四十五分】、疊紙【四十五分】、遊嬉【一時半】。

土曜日: 室內會集【三十分】、體操【三十分】、歷史上之說話【四十五分】、積形體方法【第四箱, 四十五分】、遊嬉【一時半】。

第一團。幼稚滿五年以上, 滿六年以下。

月曜日: 室內會集【三十分】、博物或修身等之說話【三十分】、置形體方法【第七箱 至第九箱, 四十五分】、圖畫·組紙片方法【幷四十五分】、遊嬉【一時半】。

火曜日: 室內會集【三十分】、計數【一至百, 三十分】、積形體方法【第五箱】·小話【幷四十五分】、針畫【四十五分】、遊嬉【一時半】。

水曜日: 室內會集【三十分】、木著摸製【折木著, 使知四分以下分數之理, 或作文字及數字。三十分】、剪紙及貼付之【四十五分】、歷史上之說話【四十五分】、遊嬉【一時半】。

木曜日：室內會集【三十分】、唱歌【三十分】、置形體方法【第九箱至第十
一箱, 四十五分】、疊紙【四十五分】、遊嬉【一時半】。

金曜日：室內會集【三十分】、木著模製【用木著與大豆模製六面形及日用器
物等, 三十分】、積形體方法【第五箱至第六箱, 四十五分】、織紙【四十五分】、
遊嬉【一時半】。

土曜日：室內會集【三十分】、組木片方法·粘土摸製【幷三十分】、置環
方法【四十五分】、縫畫【四十五分】、遊嬉【一時半】。

保姆四人, 幼兒九十八人。

外國語學校

沿革

舊開成學校中, 置英、佛二國之語學科, 合外務省所設外國語學所
矣。二年, 但置二國語學於開成學校, 尋置獨語學。六年, 區分生徒,
以下等中學一級以上爲專門學生徒, 以下爲語學生徒。外務省所設
獨、露、漢語學所, 亦屬文部省。於是, 檢查生徒之學力, 據外國語學
教則, 改正學級及學科, 乃竝獨、露、漢語學所於開成學校語學敎場,
稱東京外國語學校, 以授英、佛、獨、露、漢之語學。七年, 置東京英
語學校, 割本校英語學一科, 屬之以本校, 爲授佛、獨、露、漢語學之
所。十年, 竝授朝鮮語學。

校則

一。本校爲授佛語學、獨語學、露語學、漢語學、朝鮮語學之所。

一。各語學, 分上下二等。修下等語學之期, 爲三年。修上等語學之

期, 爲二年。

別附課程

一。每日課業本課【佛、獨、露、漢各語學課】, 爲四時間。副課【譯讀課、國書課】, 爲一時間。體操, 爲三十分間。

一。入學生, 以齡十八歲以下爲限。【雖十八歲以上, 有學業者許入學。】

一。入學生, 非有卒小學業之學力者, 不許入學。

一。欲入學者, 呈願入學書及學業履歷書於本校書記掛。

一。入學期, 每年定期試業【二月, 七月】後定之。【各語學各級有闕員, 則臨時許入學。】

一。學年, 始於九月十一日, 終於翌年七月十日。

一。分學年, 爲二學期。第一學期, 始於九月十一日, 終於翌年二月十五日。第二學期, 始於二月十六日, 終於七月十日。

一。每學期末, 試生徒之業, 付試驗表於各級生, 及第者昇其級。【生徒學力或大生優劣之差, 則不待學期末, 臨時昇降之。】

一。卒上等語學第一級之業者, 與卒業證書。

一。生徒學業, 無進步之効, 不可望卒業者或使退學。

一。生徒休業, 與他學校同。

一。受業料, 一個月以金二圓爲定額。

漢語、朝鮮語學課程

下等第一年第六級: 習字【楷字】、授音【儒書】、授語【單句】、算術【數目命位、加減乘除】、體操。

第五級: 習字【前級同】、授音【前級同】、授語【單句、單語】、句法、算術【分數】、體操【前級同】。

第二年第四級: 習字【前級同】、授音【前級同】、授語【前級同】、句法【前級同】、算術【小數、度量】、體操【前級同】。

第三級: 習字【前級同】、授音【前級同】、授語【單語、話本】、話稿、翻譯【散文】、算術【率及比例】、體操【前級同】。

第三年第二級: 習字【前級同】、授音【前級同】、授語【前級同】、話稿【前級同】、翻譯【散文、吏讀】、算術【比例、開方】、體操【前級同】。

第一級: 授音【前級同】、授語【稗史】、話稿【前級同】、翻譯【吏讀、尺牘】、解文【吏書、淸典】、算術【級數、對數】、體操【前級同】。

上等第四年第四級: 授音【前級同】、授語【前級同】、話稿【前級同】、翻譯【前級同】、解文【前級同】、記簿法【單記】、代數【加減乘除、分數】、幾何、英語、體操【前級同】。

第三級: 授音【前級同】、授語【前級同】、話稿【前級同】、翻譯【前級同】、解文【吏書、淸律】、記簿法【複記】、代數【一次方程式】、幾何【前級同】、英語【前級同】、體操【前級同】。

第五年第二級: 授音【前級同】、授語【前級同】、話稿【前級同】、翻譯【前級同】、解文【前級同】、記簿法【前級同】、代數【二次方程式】、幾何【前級同】、英語【前級同】、體操【前級同】。

第一級: 授音【前級同】、授語【前級同】、話稿【前級同】、翻譯【前級同】、解文【前級同】、代數【級數】、幾何【前級同】、英語【前級同】、體操【前級同】。

佛、獨、露語學課程

下等第一年第六級: 綴字、讀法【用關修身及博物學書】、習字【快走體】、譯文、算術【數目命位】、體操【前級同】。

第五級: 綴字【前級同】、讀法【前級同】、習字【前級同】、書取、文法、諳誦、譯文【前級同】、算術【加減乘除】、體操【前級同】。

第二年第四級: 讀法【前級同】、習字【前級同】、書取【前級同】、文法【前級同】、諳誦【前級同】、會話、譯文【前級同】、算術【分數】、地理學、體操

【前級同】。

第三級：　讀法【前級同】、習字【前級同】、書取【前級同】、文法【前級同】、諷誦【前級同】、會話【前級同】、作文、譯文【前級同】、算術【小數,度量】、地理學【前級同】、歷史【太古史】、體操【前級同】。

第三年第二級：　讀法【前級同】、習字【圓滑體】、書取【前級同】、文法【前級同】、諷誦【前級同】、會話【前級同】、作文【前級同】、譯文【前級同】、算術【率,反比例】、地理學【前級同】、歷史【續史】、體操【前級同】。

第一級：　讀法【前級同】、習字【欹斜體】、書取【前級同】、文法【前級同】、諷誦【前級同】、會話【前級同】、作文【前級同】、譯文【前級同】、算術【比例,開方】、地理學【前級同】、歷史【中古史】、體操【前級同】。

上等第四年第四級：　書取【前級同】、詞格、諷誦【前級同】、作文【前級同】、譯文【前級同】、算術【級數,對數】、地理學【前級同】、歷史【前級同】、物理學、代數【加減乘除,分數】、幾何、體操【前級同】。

第三級：　書取【前級同】、詞格【前級同】、演說、作文【前級同】、譯文【前級同】、記簿法【單記】、地理學【前級同】、歷史【近世史】、物理學【前級同】、代數【一次方程式】、幾何【前級同】、體操【前級同】。

第五年第二級：　修辭、演說【前級同】、作文【前級同】、論理學、譯文【前級同】、記簿法【複記】、歷史【前級同】、物理學【前級同】、代數【二次方程式】、幾何【前級同】、體操【前級同】。

第一級：修辭【前級同】、演說【前級同】、作文【前級同】、論理學【前級同】、譯文【前級同】、記簿法【前級同】,　歷史【前級同】、物理學【前級同】、代數【級數】、幾何【前級同】、體操【前級同】。

校長一人, 教員四十八【本國人三十二, 他國人八】, 生徒三百七十七人。【學資金, 每月五圓三十五錢。官給八十九人。】

體操傳習所

規則

體操傳習所, 爲專授所關體育之諸學科, 選定所適本邦之體育法, 且養成體育學教員之所。

體操傳習所生徒, 要合左諸格。

一。年齡, 凡十八年以上, 二十年以下。

一。軀幹, 凡五尺以上。

一。健康, 歷種痘或天然痘, 且不罹肺病及不治病者。

一。學識, 涉普通和漢學、英學, 略解算術者。

一。志望, 欲他日體育學教員者。

一。請入學者, 呈保證狀及履歷書於體操傳習所, 而受學識及軀幹健康等之驗查, 合格則呈誓約書。

教則

學科目

體操術: 男子體操術、女子體操術、幼兒體操術、美容術、調聲操法。

英學: 讀方、作文、英文學。

和漢學: 讀講、作文。

數學: 算術、代數學、幾何學。

理學: 解剖學、生理學、健全學等, 緊切關於體育諸學科及物理學、化學大意。

圖畫: 自在畫法、幾何圖法、透視畫法。【但體操傳習所, 以授體育學爲本旨。故英學以下諸科, 止於學其大要。】

學期及在學年限, 則分課程爲四學期。各學期爲六個月, 在學期, 爲二年。授業時間, 每日五時, 其內以一時半以上, 授體操術。試業法, 每卒各學科之一部, 驗其成否, 至學期之末, 試各部之大體, 以定其等級。與卒業證書式, 在學中行狀方正, 而學力相當者, 卒業時, 與其證書。卒業生, 卒業後三年間, 文部省所命職務, 不得辭之。但奉職, 不可超二年。

校長一人, 教員六人, 生徒二十八人。【學資金每月六圓, 並官給。】

圖書館

規則

館內安聖像, 時許衆席來拜。

一。設本館之主旨, 在以所藏於館中圖書, 廣供內國人及外國人之求覽。故遵守此規則者, 皆得登館, 展閱所欲覽之圖書。

一。本館, 每日午前第八時開之, 午後第八時閉之。【但每年, 自七月十一日至九月十日, 午前七時開之, 午後七時閉之。】

一。定期閉館之時日, 如左: 歲首【一月一日】、紀元節【二月十一日】、掃除館內日【自四月十五日至二十一日】、曝書日【自八月一日至十五日】、天長節【十一月三日】、歲末【自十二月二十二日至三十一日】。

一。本館所藏圖書, 不許帶出館外。【但齎文部卿特許標者, 非此限。】

一。新所購求或所收受圖書, 六十日間, 不許出於館外。

一。辭書類及稀有貴重之圖書, 其他現行新聞、雜誌, 不許出於館外。【但新聞、雜誌發兌, 不過一月一回者, 除終尾二篇外, 或許帶出館外。】

一。官立學校教員及各廳吏員, 其他有裨益於教育上者, 特欲帶出圖書, 以供其需用, 則憑文部卿特許標, 許之。

一。憑文部卿特許標, 所帶出之圖書, 各人洋書限三冊, 和漢書限十冊, 不得過十日。

一。除本館吏員外, 不許開閉書函。

一。欲借覽圖書者, 記其書名及本人姓名、住所, 呈之館吏, 而受其

圖書。【但於館內, 謄寫其所借覽圖書, 無妨。】

一。借覽圖書者, 若失之或汚損之, 則償還同樣圖書, 或相當代價, 其事未終, 不許更借覽他圖書。

一。醉人, 不許登館。

一。在館內, 禁音讀、雜話、吹烟, 又不許徘徊讀書場外。

教育博物館

規則

教育博物館, 凡教育上所需諸般物品, 金石、草木、鳥獸、虫魚、水陸動植之物, 無不備儲, 以資生徒之觀覽、搜討, 使之解說、模造、圖寫, 而謀世用。錄其規則, 如左。

一。本館所蒐集物品, 係圖書及學校模型、動植物、金石類, 其他學校所用椅子、卓子等, 凡關教育者。

一。書籍類, 別設一室置之, 其書係學事報告、學校規則, 教育家參考書、教科書、教育雜誌等。

一。置內外國所刊行書器目錄, 使欲購求教育上書器者, 易搜索。

一。府縣及公私學校等, 欲購求所關教育上書器類於外國者, 隨時宜而應其請爲媒。

一。學校教員及教育家, 有請就館內所列物品, 研究實試學術者, 則隨時宜而許之。

一。館內所列物品及圖書, 不得携出於館外, 但得館長特許者, 非此限。

一。動物之剝製及骨格, 植物、金石標本, 其他便益於教育上者, 本館製之, 以供教育家參考, 有欲購求之者, 則隨時宜而應其請。

一。凡所列物品, 記製作者姓名、族籍, 但動植物、金石等, 並記所產地名。

一。所蒐集物品，悉類別之，且刊行所解說之目錄。

一。有寄贈物品於本館者，則記其姓名，陳列之，而交付領收證於本人。

一。府縣及公私學校等，所寄贈學事報告及所試驗生徒答書、製作品之類，雖可永保存之陳列之，則時時交換新舊。

一。爲就物品，講究學科上之事理，或說明器械之便否，當招有志者，又聘學士而相會。

一。本館，每月月曜日及每年自十二月二十八日至一月三日，閉之。其他每日限時，開閉之。

一。認狂疾或大醉者，不許入館內。

一。在館內，勿喧囂，勿有粗暴擧動。

一。本室開閉時限，與本館同 然每年夏秋之際，凡二週日，爲曝書期，此期中閉室。

一。借圖書物品之期，在東京府下者，爲三週日間。在他府縣下者，除往復日數，爲六週日間。至期，必當還納之。但圖書，雖期內，至曝書期，當還納之。

一。失所借圖書、物品，或點汚敗損之，當購同樣圖書、物品，或辨償相當價金。此事未畢，不得更借他圖書、物品。

學士會院

規則

一。設本院之意，在討議教育之事，評論學術、技藝。

一。本院會員，限四十人。【但現今爲二十一人。】

一。選會員之法，本院擧之，文部卿可之。

一。舉會員, 以投標多寡定之。若二人以上, 其數同, 則舉年長者。

一。會員, 每年受金三百圓。

一。會員次序, 以其姓氏頭字, 配當伊呂波之順次以定之。【譯者曰: "伊呂波, 集本邦假字四十八爲長歌者, 遍膾炙海內人口。"】

一。會員中, 選定會長一人, 其在任爲六月。

一。會長, 統轄本院。

一。會長, 發議案、討論可否、投標等, 都與會員同。

一。本院書記, 爲五人以下。

一。書記屬會長, 整理本院庶務。

一。發議案者, 記其意旨, 出之。

一。他所送致案, 會員中有主之者, 則得付之討論。

一。文部卿及其代理人, 得參本院會議, 發議案及討論之。

一。文部卿及其代理人, 不得加於可否與投標之數。

一。本院議事, 以評論討議爲主。故非會員過半之議, 不要決可否。

一。要可否者, 決之於多數。

一。以會員四分之三以上, 同議決之, 而經文部卿之認可。

一。以每月十五日相會。

一。本院諸費, 文部省給之。

行護軍 臣趙準永[16]

---

16 趙準永: 저본에는 '趙□□'으로 되어 있다. 저자를 고증하여 보완하였다.

文部省
所轄目錄

문부성 소할목록

여기서부터는 영인본을 인쇄한 부분으로 맨 뒤 페이지부터 보십시오.

文部省 所轄目録

文部省所轄目錄

沿革
校則
別附課程
漢語朝鮮語學課程
佛獨露語學課程
體操傳習所
規則
敎則
圖書館
規則
敎育博物館
規則

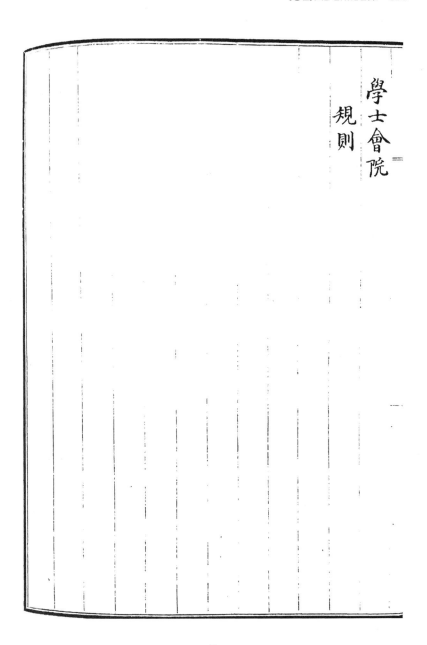

學士會院
規則

文部省

沿革

日主四年辛未創置本省日主初元以東京舊開成所爲學
校備外國人爲敎師大行洋法又以東京舊昌平校爲學
校翌年改昌平校稱大學校尋改大學校稱大學開成校
稱南校醫學校稱東校至是年七月廢大學置文部省使
揔制敎育事務管掌大中小學校先是大學所管止於大
學東南校及大坂開成所理學所醫學校長崎廣運館醫
學校所管理止於海外留學生徒未及全國學政及置本
省揔管全國敎育衛生事務於是大革舊大學面目自是
以來職制之廢置不一歲賛之增減無常事務章程以時
慶易學所敎令頻年改定凡所沿革不可殫述畧舉現今

施行之縣列錄如左、

職制

學校之官、舊有頭取、及知學事、正權判事、得業生、寫字生、寮長之屬、至四年始定大中小博士、大中小敎授正權大中小助敎等敎官、及置本省有卿與大少輔大丞之官、後置大小監、及大中小督學、尋廢大小監、更置大中小視學、及書記、改定大中小學敎員之等次、及學位之梯以博士、學士、得業生、三等爲學位、十年廢大中小學記官、權大書記官、少書記官、權少書記官、現今官員卿一人、官權大書記官、少書記官、權少書記官、現今官員卿一人、月給金五百圓統率部下官員總理主管百般之事務部下官員進退黜陟、奏任以上具狀奏之判任以下專行之所主任施行之法案、則得列元老院之議場、辯論其利害、

大輔一人、月給金四百圓、輔卿之職掌若卿有故則得爲
其代理、少輔一人、月給金三百五十圓、掌亞大輔大書記
官二人、月給金各二百五十圓、權大書記官三人、月給金
各二百圓、少書記官三人、月給金一百五十圓、權少書
記官一人、月給金一百圓、受卿之命、各幹其主務、屬官自
一等屬至十等屬、爲九十六人、等無定額、以勞次陞、又有
御用掛二十七人、上項月給金自六十圓至十二圓各從
事庶務。

事務章程 附九條

四年以東京府中小學校、爲本省直轄、後至須布學制悉
隷之東京府○改定東南兩校敎則、先是置正、變二則、至
是廢變則、聘外國敎師於各國、增其貟、更選俊秀生徒當

學校外國、教師、以外國語授業、爲正則、日本
頌學制於全國六年廢本省日誌、作本省報告及雜誌、頒
之、蓋審敎育學術及外國新聞關敎育等事也、七年分本
省中事務、爲四課一局、各置長、專任其責、一曰學務課、掌
關學校敎師生徒等事務、二曰會計課、掌查覈省中之財
務及直轄各部之出納、三曰報告課、掌關省諸報告臨
時編集及印行雜誌等事、四曰准刻課、掌准許印行圖書
事、五曰醫務局、掌關衛生諸事、八年合博物會、事務局、博
物館書籍館、小石川植物園、屬本省、九年遣本省大輔於
亞米利加、觀博覽會、十年翻譯大學所用敎科書、先是大
譯之、將用國語敎之也、十一年、自十月至本年六
擬用外國語授之、至是胡
月、調理往復文書、八千九百五十八件、印刷本省等三年

<small>外國敎師、以外國語授業、爲正則、日本
敎師供外國語與譯語授業、爲變則</small>

<small>學術大輔</small>

報、五千部刊行教育雜誌、二十四萬六千九百五十部刊

行本省雜誌、一千八百部、刊行教科圖書等二十九種、三

萬六千八百七十三部、本年七月、至十二月、調理文書、四

千三百四十一件、印刷本省第四年報五千五百部刊行

十部、刊行教科圖書等十一種、二萬二千五百部、以本邦五

教育、偏於育知而薄於育躰設躰操傳習所、聘外國躰操

專門教師、以授生徒、十二年禁翻刻本省所刊行圖書者、

很加訓註解等、變搜躰面、不得其當、多害教育也、

第一、廢置官立學校及幼稚園書籍館博物館等、第二、派

遣部下官吏及生徒於外國第三、廢置各局及命局長戒

免之、第四、定各局之處務規程、第五、與學位之稱、第六、定

官立學校之學則第七、布達主管之事務第八、備外國人
又解傭第九、新創事又變更舊規、

經費

五年九月、本省定額金、一年為二百萬圓六年一月、減為
一百三十萬圓八年一月、復定為二百萬圓七月又減為一
百七十萬圓九年定為一百七十萬四千八百十圓十年又
減為一百二十萬圓十一年為一百十四萬圓十二年為
一百十三萬九千八百七十圓至十三年歲計八額金一
百十八萬一千一百圓應用本省二十五萬八千百五百五
十八圓東京大學校二十六萬七千七百五百五
學部十三萬九千四百四十九圓大坂中學校五萬九千
圓東京外國語學校四萬八千三百三十二圓東京師範

學校、三萬二千圓東京女子師範學校、二萬二百圓

東京職工學校三萬五千圓圖書館、一萬圓教育博物館

一萬五十圓學士會院、八千二百七十八圓體操傳習所

一萬五千五百八十圓府縣師範學校補助、七萬圓府縣

小學校補助、二十萬圓

學校誌畧

設置本省後改大學校稱大學改東京開成校、稱大學南

校改東京醫學校、稱大學東校、或單稱東校、南校又改東

校曰第一大學區東京醫學校、南校曰第一大學區東京

第一番中學洋學所曰第二番中學、大坂開成所曰第四

大學區大坂第一番中學、大坂醫學校曰第四大學區大

坂醫學校、長崎廣運館曰第六大學區長崎第一番中學、

長崎醫學校日芽六大學區長崎醫學校設督學局、於東
京、創設師範學校於東京、又設女子師範學校、
後又稱大坂中學日開明學校長崎中學日廣運學校六
年改定全國八大學區、及大學本部芽一大學區以東京
府為大學本部芽二大學區以愛知縣為大學本部芽三
大學區以大坂府為大學本部芽四大學區以廣島縣為
大學區以新潟縣為大學本部芽五大學區以長崎縣為
本部現今東京所在學校大學法理文三學部大學豫備
門、大學醫學部師範學校附屬小學校女子師範學校附
屬幼稚園外國語學校體操傳習所、

教育令十三年十二月改正頒布

一、文部卿、統攝全國教育事務、學校幼稚園、書籍領不問

公立私立、皆為文部卿所監督、一學校為小學校中學校

大學校師範學校農學校商業學校職工學校自餘諸般

學校、一小學校為授普通教育兒童之所其學科為脩身

讀書習字筭術地理。歷史等約炭準土地情況加畫唱

歉體操戎物理生理博物等大意女子設裁縫一科若有

不得已俗身讀書習字筭術地理歷史中得減地理歷史

一、中學校為授高等普通學科之所、二大學校為授法學

理學醫學文學等專門諸科之所、二師範學校為養成教

貞之所、二專門學校為授專門一科之所、二農學校為授

農耕學業之所商業學校為授商賈學業之所職工學校

為授百工職業之所以上所揭不論何學校各人皆得設

置之、一、各町村、從府知事、縣令、指示、獨立或聯合、要建足
教育學齡兒童小學校、但私立小學校、可以代小學校、經府知事、縣令之認可、不必別設置、
一、各町村所設小學校、獨立或聯合、區域置學務委員、使
幹理學務、學務委員、以戶長、加其員、但人員多寡、給料有無及費額、區町村會議決之、經府知事、縣令之認可、
一、擇學務委員、町村人民薦擧定員、二倍
若三倍、府知事、縣令、就而撰任、但薦擧規則、府知事、縣令起草、經文部卿之認可、
一、學務委員、屬府知事、縣令、之監督、掌兒童就學及學校
之設置保護、一、凡兒童、自六年至十四年、八年間爲學齡、
一、令學齡兒童就學、爲父母後見人之責任、一、父母後見
人、有學齡兒、未卒小學科三年課程者、非不得已者、每年
不可少十六週以上就學、又學齡兒童、雖卒小學科三年
課程者、非有相當理由、不可少就學、但就學督責規則、府知事、縣令、起草、經文

一、小學校學期為三箇年以上八箇年以下、授業

日數一年為三十二週日以上、少三時間一日不多六時、一不

八學齡兒童於學校又不依巡回授業法而別欲授普通

教育須經郡區長之認可、但郡區長要依試驗兒於町村學校、一町村

乏設小學校之資將設巡回授業法授普通學科於兒童

則經府知事縣令之認可、一、學校有公立有私立以地方

稅若町村公費設立為公立學校以一人若數人私費設

立為私立學校、一、公立學校幼稚園書籍館等之廢立府

縣經文部卿認可町村經府知事縣令認可、一、設置私立

學校幼稚園書籍館等經府知事縣令之認可、廢止則亦

申報府知事縣令、但私立學校代公立學校者、一、町村所

立私立學校幼稚園書籍館等廢止規則府知事縣令起

19

草、經文部卿之認可、一、小學校教則基文部卿所須之大

綱府知事縣令準土地情況、編制之、經文部卿之認可施

行管内、但府知事縣令以所施行教則有難準據將　一公

立學校費用係府縣會議定者則地方稅支辨之、一、公

人民協議者則町村費支辨之、一、以町村費所設置保護

立學校費用係府縣會議定者則地方稅支辨之掛町村

學校地免稅、一、凡供學事寄附金寄附入所指定目途

學校若仰要補助於地方稅、經府縣會議得施行之、一、公

之外、不得支消、一、各府縣設師範學校養成小學教員、一、公

立師範學校卒業生徒試驗已畢與卒業證書、一、公立

師範學校雖不八學本校者請卒業證書試驗其學業合

格者與卒業證書、一、敎員不問男女年齡十八以上、但不

正者、不得、爲敎員、　一、小學校敎員必帶官立公立、師範學校卒業

20

證書者、但雖不帶師範學校卒業證書者、府知事縣令、與教員免許狀、若其府縣、得為教員、

部卿、時遣吏員巡視府縣學事實況、一、不問公私學校不

得拒文部卿所發遣吏員、一、府知事縣令每年記載管內

學事之實況、申報文部卿、一、凡學校男女不得同教場、學校、男女同、教場不亦竝、

非歷種痘、若天然痘者不得八學、一、凡罷傳染病者不得出

八學內、一、凡學校不可加生徒體罰、鞭撻或縛類 一、試驗生徒、其

父母若後見人得來觀、一、町村所立學校教員因學務委

員申請府知事縣令任免之、一、町村所立小學校教員體

額府知事縣令、制定之、經文部卿之認可、一、各府縣庠士

地情況可設置中學校、及設專門學校農學校商業學校

職業學校等、

21

大學法理文三學部

記畧

德川七代將軍家宣、始倡西法、使人就和蘭人學其言語、

醫術、曆筭、諸學術漸竹於世、家宣子吉宗、設天文臺於江

戸、製簡天儀掌曆筭推敚、始置翻譯局、擢和蘭學者、譯和

蘭書、稱番書和解方、後改翻譯局、稱翻書調所、仟開校式

許幕府士人、及諸藩士、八學並講英、佛、獨聲書後設化學、

物産學、數學三科、稱本校為洋書調所、旋改校名、稱開成

所日主元年、再興開成所新撰教則、二年始開教塲更置

講習所、備米人、為英、佛、獨語學教師、改校名、稱大學南校、

改化學所、為理學所、令諸藩舉俊秀十六歳以上二十歳

以下八本校、稱貢進生、又選拔生徒、使留學英國、又開博

編制及敎旨

及試業規則、爲不暇遵本則、復各學科者、設撰科一則、

學英國物理學科卒業生一名留學佛國九月改學期制

門十一年五月、命法學科土木工學科卒業生各一名留

及東京醫學校、稱東京大學、分爲法、理、醫、文、四學部、而置

外更置豫科十年行講義室開講式、四月文部省、以本校

籍閱覽室、使生徒、以餘暇繙閱和、漢、洋書籍法化工三科

學科、以佛語礦山學科、以獨逸語、七年畫校內一室、爲書

校、設法、理、工、諸藝礦山學、五科、法理工三科、以英語、諸藝

又改稱第一大學區第一番中學、六年改校名、稱開成學

覽會四年七月、廢太學、置文部省、改本校單稱南校、八月

一、東京大學、綜法學部、理學部、文學部、醫學部、而法學部
置法學科、理學部置化學科、數學、物理學科、生物學
科、工學科、地質學科、採鑛冶金學科、文學部置哲學政治
學、理財學科、和漢文學科、就各學科中專敎一科爲肯、一、
東京大學豫備門、屬東京大學、爲法、理、文學部之所管、凡
生徒八本部者先由豫備門修普通學科、

學科課程

一、法、理、文學部諸學科課程爲四周年、生徒階級、爲四等、
一、法學部生徒皆修同一學科、理學部設六學科、文學部、
設二學科、而理、文、兩學科生徒隨其所好專修一科、六各
學部期以邦語敎生徒、然現今姑用英語、無習佛蘭西、獨
逸、兩國語之一、如法學生徒、必無學佛蘭西語、各學部

24

課目如左、

法學部

一、本部以教本邦法律爲本旨、故授英吉利法蘭西法律之大綱、

第一年英文學及作文一年間四時每週、論理學半年間二時每週、心理學大意半年間二時每週、史學英國史一年間三時每週、和文學一年間二時每週、漢文學及作文一年間四時每週、佛蘭西語一年間三時每週、

第二年日本古代法律一年間二時每週、日本現今法律三刑法一年間二時每週、英吉利法律不結論刑法〇結約法〇私化法、一年間每週、英吉利國憲一學期三時每週、佛蘭西語一年間三時每週、六時、英吉利國憲一學期三時每週、佛蘭西語一年間三時每週、

第三年日本古代法律、大令質、一年間一時每週、日本現行法律、

治罪法、
訴訟演習○
海近法○家狀○
法刑訟演習、

三時、

一年間〔二時每週〕、英吉利法律、〔訴訟約法○蠻掠法○蠻平法○〕一年間〔九時每週〕、佛蘭西法律要領、〔刑法○○〕一年間

蘭西法律要領述一年間〔三時每週〕・卒業論文、

理學部

第四年、日本古代法律〔大寶令、〕一年間〔一時每週〕、日本現行法律、佛列國交際法〔公法私法〕一年間〔三時每週〕、法論一年間〔三時每週〕、佛

一、本部設六學科化學科數學物理學及星學科生物學科工學科地質學科採鑛冶金學科、二、募一年課程各學科、

科無有異同後三年從本人所撰專修一學科、各學科

第三年及第四年教員爲生徒設漢文講義隨意聽講、

諸學科

第一年、數學(代數幾何)二年間四每時週、重學大意、二學期二每時週、星

學大意一學期三每時週、化學(無機)實驗、一年間四每時週、金石學大意

半年間二每時週、地質學大意半年間二每時週、畫學一年間二每時週、英吉利語

論理學半年間二每時週、心理學大意半年間二每時週、英吉利語

一年間四每時週、

化學科

第二年分析化學(分析質)一年間二每時週、有機化學一年間

二每時週、物理學一年間四每時週、金石學一年間二每時週、英吉利語

一年間二每時週、佛蘭西語或獨逸語一年間二每時週、

第三年分析化學(定性定量分析)一年間二每時週、製造化學一年間

三每時週、冶金學一年間四每時週、物理學一年間三每時週、佛蘭西語

27

或獨逸語、一年間每週二時、一

芽四年分析化學、〇宍黄分析、　　一年間每週十一時、製造化學、一

年間每週三時、卒業論文、

數學物理學及星學科

一、本科敎數學物理學星學、三學各年不同課目、生徒至

芽二年三學中從其所欲專修一學、

芽二年純正數學一年間每週八時、物理學一年間每週六時、星學、

一年間每週六時、重學一年間每週四時、分析化學、一年間每週三時、

英吉利語一年間每週二時、佛蘭西語或獨逸語一年間每週二時、

芽三年純正數學一年間每週二時、應用數學一年間每週四時、

物理學一年間每週六時、分析化學、物一年間每週四時、星學驗一

年間每週六時、佛蘭西語或獨逸語、一年間每週二時、

第四年、純正數學、^數一年間、五^{每週}時、應用數學一年間、五^{每週}時、

物理學一年間、八^{每週}時、星學、^{曆數}一年間、六^{每週}時、卒業論文、

生物學科

一、本科者第四年即於最後一年間從本人撰使專修動

物學或植物學之一課目、

第二年動物學一年間、八^{每週}時、植物學一年間、八^{每週}時、生理化

學半年間、二^{每週}時、英吉利語一年間、二^{每週}時、佛蘭西語或獨逸

語一年間、二^{每週}時、

第三年、動物學一年間、十^{每週}時、植物學一年間、十^{每週}時、古生物

學一年間、二^{每週}時、佛蘭西語或獨逸語一年間、二^{每週}時、

第四年、動物學一年間、十^{每週}六時、植物學一年間、十^{每週}時、二卒

業論文、

工學科

一、本科者第四年、即於最後一年間從本人撰、使專修機械工學或土木工學之一課目、

第二年、数學二年間五每時週、及講義、重學二年間四每時週、物質強弱論一年間四每時週、物理學、一年間四每時週、實驗、一年間四每時週、物理學一年間四每時週、英吉利語一年間二每時週、陸地測量學一年間五每時週、講義及野外實驗、一年間四每時週、機械圖一年間四每時週、

佛蘭西語或獨逸語一年間二每時週、

第三年、熱動學及蒸氣機關學一年間二每時週、道路及鐵道測量及構造一年間六每時週、物理學一年間六每時週、機械學二年間二每時週、結搆強弱論一年間二每時週、機械圖二年間四每時週、

佛蘭西語或獨逸語一年間二每時週、

第四年、機械工學、機械計畫製圖實驗、材料試驗、

機械場實驗、卒業論文、土木工學一年間每週十、

橋梁構造、測地術及野外實驗、海上測量、治水工

學、造營學二學期每週三時、應用地質學一年間每週一時、卒業

論文。

地質學科

第二年、地質沿革論一年間每週二時、金石學一年間每週二時、金

石識別一年間每週一時、檢質分析一年間每週五時、吹管檢質分

析一年間每週二時、採礦學一年間每週三時、陸地測量及地誌圖、

一年間每週四時、動物學一年間每週二時、植物學一年間每週二時、地

質巡檢、英吉利語一年間每週二時、佛蘭西語或獨逸語、一

年間每週二時、

第三年、古生物學一年間每週二時識別實驗巖石一年間每週

一、識別實驗化石、一年閒每週二時、測量地質及變動地質學、

一年閒每週二時、石質學一年閒每週一時、定量分析二年閒每週十時、

巡檢地質、佛蘭西語或獨逸語一年閒每週二時、

第四年、識別實驗嚴石一年閒每週二時、識別實驗化石一年

閒三每時週、用顯微鏡查察嚴石、及金石實驗或語及一年閒三每時週

測量地質及表西地質學一年閒三每時週應用地質學一年

閒一時、巡檢地質、卒業論文、

採鑛冶金學科

第二年、採鑛學一年閒三每時週金石學一年閒二每時週、石質學、

一年閒一每時週、測量陸地一年閒四每時週、應用重學一年閒六每時週

時、識別金石一年閒一每時週、檢質分析一年閒八每時週、機械圖

一年閒二每時週、英吉利語一年閒二每時週、佛蘭西語或獨逸語、

一年間、(每週二時、)

第三年、冶金學一年間、(每週四時、)吹管檢質分析一年間、(每週三時、)

淘汰鑛礦法一年間、(每週二時、)定量分析一年間、(每週十時、)機械圖、

一年間、(每週二時、)地質沿革論一年間、(每週二時、)鑛山操業實驗、

佛蘭西語或獨逸語一年間、(每週二時、)

第四年、試金一年間、(每週反時、)地中測量一學期、(每週一時、)定量吹

管分析一年間、(每週三時、)鑛業計畫一年間、(每週四時、)淘汰鑛礦法、

及冶金學試驗一年間、(每週四時、)應用地質學一年間、(每週一時、)造

營學二學期、(每週三時、)測量實驗地中、巡視鑛山、卒業論

文、

文學部

一、本部中設二學科、哲學政治學理財學科和漢文學科

一、第一學科與第二學科者其第一年課程已有所異故

於第一年初使生徒撰定其可專修一學科、

一、第一學科者使悉履修第二第三、兩年間課程所載之

諸科至第四年就哲學政治學理財學中使撰一課目專

修之且使撰其餘二課目及史學中之一課目無修之、

一、第一學科第四年英文學及漢文學者生徒學之與否

雖任其意漢文則必使作之、

一、第二學科者以三年間使專修和漢古今文學爲旨且

三年間使無學英文學或史學或哲學、

一、別置佛書講義一課使文學部生徒隨意聽講之、

學一年、和文學一年間 每週二時、漢文學及作文一年間 每週四時、

史學 佛史 一年間 每週三時、英文學及作文一年間 每週四時、論理

學半年間、（每週二時）心理學大意、半年間、（每週二時）佛蘭西語或獨

逸語、（科者修之）一年間、（每週三時）

哲學政治學及理財學科

和文學一年間、（每週二時）漢文學及作文一年間、（每週四時）史學、（英國史）一年間、（每週三時）理財

苐二年、哲學、（心理學史）一年間、（每週四時）史學、（希臘羅馬史）一年間、（每週三時）政治學一年間、（每週三時）和文學一年間

苐三年、哲學、（道義）一年間、（每週三時）佛蘭西語或獨逸語一年間、（每週三時）英文學

一年間、（每週三時）史學、（羅馬史）一年間、（每週四時）英文學、（作文批評）及一年間

苐四年、哲學一年間、（每週五時）政治學及列國交際公法一年

間、（每週四時）理財學一年間、（每週三時）史學一年間、（每週三時）漢文學及

作文、一年間、毎週三時、英文學、批評、及

和漢文學科

第二年、和文學及作文、一年間、毎週九時、英文學、或史學、或哲學、一年間、毎週五時、漢文學及作文、一年

第三年、和文學及作文、一年間、毎週十時、英文學、或史學、或哲學、一年間、毎週五時、漢文學及作文、一年

第四年、和文學及作文、一年間、毎週十時、英文學、或史學、或哲學、一年間、毎週五時、漢文學及作文、一年

間、毎週一時、和漢、兩文、

教科細目

日本古代法律〇法學文學第一年課講授貞永式目法

律○決學文學第一年課講授恩法志料制度通第三年課講授大寶

學第二年課講授恩法志料制度通第三年課講授大寶

及、一年間、毎週三時、卒業論文、

批評、析辭、

一年間、毎週三時、卒業論文、

令第四年課、無講修大寶令、及法曹至要抄〇生徒平日

所自讀課書如左〇但第一年生徒之自讀書畀之

第二年課書、類聚三代格、故事要畧、續日本紀〇

第三年課書、律疏殘篇、令集解、職原抄〇第四年

課書、建武式目・金玉掌中抄、延喜式・裁判至要

抄。

日本現行法律〇法學第二年課講授刑法第三年課及

第四年課講授治罪法之餘暇使就司法裁判所既決訴

訟件作訴訟書答辨書且每週一回、使生徒、假爲原告被

告代言人、演習法庭訴訟之事、

英國法律〇擇所適於生徒之教科書、講修之、教授法教

師先講解課書之意、就其所授起問、使生徒答之、若無所

適於生徒之教科書則以講義授之○現今所用教科書

如左、

法律緒篇、巴辣克思頓及弗兒武及哈土來著英國法

律註釋○愚法、特利著法律原論亞稿思著英國憲法

利伯耳著自治論○結約法、西窗斯著結約法勃洛克

著結約法、蘭兒特兒著結約法、摘要判決錄○不動産法

巴辣克思頓著法律註釋維廬著不動産法○刑法、

鼻渉著刑法註釋○私犯法、弗妻嗎著法律註釋○賣

買法、蘭克特兒著賣買法、摘要判決錄○衡平法、伯

燕著衡平法、斯內兒著衡平法○證攄法、斯知般著證

攄法、伯斯特著證攄法○列國交際私法、哈華兒頓著

萬國私法○列國交際公法、哈伊頓著萬國公法○法

論、豪斯丁著法論墨因著古代法律、

佛蘭西法律○佛蘭西法律第三年、講授刑法第四年講

授民法爲規而唯本年第三年生、講授民法、財産篇以下共以佛蘭西法

及刑法第四年生、講修佛國民法人事篇

律書爲敎科書使知其要領、

普通化學○理學部第一年、使生徒試驗諸物而熟其在

敎室所學之非金屬及化合物等製法及性質等以魯斯

果著無機化學爲敎科書、

分析化學○本科第二年使生徒專從事檢質分析始于

單一蓋類漸進及混合物、而終于研究亞兒古保兒類有

機酸類蓋類等化學之變化、有餘暇則今製作各種純粹

有機物票本○第三年第四年、使生徒專從事無機及有

機物、定量分析始於二三之合金類終於蓋類及糅雜之礦物、但第三年生於終期使以容量及重量分析法泛驗定製造物〇第四年前半學年中使生徒專從事有機物之遠成分分析即驗定炭素、水素、盖素、燐素、硫黄及窒素等之成分又從事有機物之近成分分析即以重量分析法及回光分析法考查糖質且驗定穀類即米等之成分及酒類即清酒味淋酒等之成分又敎授水之分析法〇第四年後半學年中使生徒就其隨意所撰卒業論文、其業時必作文章之題爲實地試驗、但其爲實地試驗不得受敎員之指敎惟與學友有所講論而已、如其作文、名其曰卒業論文、不可不生徒自撰述之〇分析化學所用之敎科書、多不必普著檢質分析學、許利塞尼斯著檢質分析學、我

著實驗化學、多兒普著之量分析學、許刊霊尼斯著
化學分析、文克林著水質分析法、撒頓著檢容定量

分析法

應用化學○本科專以講義及圖畫教導之、以二年間爲
程期講義之主題如左、

第一年卽化學苐三年○可燃物化學、亞兒珂理工業、
苐二年卽化學苐四年○含水炭素製造化學、有機包

料化學、

有機化學○所教授之主題如左、

有機化學所以一名炭素化合物之化學之由、炭素一
微分子與他同質微分子化分之力、有機物聚合生成
根基體交換及元形說、當適量及陕曽美理池㕯、

有機分析、分子定量法、蒸氣調度法、有機物判列

及有機羣屬性質、納特魯加兒盆、脂肪物質、揮發

物、德兒敏及干格兒、有機盐基、不經判列物質、

曾列摩耳著有機學為教科書、

純正及應用數學○苐一年級、純正數學所授平面解析

幾何學卽帕克兒著代數幾何學自苐一章至苐十一章、

有餘暇則講授亞兒地斯著立體幾何學又應用數學苐

二及苐三學期授重學大意其教科書為突土蕃太兒著

重學初䒭○苐二年所講修純正數學課目卽高等平三

甬及弧三角術立體幾何學微分積分學微分方程式其

教科書、首布內著三角術、亞兒地斯著立體幾何學

土蕃太兒著微分及積分學、布兒著微分方程式且

42

以維廡遜著加耳幾刺斯暨普頓斯著印布尼特西摩兒

加耳幾刺斯供參考又同年應用數學教以重學但定科

書大抵教以講義○第三年所教授純正數學課目則高

等代數學及加耳幾刺斯高等解析幾何學其所用教科

書及叄考書爲突土蕃太兒著方程式論、沙耳門著高

等代數及圓錐曲線法立體幾何學、布洛斯德著立體

幾何學、突土蕃太兒著積分學及加耳幾刺斯呃布白

理埃戎䔍等○又應用數學第一學學期擄巴兒均遜著

書講授幾何光學且講授熱動力論又第二及第三學期

授靜力學攝引理論光音波動論其教科書及叄考書用

突土蕃太兒著靜力學及攝引理論史維李著數學雜記

洛伊突氏著光學等○第四年純正數學講授高等加兒

幾刺斯高等微分方程式、其教科書、用布兌著拳內特德
希廉西斯繕突土蕃太兌著漢克戎啞布刺布禮斯別設
兌刺米繕、名、布兌著微分方程式、
本年講授近世幾何學及加特兌尼恩著　維李著數學雜記等、又
學敎科書用夕温誟突著近世幾何學、革蘭德氏、特夕
氏合著加特兌尼恩〇苐四年、應用數學敎導動力學流
動力學其敎科書爲特夕氏知兌氏合著微體動力學
老斯著固體動力學及陪散著流動力學其他尚講授電
氣學磁氣學等之數理大意以加閱克著電氣學爲敎科
書、以上所衆諸書之外關各課之書谷年廣採供叅覽
引用、

物理學〇本部中從事物理學者分爲三學科帛數學帛

理學、星學科工學科化學科○苐二年、所學卽簡易物理
學試驗實修、所測定尺度質量時間等精微器械之用法、
觀測、及其結果論最小平方律應用論機械物理學之簡
易問題、及同上論理之實地應用而本學年末期爲熱學
○苐三年、專講究理論及實驗光學幾何光學熱動力論
○在物理學科緻學及星學生徒此之物理學專修生徒
其實驗時間稍少耳他複修同一課業工學及化學生徒
苐二第三兩年授簡易物理學○第四年專講究電氣及
磁氣學且其理論外別在實驗室、練習電力、磁力、測定之
實驗及應用電線之試驗○本年卒業論文之題、期新探
討一理之條件故使各生徒專攻特要精容之一事○所
用教科書、斯丟亞兒著物理學初步、德沙內兒著物

理學、果剌烏捨著物理測定法、額諾著物理學、涉
伯內著最小自乘法、維理著觀測差違筭定法、米理
滿著最小自乘法、布力著物理實驗法、鼻革凌著物
理實驗法、維理著音學、斯丟亞兒著熱學、摩幾思
空著熱學理論、然均著電氣及磁氣學、甘明著電氣
理論、洛伊德著磁氣學、維理著磁氣學、斯搖知士
烏德著光線分極論、維理著光線波動論、洛伊德著
光線波動論、捨廬著光線分析論、洛克开著分光鏡
用法、巴均遮著光學、冶巴列著度量衡比較法、
星學〇理學苐一年級苐一學期授星學大意講義、
苐二年課目論理星學、　數學及形象星學初步〇教科
書、　路米西氏細甘氏和顆氏著〇實驗星學、子午儀

天頂儀、紀限儀之運用、測定時間及緯度、用水
平尺及分微尺法○教科書、路米西氏及澁伯内氏著、
葶三年課目論理星學、觀測移箓法、天體重學○教
科書、澁伯内氏綳特果倫氏、及刺布列氏著○實驗星
學、赤道儀觀測及移箓、分光鏡及光線訏使用、卯
酉儀測定緯度○教科書、澁伯内氏著、
葶四年課目論理星學、衍道、攝道○教科書、可烏
斯氏伯設兜氏娶百兒撒氏著○實驗星學、子午儀觀
測及移箓、測定其子午圈恒差○教科書、伯設兜氏
及澁伯内氏著
植物學○生物學葶二年、每週二回、講植物結搆及其生
理且於實驗室、就實地教此二課又使生徒講明判定有

花部種屬供其用植物日取之小石川植物園其在植物
學實驗室授業每週六時爲常○地質學第二年第一學
期於實驗室授分析植物法使生徒通植物結構及其天
然分類第二全學期及第一第三兩期之敎週日講授植
物形體論及生理論第三學期就本學期及前兩期中所
講諸課於實驗室更敎導之其時間爲每週二時○生物
學第三年一年間每週二回講植物分類及應用但第二
學期末及第三全學期授無花植物而於實驗室每週八
時間課單子葉部中之禾本科及莎草科無花部中之石
松類蕨類舷爾小草類木賊類羊齒科土馬騣類地綫類
諸業又雖敎授通長部係下等部屬者然精究之姑讓後
日○生物學第四年敎授植物學專修生徒於講義則爲

地理、及古生植物、通長部、及植物高等生理、而試驗室諸

業、亦就同課目授之且使生徒別專究植物之一部類○

參考書、屈列著植物學、白耳和兒著植物學、撒克

著植物學、少米著植物結搆及生理學、扁布列著植

物學初步、特甘德兒著地理植物學、林特列著藥用

及應用植物學、白兒傑列著無花植物學、德兒維著

薔薇草說、德兒維著倉蟲草說、德兒維著植物界各

自受精及交互受精說、斯保兒特著日本植物說、撒

白兒克著日本植物說、米傑兒著日本植物說、佛蘭

設氏撒巴設氏谷著日本植物目錄、撒林傑兒著日本

海草說、本唐著香港植物說、巴母著拉伊顚博物館

植物記、麻幾西母維屈著黑龍江植物說、屈列著业

米植物說、特甘德兒著植物界、本唐氏及弗傑兒合

著植物物屬類說、維特著東印度植物圖說、巴母著細

亞巴夏植物說、德利細斯著禾本科說、巴特著荻草

科說、虎傑兒著羊齒科說、米特細斯著利布斯植物

圍植物物羊齒科說、虎傑兒著英國植物物羊齒科說、撒

利函特著合衆國土馬駿類、及鋨苔類說、白兒克列著

英國土馬駿類說、格克著芝栖類說、白兒克列著英

國芝栖類說、多連著芝栖類說、亞加兒特著藻類說

加鄒著藻類說、刺扁和兒斯多著歐洲藻類說、哈標

著藻類說、林特列及哈頓合著英國化石植物說、草

木圖說、本草圖譜、本草綱目啓蒙、和漢三才圖會

花彙、本草綱目、

動物學、○第二年級、授有脊動物、比較解剖之講義、且使
爲之實驗、其目如左、注射諸法的之脈管究查、筋肉、

消化機、骨相學、泌尿生子機、神經、顯微鏡用

法、○第三年級、授無脊動物、比較解剖之講義、且使爲之

實驗、其目如左、動物分類、解剖各大部之動物、感

覺機、及諸機關之生物組織學、○第四年級、使各生徒於

實驗室專攻淡比較解剖、及發生學之一事、特授其講義

之事頃、○地質學第二年級、及第四年生使報告各自所研究

○每週一回、會第三年、及第四年生、課目爲動物分類及骨相學、

其序先教動物界中各大門至要的諸部次使研究解剖

學、及組織學、以知動物分類之大意、蓋骨相學未修古生

物學之前當豫修之學也、○教科書、屈老斯著動物學

大意、係戈母巴維兒著動物各大部、解剖大意、克斯
列著有脊動物解剖、及無脊動物解剖、老列斯頓著動
物生活形質、巴兒保兒著發生學大意及比較發生學、
布列著組織學書、尼果兒遜著動物學書、慕兒斯
著動物學初兵。

土木工學○土木工學科茅二年、及茅三年課目、同機械
工學科課目至茅四年別爲兩級從各生徒所撰使專修
機械工學或土木工學一課○各年普通課目外土木工
學生修左諸課目茅二年所學課目爲陸地測量術卽通
常測量器之理解實用及距離百積計算平準器之實用
法、製測量圖地誌圖法也、但茅二年以時限已充使各生
徒就上所記諸課目熟練實地經驗○茅三年間所從事

等造道路及鐵道法、及研究土木業諸材料者是也等造
鐵道課直線曲線布置法、平準測量法、平面圖、横截面圖
平行測量面圖高標低趨之製法、及鑒道堤線之布置計算屬
焉、每課逐序學之卒業後實驗之於野外其法先布置諸
試線於數里間尋判定鐵線之位置敷設之而後製諸種
詳細圖作諸種計算及作諸種說明條款書等一如真設
鐵道者〇等造道路課所學修爲等造修繕村落市街道
路諸方法就中要多學適日本之方法〇土木工學生要
考究石灰㴱灰粘土石灰之性質且實驗之又研究所最
要於土木業諸材料之物質〇苐四年講習測地術治水
工學且自計畫諸土木工業、〇測地術教員口授之課中
之目如左、基線測量、測點位置採擇、彌標設置、

角度測量、用最小秉法而調整測量之法、決定緯

度經度、地平經度之法、量定觀象臺實驗測點之高

低之法、普通測地平準法、製地毬圖法等、〇治水工

學中之目如左、係流動體之數理論、所示水道河川

流水之速力諸定式之評論、等造運河法、灌水法、

排汚法、關洪水法諸工業、修川流而便運輸、保存

堤防、築造舩槽、橋脚及港埠之法、其他使測量東京

府下川流武品川港、製其圖以研究水上測量於實地〇

荐四年所修工事、槪如左、木橋、石橋、鐵橋各一個

其他各自所撰諸工業、但要作完備計筭表及說明條欵

書〇荐四年期末帛卒業前使生徒撰係土木工學一題

草卒業論文、蓋驗其學力、果可受卒業證書否也〇敎科

書及參考書、篿二年、李兜斯裨、著陸地測量書、篿三
年、邊克著鐵道工學家必携、麻漢著土木工學、李路
莫亞耳、著石灰煉、石灰沙、製法及用法、和斯著掌中鐵
道工學書、巴犁著鐵道器械要說、篿四年麻漢著土
木工學、蘭均著土木工學、克拉克著測地術、米利
滿著最小自乘法、路米斯著實驗星學、倍克兜著建
等法、你斯著鐵道工學家用書、杜老特尹著工學家
必携、漢巴兜著鐵橋建築法、汝克遜翻譯加特兜著
水勢表、

機械工學○篿二年所履修課目有二篿一重學篿二物
質强弱論○重學課目、本原單位、及因生單位、單位
保存法、測度法、實質速度加速度等之說、陪克特

兇克線之表示法、和特克剌布、謂所接續發於點迅示方位之義及表示線之起於點迅興示方位線

牛並氏運動律、應遍力、運動理論動靜學及

靜勢學之別、靜勢學課目、力之組成及分素、力率、

毀力、散布力、重心、等布力及等變力、平面惰

力率、液汽兩體之抑壓、水壓機、浮體之平均、摩

摩擦定固、帶類摩擦、動勢學、力之完全測度、

勢力及動作、勢力之保存、動力率、衝突、分子

回轉、圓錐形的擺振、單純循軌動、單純擺子、固

體回轉、受壓心性質、集成擺子、實質通動、特蘭

倍兒氏律、移抵抗力及惰力於導黯運動理論、運動

理論中之雜律、瞬時軸、回轉及直線動之組成、瞬

時軸畫線、自由運動及緊縛之度、依連鎖機直線動

以上課工學、採鑛學、物理學、數學及星學諸生徒、且時

設適實問題使之於教室或私室、解明之、以習熟應用重

學之理於工學上、後所記諸科亦然〇物質強弱論、工

術用材料之製造及供辨法、木材、木材生長及伐材

法、木材乾晒及保存法、鐵、製鐵爐、銑鐵種類、

製鑄鐵爲錬鐵法、鐵車、錬鐵種類、鋼、和炭錬鋼

法、陪斯摩氏細眠氏及穀氏錬鋼法、鐵及鋼中混和

物、燒鍛法燒硬法及燒鈍法、他金屬及合金、砂土

鑄造法、鑄物冷硬法、物質試驗、試驗器、恒久重

量變更重量及急加重量之結果、渦刺兜氏之試驗、

保安因數、佛克氏之律、試驗上確定不變數、論機

械及結搆之強弱足頁其形狀與應遍力否、材力數理

大抵攷之於第三年所課結搆強弱論中、○第三年所覆
修課目、有三岝、一結搆強弱論岝二、熱動力、及蒸氣機關
學、第三、機械學、○結搆強弱論、強弱定固及支桿繋柱
計畫法、橋及屋背架搆、串孔關節、甸縫接合法、汽鑵鐵
木工梁及聯結梁接合法、連梁、任轉扣軸、
甲及汽鑵鐵管、惡鎖及惡橋、鐵製彎梁、擁壁烟突
等、○熱動學及蒸氣機關學、勢力之保存變形及消耗
通論、天然勢力之源、驗熱及溫度法、驗溫器分度
法、熱之移動、導熱、交換之理、物體上熱之作用
體內及體外之動作、比熱、潜熱、蒸氣及尼斯之
性質、保以兜斯查理如兜斯三氏之律、頴諾氏動作
循環律、反用熱機關、功力制限、斯太麦氏及愛犁

58

克遜氏座氣機關、蒸氣膨脹、實際及推測視脹圖、筒套、加熱蒸氣、復簡汽闊、汽鐘及於汽器等所要水量計算、算定機關功力之法、爐鑵製作及功力、燃料、蒸氣配分法、汽筒器、鏈鎖機運動、拒絕余、解、起動諸器、自動阻汽器、蒸氣機關各成及其製作詳之○機械學、工塲諸工具、機械所用工具、機械運動之理、熱動理論部要第三年第一學期中卒常示所備於工學職塲之工具及機器於生徒、機械工學生徒至第三年末使之在橫須賀造舡所九月間親執工事以實驗機器工具之使用歸校之後第四年中使之計畫機器及作卒業論文○教科書參考書、第二年蘭

均著應用重學、他啞遯氏底土氏谷著物理學、麻季
斯維兒著物質及運動論、諳特兒遯著物質強弱論、
苯三年及苯四年、蘭均著應用重學土木工學及蒸氣
機關學、可特利兒著蒸氣機關學、麻季斯維兒著熱
學、設列著工塲機械說、克特布著器械學、曼尹著
機械計畫法、利克著蒸氣機關論、
圖學〇圖學課程爲三年、益生徒在豫備門已習自在畫
學故八本部則專授機械圖法〇苯一年、授幾何圖法附
以問題使之應用肄習〇苯二年、就他畫圖或模型教機
械圖〇苯三年、苯一學期授著邑機械圖苯二學期授橋
梁及土木工業圖苯三學期授著邑地誌圖〇本部所以
敎此科之旨在授作各學科成業上所必要各般圖之法、

故各生徒所演習課業不同因今不載之、

金石學及地質學○理學蒡一年專授金石晶形學之要

領金石物理上卽光線上之性質堅度比重及化學的之

性質金石分類法而貯最要於金石之詳記據答那著金

石學書倣附適功於實地化學的之反應其係本邦所産

者併載其産地也○次金石學講義以地質學講義以示地

毬全部之要領地質上之顯象地毬之構造說其變動及

溫度比重等地質學中屬石質部巖石之講義特加詳細

所謂構造地質學部自山嶽之構造至巖石之浸蝕火山

力山脉之構造地殼變體亢百地毬上活動勢力之理論

是也又蒡一年講授地質沿革論之大畧○蒡二年金石

學易答那著金石學書以同氏著金石學敎科書詳論晶

形理論化學上金石符號式金石諸性以及稀生物而至
所關金石種族異質同形及同質異形諸物部別殊使注
意○金石識別學專主實地使生徒得一目判知緊要金
石之捷逕其法之口授雖無所遺至吹管分析則敎授有
其人故不必詳講其義但所必要於識別之化學物理學
晶形上之性質反覆敎授無得遺漏蓋吹管反應爲識別
法中最緊要者其書爲窩以斯巴比著英文識別表及答
那著金石學書附錄識別表○同年地質沿革論論辨關
水成層火成層礦道等諸構造隨自然年代之順序而水
成構造中進此順序者卽如無生駄層太古層中古層近
古層皆盡其說使生徒得暗熟巖石及化石又講義中務
俯引日本所產巖石及化石之說且參用答那著地質學

書、地質學及採鑛學、三年生、以第二年級不授此講義本
年授之〇○製地質圖及測量地質講義當於第三年授之、
然三年生以其第二年已修是業本年特授地質沿革論
〇石質學特明教示之以滿他日下手於巖石顯微鏡查
察之階梯而教授因所自撰之方法教導之不別用教科
書、但務參考英吉利佛蘭西獨逸書、特引用荅那氏地質
學書〇古生物學講義占本學年教課之一大要部、而先
發端於人類、自哺乳動物、禽類與匍匐動物水陸兩生動
物及魚類至有脊骨動物說、次自節足類(蛛蜘類、昆蟲類、蟹類)海盤車、
海膽等 亞尼剌以荅(蜥蝪等) 百理瑣亞及佛剌幾沃百荅等說
及軟體動物蓋此動物者、以緊要於地質學者、敎授之實
多數時間而後自細廳特剌荅(海綿)珊瑚普洛多瑣兒、說論及

古生物學中莈二部、古生植物學、其他解明自動物各部
發生年代及其發生如何之說、至各種動植物化石、定斷
巖石之時代呈何等良効、倘詳悉此動植物化石、在動植
分類占何等地位、○地質學教員、時率生徒巡檢其方土、
使就實地研究之且專就實地、示製地質圖法、而後不止
實驗兼授講義、又使本年生徒因石質學及古生物學講
義所示方法、就實地識別巖石及化石、○莈四年所授講
義之大要、○本年所履習石質學用顯微鏡、爲其實驗及
講義且畢莈三年所畧示、更細論之、○古生物學、因教授
之指示、使實驗之且特就化石、詳論之益此講義專令甄
別種類、○識別巖石、與識別化石、同一從事、用顯微鏡○
本年中實地教導課目如左、

莈一、測量地質製地質圖、

講義及實驗巡驗地質是也、但其講義中、加表面地質學
以是學、緊要於測量地質也、　第二、應用地質學講義是
也其目如左、　　甲當供普通實用物質概論金石山嶽　乙
壓力之作用、因巖石凝聚力堅度吸濕性及構造致變異
之際論、　丙論必要於百般事業物品卽水石材粘土等
之切用、　丁論土壤或表層巖石之性、大關農業上、○以
上所記應用地質學講義、不獨止地質學採礦學生亦要
授之工學生、故歷進本論之前豫教示金石學及地質學
之大要、所不得已也、○教科書參考書、　荅那著金石學
書及金石學教科書、　佛剌瑣兒譯窩以斯巴比著識別
金石表、　荅那著地質學教科書及地質學書、尼荷兒兒
遯著古生物學、　烏特窩兒德著軟體動物論、　來冶兒、

著地質原論及地質學初歩、彼日著應用地質學、刺

他列著石質學、知兌傑兌著石質學及金石嚴石顯微

鏡查察法、

冶金學及採鑛學○苐一冶金學、○普通冶金學、冶金

學沿革畧晷史、諸金及合金類之性質、諸冶金施法、

冶金用之物質及燃料、冶金用之器械、冶金上製出

物　冶金上廢棄物○應用冶金學、鉛、銀、金

白金　汞、亞鉛、加土慕母尼、錫、砒、安賚母尼、

蒼鉛、格巴兒士、尼傑兌、鐵及他冶金法○苐二、

採鑛學、有用鑛物發現之狀況、探鑛試鑿及檢定鑛

脈斷續長短等、鑛夫之手業及用具、鑛山之開坑準

備及操業、保存鑛山方法、遯壁、及地中運搬法、直

66

坑昇降法、坑内通氣及黜燈法、消防坑内失火法、

坑内疏水法、○第三冶金及淘汰實驗、冶金實驗場列

置小反熖焙燒爐一個鎔鑛及蒸餾爐數個淘汰實驗場

列置木製卷一個三個汰板一個碎石機一個圓筒狀篩

一聯水力分類篩一個及雜器以上供實驗鑛石取之左

所記鑛山、生野及佐渡金銀鑛、院内輕井澤及小坂

銀鑛、別子及生野銅鑛、宇陀汞鑛、攸所記鉛鑛鎔

山錫鑛、中小坂鐵鑛、天草安質母尼鑛、採鑛學生

徒以右所記之諸鑛付之實驗上鎔冶淘汰宜考適宜方

法且檢定金屬分之消耗等、製鑛上戎得新法則實驗

之証其適否、凡欲知關製鑛方法者、得輸送其鑛塊於

本部乞指教○第四冶金及採鑛器械并工場之計畫○

採鑛學生徒、製冶金及採鑛用諸器械圖附以供用物質
之量、及實施所要經費豫筭表、又製造右諸器械、摸型裝
置之採鑛學列品室、使優等生徒、計畫所適於鎔製鑛工
塲裝置又備外國產諸物價表使知之○補口授講義以
諸器械模型圖面、標品、鑛石、及鎔觧物塊片等、不問本邦
產、○凡摸型及圖面數追月增加、就中勉蒐集成于本邦
人手者○冶金學所用參考書　巴洛克散著金屬論
綠林烏土著冶金學　蘭保倫著銅鑛冶金法及金銀冶
金法等○試金術及吹管分析術○採鑛冶金學及化學
第四年級授試金術講義且使之實地試驗但化學生止
試驗金、銀、銅、鉛耳○採鑛冶金學第三第四、兩年間講授
吹管分析術且使生徒、爲檢質及定量吹管分析地質學

第二年生亦講授吹管分析、但止授檢質分析耳。○教科

書、普剌多尼兒著吹管分析法、

哲學○論理學及心理學之原理、以緊要於凡百學術法、

理文學部第一年各自專修科目外特授此二課目。○教

科書、漸猛著論理學、　白印著感覺智力論○文學芽

二年、使生徒研究心理學稍涉形而下者及哲學生物學

原理、知心體所以相關係與意識體樣所以相並行本年、

又授底加耳特氏彼該兒斯邊設兒諸氏著近世哲學史

之概畧其意盖在示歐羅巴近世哲學史者一理貫徹上

進、而適學生論理學上思想之進茂、且授此業專主口授

使審會得各種哲學論之要領、故學生當後來讀諸家著

作、得容易窺其蘊奧、又觀乎古純精哲學論文、則得一摅

哲學本理、批評之、○教科書、白印著心理學、加兒邉

太耳著精神生理學　斯邉設兒著原理總論及生物原

論、　參考書　莫斯列著精神生理及病論、亞白兒克

倫庇著智力論、伯格兒著創造史、設維克列兒著及

祿以斯著哲學史、伯尹著近世哲學史、○第三年、講近

代心理學哲學之緊切結果之大要而後使生徒專研究

道義學○教科書、白印著心理學及道義學　斯邉設

兒著道義學論料　亞立斯特德兒著道義學、西駟維

克著道義學、　參考書　本唐著道義及立法論綱彌

兒著利學、　巴多列兒著人性論、　甘多著道義論、福

斯著西設洛德啞布沙埃犓○第四年、分講義爲二種

布斯著西設洛德啞布沙埃犓○第四年、分講義爲二種

其一、專授心理學及近世哲學諸論說中、較著明者其他、

使研究人類與下等動物之心力比較太古與文明時代
之人心變遷動物及人類陳情語摸擬語及其修文變遷
等諸題○敎科書、斯邊設兌著心理學、彌兌著哈迷
兌頓氏哲學、希斯傑著萬有哲學、參考書、咨兌尹
著生物原始論人類原始論及情思發顯論、路易著哲
學史、低洽爾著原民社會論及太古人類史、潞本著
開化起原論、列傑著歐士明理說、斯邊設兌著萬物
開進論及新論文集、彌兌著論文集、其二、授哲學上
思想沿草史惑攪特加兌斯巴印撒伯克列甘多所著書
且學年一部令研究純理學、敎科書及參考書、特加
兌著哲學及迷知底戎結、斯巴印撒著書、甘多著純
理論、傑牙特著甘多氏哲學、麻保希著甘多氏純理

論、尨睦著人性論　列特著心理論　窩列斯著海該

兌氏論理學、　路易著哲學史、　餘白兌維克著哲學史

彌兌著哈迷兌頓氏哲學、

政治學○政治學科涉二年蔂三年級授本科初歩始于

世態學之誦讀口授使生徒知人生社會爲一活物成於

繁雜組織其構造効用紛繁無限非就其本源與進歩之

狀況而深研究之輒不可明瞭之次之示政理者本原於

純精哲學故口授哲學使生徒知今日諸家論説所以適

實際而後始八政理核論研究倫理政理諸説以漸究其

蘊奧與其所用書如左、　斯邊設兌著世態論綱、巴西墨

著物理政治相關論、黙兌干著古代社會論、斯邊設

兌著政理論、焉爾拴著政治論○蔂四年級政治學科

為可卒業生徒設之使專究政理蘊奧始于係國家性質

國民權利諸說次就理論或實際上講明自由之理併說

政府効用無涉憲法史推究今日文明諸憲法終于略論

就後來可期起社會組織之變遷可期望之要件又本科

生徒為他日修卒業論文別令有所學修其所用諸書如

左、烏爾拾著政治論、利伯兒著自治論、彌兒著自

由論: 斯知分著自由辨、哈理遜著順序及進步編

彌兒著代議政軆論:

理財學〇理財學科洪二年荐三年級先授其綱領以為

他日所使精研之豫習而其目的固非專修一學派之說

而在特就理財學上諒披奬勵學生之推考使其得批評

斷定諸家異說之學力〇教科書及參考書、彌兒著理

財論綱、麻克安編纂傑列著世態論、慕亞倫著理財

論法、漸嗌著貨幣論、慕亞倫著理財新說、牡文著

米國理財論○茅四年級理財學科為使現可卒業生徒

專修之所設而其二三論題係講究所緊要於本科勞力

租稅法外國貿易銀行法貨幣論等又生徒尋常科書之

外別以所研究從事於策文著述○教科書及參考書、

麥列惡特著銀行論、坷閂著外國兌摂法、渦迦著貨

幣論、心納著米國貨幣史、慕亞倫著理財新說、捌

斯打著米國租稅法、麥家洛克著租稅論、梭倫頓著

勞力論、排兇斯著自由貿易辨、巴士知亞著保護稅

辨、撒奈著米國保護論、

和文學○法文學茅一年級使學語彙別記及神皇正統

記本級第二科生、卽和漢文學、生、別講授竹取物語及桃
草紙○文學第二年級第一科生、講授竹取物語及桃草
紙第二科生、講授大鏡、源氏物語增鏡又使生徒質問續
世繼物語○第三年級第一科生、敎源氏物語萬葉集第
二科生、講前年所修源氏物語、更講授古事紀萬葉集且
使生徒質問古語拾遺古今集○第四年級第二科生、講
授前年所修古事紀萬葉集、使生徒質問六國史、類聚三
代格最後三年間隔月一回、使作和文及和歌○爲生徒
欲以餘暇讀正課外書者、槪定其書籍如左、但爲第一年
生所指示書略之○第二年、十訓抄、宇治拾遺、古
本集、源平盛衰記、土佐日記○第三年、續日本紀
萬葉集（以下卷三）、水鏡、增鏡、作文率○第四年、日

本書記、日本後記、東鏡、讀史餘論、太平記、詞

王緒、詞八衢、詞通路、

漢文學○法文學第一年級、使輪讀史記本級第二科生、

加之以輪講孟子、論語○文學第二年級第一科及第二

科生、使輪讀八大家文第二科生、加之使輪講左傳質問

資治通鑑○第三年級第一科生、使輪講左傳質問

使輪講大學中庸詩經、韓非子荀子傷質問宋元通鑑○

第四年第一科生講授詩經、及書經但其學否從生徒所

堂第二年生講授易經及莊子、使輪講書經及老子、且質

問明朝紀事本末第二科每月二回、使作詩文其他各級

每月一回、使作文但第四年第一科生隔月一回、使作文

○為生徒欲以餘暇讀課外書者綮定其書籍如左○第

記本級第二科生、卽和漢文學生別講授竹取物語及桃

草紙〇文學第二年級第一科生講授竹取物語及桃草

紙第二科生講授大鏡源氏物語增鏡又使生徒質問續

世繼物語〇第三年級第一科生、敎源氏物語萬葉集第

二科生講授源氏物語、更講授古事紀萬葉集且

使生徒質問古語拾遺古今集〇第四年級第二科生講

授前年所修古事紀萬葉集使生徒質問六國史類聚三

代格最後三年間隔月一回、使作和文及和歌〇爲生徒

欲以餘暇讀正課外書者、槪定其書籍如左、但爲第一年

生所指示書略之〇第二年、十訓抄、宇治拾遺、古

全集、源平盛衰記、土佐日記〇第三年、續日本紀

萬葉集 以下卷三 水鏡、增鏡、作文率〇第四年、日

本書記、日本後記、東鏡、讀史餘論、太平記、詞

玉緒、詞八衢、詞通路、

漢文學〇法文學第一年級使輪讀史記本級第二科生、

加之以輪講孟子論語〇文學第二年級第一科及第二

科生、使輪讀八大家文第二科生、加之使輪講左傳質問

讀治通鑑〇第三年級第一科生、使輪講左傳第二科生、

使輪講大學中庸詩經韓非子荀子徇質問宋元通鑑〇

第四年第一科生講授詩經及書經但其學否從生徒所

愛第二年生講授易經及莊子使輪講書經及老子且質

問明朝紀事本末第二科每月二回使作詩文其他各級

每月一回使作文〇第四年第一科生隔月一回使作文

〇爲生徒欲以餘暇讀課外書者聚定其書籍如左〇第

一科、大學、中庸、論語、孟子、資治通鑑、宋元

通鑑、明朝紀事本末。○第二科、漢書、後漢書、三

國志、唐書、五代史。國語、戰國策、

史學○學一年課程法學第一年級與文學第一年級

生共可學修之但本級生徒以旣學得萬國史大意第一

學期中專講英國史第二學期講佛國史○教科書、英

國史、斯密士著佛國史、參考書、克林著英國史、

斯咨布著英國憲法史、蘭比著英國史、麻方著英國

史○文學第二年使研究英國憲法及史論要旨憲法參

考書如左、斯咨布著特許典例類纂、哈葵著中世史

及憲法史。米耶著憲法史、維兒西班特著斯底特多

刺亞兒斯結、史論參考書、米印著古代法律及制度

沿革史、季素著文明史、斯邉設色著世態學及萬物
開進論、布利曼著史論、巴來西著羅馬史、文學等
三年專修課月爲希臘羅馬二國史、教科書、斯密士、
著希臘史及羅馬史、參考書、克老多著希臘史、加
兜知西著希臘史、門閃著羅馬史、米利巴兜著帝攸
羅馬史、芝般著羅馬盛衰史○文學第四年講授所關
各國諦盟條約及列國交際法之問題歐邏巴及亞細亞
近世史且使生徒作論文、
英文學○英文學專修之前、先要容易談英語讀英文綴
英文○生徒之專修本課也先使之就敎科書通曉英語
及英文學史而後敎員時撰拔敎科書中之數部使生徒
讀之又以筆記試業檢生徒學力進否其法付諸家名文

於生徒使之加批評且誦讀且釋解之也其文必取全備

者○文學科常使生徒作論文且爲批評至其終期隨時

宜使生徒更讀尋常文章家所作文而批評析剖之○每

月試生徒之優劣以筆記試業○教科書、克列屈氏著

英語及英文學史、斯比廬著英文學大家文集、格列

克訓解設克斯比亞著詃撒、格刺克及来多訓解設克斯

比亞著罕列多麻占多阿霏威尼斯查理莠二世、来

多訓解設克斯比亞著京理牙、幾顗訓解斯邊設兒著非

布原洛克安多内土的耳、慕理西訓解獨秀著非

亞理克熖緝纂一卷　巴刺很訓解彌兒頓詩集、克利

斯的訓解德来定詩集、彌倫訓解戎遜文集、比印訓

觧巴兒克詩集、伽利非斯訓觧顁巴詩集、

佛蘭西、及獨逸語○法學生、使學佛蘭西法律、故前二年

間、使攻修佛蘭西語、又理學部、文學部、使各生徒二年間、

撰脩佛獨兩語中之一語、但文學荖二科生、則不然、蓋當

其專攻各自所撰學科、廣索援引、便得佛蘭西書、或獨逸

書中之諸說也、其各級所用教科書、及自讀書如左、甘

荷多著英獨對譯文典、

玩便、及、納慕谷著獨逸讀本、

隨多列兜著理學書、

刺麻多、著佛蘭西讀本、巴蘭瑣

著佛蘭西會話篇、

努耳、及、絃撒合著佛蘭西文典、果

力、著佛蘭西讀本。

從採努著佛國史。烏兜德兜著路

易簿十四世紀、

希內龍著特列末漫遊記、低刺克耳

秩、著佛國政典、

諸學部規則

一、學年九月十一日始、七月十日終、一、學年分三學期第

一、學期自九月十一日、至十二月二十四日第二學期自

一月八日、至三月三十一日、第三學期自四月八日、至七

月十日、一、冬期休業自十二月二十五日、至一月七日、春

期休業自四月一日、至七日、夏期休業自七月十一日、至

九月十日、日曜日及國祭祝日、一、八學之期者每學年之

始、為一回、但依時宜第二及第三學期之始或許八學、一、

本部可八第一年級者其齡十六年以上、可八第二年級

者其齡十七年以上其餘準此、一、本部可許八第一年級

者、豫備門卒業者若於該門施試業之等有以學力為限、

一、望八於第二年以上之級者先八第一年級必需諸科

目之試業尋其欲八級之合格不合格以定八級之許否、

或嘗修業於他大學校者、因其本部證書、施該課目試業

一、壁於八學高等級者、如非苐四年級苐一學期之始、不

許之、一、學年試業六月二十一日為始、本學年中、復修諸

課目試業、一、學期試業苐一及苐二學期於卒學期之季週中、於本

學期內復修諸課目試業苐三學期於卒學期課業及學期試業、一、課

目之學期評點每學期之終、通計學期課業及學期試業、一、課

之兩評點均一以定、一、課目之學年評點於學年之終

三、學期課業及試業平均之數、以二乘之加學年試業之

評點以三除而得之、一、於每學期之終、各教授者受持生

徒之課業評點及試業評點、申報於綜理、一、於苐一及苐

二學期之終、必隨學業之優劣、而列次之於各生徒之級

表、詳載各課目之學期課業評點及試業評點學期評點

即一課目評點平均數、與諸課目平均數而可揭示之、亦
於學年之終同上、又詳記各課目之學期評點平均數學
年試業評點數學年評點數并諸課目評點平均數
級表、每年印行本部一覽之中、各生徒之姓名、一學年之
諸課目評點平均之數順次記載、一本部一學科卒業者、
於法學部法學士、於理學部理學士、於文學部文學士之
學位授與、一學位於其學年之終授與、一本部之學士既
為卒業而更欲研究其學者、依願許之、一各學部苐二年
級已上之諸課目中撰一課目與數課目、欲專修者許應
各級正科生欠員之數、惟其英佛獨語和漢文學及日本
法律者使不得撰、一生徒之費用合計受業料食料炭薪
油等、一學期所費金十八圓以内、一、受業料、一學期金四

圓、每學期之始、其一學期分納于本部會計掛、而若有事
故錢課或退學、則既分納者更不還付、一、生徒中學力優
等行狀端正、有將來成業之目、而貧不能遂其志者、限其
八舍之乞、依其顧詢議之後、給付學費、稱以給費生、一、給
費生卒業滿三年後、每月已用金五圓還納付、而從受
來之給費金全額畢納、一、但三年之內、雖納報謝得資力
者、自其時納報謝一、給費生、若罹疾病或因他事故自請
退學而或於學期及學年試業、不參且不爲出席於次學
年第一學期試業、仍爲退學者、使卽時納給費金〇綜理
二人、教員五十八人、　本國人、三十二、　生徒二百八八、　每資金、自
　　　　　　　　　　　他國人、十八、

五圓至四圓、官給
一百四十六人、

大學豫備門

・沿革

七年分東京外國語學校英語科前一校命爲東京英語學校隸文部省其教則爲上下等二科上等生專修語學下等生修進上等之前課但卒下等語學之後進於上等語學爲主旨八開成學校爲專門科十年更屬東京大學改稱大學豫備門

教育及課程

一、本校屬東京大學爲生徒欲八法理、文學部者博授普通學科爲之豫備二、本校課程爲四年因設四階級生徒卒業者得八大學擇修法、理、文之一科學科之課程其目如左、

第一年第四級○第一期、英語學〈讀書方、○○釋解、綴文、○毎週五時、〉和漢書〈日本外史、〉

數學〈美附、〉毎週六時、

史學〈萬國史略、〉畫學〈自在畫法、〉每週三時、

第二年第三級○第一期、數學〈幾何總論、美附、〉每週四時、

第二期第三期並同上、英語學〈作文、讀方、〉釋解、文法、○地理學〈地理、自然、日本、〉每週三時、和漢書〈日本外史、改記、〉每週三時、

同上、○第二期、數學〈幾何代數、〉其他並同上○第三期並

第三年第二級○第一期、英語學〈餘簡、讀方、〉作文、○史學〈萬國、〉每週三時、和漢書〈通鑑學正篇、〉每週四時、生物學

數學〈代數幾何、〉每週六時、畫學〈自在畫法、〉每週二時、生物學

○第二期、畫學〈用器畫法、〉其他並同上○第三期、生物學

物植、其他並同上、

第四年第一級〇第一期、英語學〇英文學、〇〇作文、譯讀、

七時、每週六時、物理學〇重學、水理學、電學、每週

三時、生物學動物、博學用器法、二時每週、和漢書藝、

文章緒篇〇四時每、數學三角、物理學磁力、

論儒、光化學機熱、三時每週、其他同上但第一期無化學物理、

理財學大意、三時每週、其他同上〇第三期、物理學論〇

教科細目、第二期、數學、每週三時、財學芽二期無生物學、

第一年〇讀方每週二時、教科書用占弗兒著讀本卷三卷四、

〇第一學期使生徒正狀貌明發音〇第二學期教文法、

上之停節且自一語詞至一句一章正發音漸擴進誦讀

之範圍○第三學期爲抑揚音聲使聽者感動所讀之書、

令詳解其意、

綴文(每週四時)○第一學期令生徒就設題綴單文寫之黑板

上、敎員正其誤謬、又每月一回、令謄記普通語○第二學

期授業法同前期而敎員故加俚俗語且說明其意義每

月一回、令謄記其語、又日練習會話○第三學期授業法、

同前期而特摘示和英兩語組成自異故作文上致誤謬

者、令常注意於此、但謄記會話同前學期、

英文法(每週二時)、敎科書用佛羅翁著英國小文法書○第一

學期敎以可用綴單文之語詞品類之區別、又令生徒練

習英國常用語之語法及文法上之語詞、與別類同義之

句○第二學期敎以語詞變化法練習法則同前學期○

第三學期講簡單作文法之義及正文章誤認、

釋解、[每週三時]、敎科書用斯維頓著萬國史畧〇第一學期敎

小引古代東國及希臘部〇第二學期敎羅馬及中古部、

〇第三學期敎近世部而其授業法、每學期稍有異同然

敎員專以邦語譯講令生徒解其意義、

毅學〇敎科書用路敏遜著實月算術書〇第一學期敎

自貨幣箕至諸等〇第二學期敎自諸等至百分箕〇第

三學期敎自百分箕至比例而按必要釋義又就敎科書、

說明生徒所不能解者且揭問題解釋於黑板上令生徒

辨明之、

畫學〇第一第二學期就圖畫範本之簡易者模寫諸器

體草木花實景色及人體〇第三學期摸寫諸器形體及

諸物體,令其實用自在、

和漢書○教科書用日本外史○通三學期令生徒先溫

讀教科書,而後教員講之,又兩週間一回,設課題令作通

俗所用手簡文,

第二年○讀方安鄒二、教科書用由尼恩讀本卷四○第一

學期詳解說文法上之停節,又令畧會得修辭上之停節,

○第二學期令生徒特練習聲音之調和○第三學期令

生徒用意姿勢行動,以為他日學講演之階梯、

英文法二安鄒時、教科書用伯羅恩著英國大文法書○第一

學期令生徒復習語詞之區別,及變化法,而解說語詞之

本原,及連語,助語○第二學期授位置詞之慣用法,動詞

時之連續法,直接及間接之引用法,及一般語詞之品類

等○第三學期說明分別文章及綴成文章之法且摘錄
他書章句令批評之通三學期既習之文法上規則以爲
實用讀本中撰擇其的例令練習之、
英作文四每週教科書用裕賢勉著作文階梯書○第一學
期敎句點及作文法又令就通常課題用普通語詞書簡
單文章於黑板上敎員於生徒前校正之○第二學期其
授業法與第一學期大同小異稍高尚其課業令生徒記
規則外語詞及話法於手簿又設諸口述課題令爲之答
詞蓋爲令慣速解釋應答敎員之問也○第三學期更進
課業一層以就高尚、
釋解每週三時、敎科書用讀本○第一第二學期用由仁恩讀
本卷四○第三學期用占所兒讀本卷五其授業法敎員

以邦語講説武令生徒譯讀以進達解意義之力。

數學○教科書用震敏遜著實用筭術書、來土著平面

幾何書、突土蕃太兒著小代數書○第一學期卒筭術

教幾何總論○第二學期卒幾何第一卷授自代數之始

至最小公倍數○第三學期卒幾何第二卷授分

數約方至一次方程式其授業法筭術及代數學試問前

回所授之諸課而後説明次回之課業猶有餘暇則設即

題武宿題令莫憚練習幾何學從教科書之序反覆講明

其理義令生徒譜記名稱解釋及空論等、

地理學○教科書用莫耳列著自然地理書○第一學期

授地毬論○第二學期授空中現象論○第三學期授海

洋現象海中生物論及陸地物産陸上生物論其授業法、

不止敎科書揭數種課題或示實物說物象互有關係不
必要令生徒諳誦敎科書。
史學○敎科書用斯維頓著萬國史畧○第一學期授太
古東國及希臘史○第二學期授羅馬及中古史○第三
學期授中古開化史及近世史其授業法使生徒諳記緊
要事項敎員設問試其應答又敎科書中所漏泄象玆他
書摘出口授之。
畫學○修業法通三學期令生徒原遠近法之理及用法
陰影法形體景色草木花果人體及動物雕像四支顏面
之比較法及骨骼等而練摸形臨寫之術
和漢書○敎科書用日本政記○授業法通三學期與筭
一學年大同小異但進課業一層向高尚又二週間一回

設課題令倣漢文體而雜假字之文、

祭三年○修辭（每週四時）教科書用榕賢勃著英國作文及修

辭書○祭一學期授英語沿革之槩畧句點法及譬喩用

法等論文同祭二年作文法每週二回令習快滑讀方○

祭二學期教文體及詩律篇且令就商業及交誼上諸題

作通信文、教員臨塲派刪之又每週一回令講演○祭三

學期復習祭二學期課業且論文加高一層、

釋解（每三時）教科書用論文○祭一祭二學期用摩杲列著

窩連希斯陳緒○祭三學期用摩杲列編巴羅無憲法史

評論其授業法使生徒講義論難其不能解釋者敎員爲

之譯講明其意義、

敷學○敎科書用求土著平面幾何書、突土蕃太兒著

小代數書○第一學期幾何第三卷自卷首至第四章代
數自二次方程式至有奇數○第二學期卒平面幾何及
代數初步○第三學期令復習平面幾何及代數總使生
徒講明前日所授課業或就問題而解釋之而教員正其
誤謬若生徒有疑義令之質問而後就教課書授次回之
課業又摘出他書或自設即題或宿題令練習其術
史學○教科書用弗利萬國者萬國史○第一學期自歐羅
巴人種基源論至羅馬滅亡○第二學期自歐羅巴各國
興起論至西曆一千三百年間○第三學期自西曆一千
四百年間至近世其授業法同第二年史學唯傳於諸書
摘抄大小記事教授之、
生物學○教科書用巴苦斯列由曼谷撰生理書、玖體

教室及野外植物篇○第一學期授生理總論血行機論、

呼吸機論排泄吸收論○第二學期營養燒論運動論五

官効用論神經系論以卒生理書○第三學期教植物大

意生理授業法教員講說教科書、時就摸型人體骨骼及

解剖懸圖解釋之使生徒通曉其理植物學授業法教員、

從教科書所論之序講說教授之使生徒、解剖草木辨別

其種屬、

畫學○第一學期令生徒、摸寫練習第二年學修所未完

備諸物景以卒自在畫法○第二第三學期令學平面幾

何圖教員說明直線弧線多角形其他高等弧線之所成

使生徒就實地練習之、

和漢書○教科書用通邊覽要正編○通三學期使生徒

輪講教科書教員正其誤謬且時發問難磨勵解釋之思

想又每二週間一回、設課題令作漢文或做漢文體而雖

假宇之文、

第四年○英文學三每週時、教科書用譜太耳烏士、著掌中英

國文學書○第一學期教員講英語起原及開發又使生

徒讀自兆佐兒氏、時、至美耳頓氏、英國著名文章家傳而

學其文章○第二學期教員講英國戲作文之起原及其

開發又使生徒準第一學期讀自美耳頓氏時至佐亞窩

兒太兒蘇格氏著名文章家傳而學其文章○第三學期

使生徒讀今世著名文章家傳而學其文章通三學期每

月一回、使生徒就學附上及通常之題作文又每週一回、

令以英語講演、

釋解二每時、教科書用論文○第一學期用斯邊設耳氏詞

格論○第二學期用摩果列氏美耳頓礑○第三學期用、

摩果列氏所評論摩耳加耳毋著貴族古來伯傅等授業

法同第三年之釋解而生徒問難教負講義在此級總用

英語、

斁斈○教科書用突土蕃太兒著大代斁書、雛兒遜著

立體幾何書、占弗耳著對數表、突土蕃太兒著小三

角書○第一學期卒立體幾何及代數○第二學期三角

法自第一節至十七節○第三學期自第十八節至卷尾、

卒三角法授業法同第三年斁斈、

物理斈○教科書用斯丟亞土著物理書○第一學期授

重斈乾電論水理重斈○第二學期授熱論光論○第三

學期授磁力論,漏電論,授業法,教員宜講說教科書又示
各種實驗,令生徒知物理所以確實,
化學○教科書用盧斯杲著化學初歩○第二第三學期
教員先試問所日課於生徒若不解其意不能答者教員
自講說之時示各種實驗令明化學真理,
生物學○教科書用仁可耳遜著教科書用動物書○第一
學期教員講說教科書或使生徒答所試問時就實物明
所說之意术學期中卒是業,
理財學○教科書用和塞土著小理財書○第三學期授
業法教員原教科書教授之,而緊要課題博採考諸書拔
其萃口授之令生徒曉其要領,此科惟於第三學期教之,
畫學○第一學期授平寫圖法,○第二學期授陰影法,○

第三學期授平行配景圖其授業順序第一第二學期教

員說屬形面之理、及正屬面圖之本原、令生徒練習之至

第三學期置諸種摸形使生徒、測其大小以實施所既學

修之課程而畫單一製造圖、

和漢書○教科書用通鑑覧要續編及文章軌範○通三

學期通鑑覧要生徒輪讀之、而質其疑文章軌範教員講

之使生徒詳明文章諸體諸則又二週間一囘設課題令

作漢文、

大凡規則、與大學校同○主幹一人、教員二十四人、休課

圖人、三、生徒四百二十一人、自辨、并

大學醫學部

沿革

先是設種痘館以西洋醫術樹旌於戸後改稱西洋醫
學所其冠西洋二字者所以別於漢醫學校也遣人就和
蘭學醫術乃建病院教生徒悉從和蘭方法後又單稱醫
學所至元年醫學校病院共屬軍務官爲東京府所轄二
年合本校於病院稱醫學校無病院而屬大學校後又稱
大學東校四年單稱東校五年改稱大學區醫學校七年
改稱東京醫學校並長崎醫學校於本校十年始稱東京
大學醫學校教師多聘於獨逸及普國定學科課程更設
豫科本科藥科教則中置和漢學一科

通則

一、本部為教醫學設之為大學之一部、文部省轄之、製藥

學教塲及醫院屬焉、分教科為二、曰醫學本科、曰豫科、一豫

科、學期為五年、醫學本科學期為五年、

但醫學關事、般學科趣、欲從事醫學者、不可不藉高尚中學校之、是以後醫塲長未則教之日、本部中設高尚中學程、然現今未賴學之學科、名曰學校、科、隨専門教醫學、則教之日、本部中設高尚中學校之日、本科、教者專用此術逸語

一、本部內別設教塲、以那語教醫學諸科及製藥學、假名

此生徒稱通學生、生徒八豫科者、其齡十四年以上、二

十歲以下、小學課程卒業者許之、一豫科卒業者試驗後

許八本科、一學期休業、證書授與等、規與他學校同、

豫科課程

五等第一年〇下級、習字、綴字、算術、讀方、譯

讀、和漢學〇上級、讀方、文法、作文、地理學、

分數、和漢學

四等第二年○下級、文法、作文、地理學、分數問

題、分數、和漢學○上級　文法、作文、地理學

比例、小數、和漢學、

三等第三年○下級、獨逸語學、筭術・博物學・地理學・

何學○上級・獨逸語學、筭術・地理學・幾

幾何學・

二等第四年○下級、獨逸語學、羅甸語學、博物學

代數學、幾何學○上級、與下級同・

一等第五年○下級、獨逸語學、羅甸語學、動物學、

植物學、鑛物學、代數學○上級、獨逸語學、羅

旬語學、植物學、鑛物學、動物學、對數、三角術

代數學、

本科課程

五等第一年○下級、物理學、化學、醫科動物學、
解剖學○上級、物理學、化學、醫科植物學、各部
解剖學、組織學、

四等第二年○下級、物理學、化學、實地解剖學學○
上級、物理學、化學、顯微鏡用法、生理學、

三等第三年○下級、外科總論、內科總論、生理學、
生理學實地演習○上級、外科總論、內科總論及
病理解剖、藥物學、毒物學、製劑學實地演習、分
析學實地演習、

二等第四年○下級、外科各論、病理各論、外科臨

106

床講義、内科臨床講義○上級、與下級同、

一等第五年○下級、外科各論及眼科學、病理各論、

外科臨床講義、内科臨床講義○上級、外科各論、

及眼科學、病理各論、外科臨床講義、内科臨床講

義・外科手術實地演習・

製藥學教塲規則

一、本塲生徒非卒豫科課程者、不許入學、一、教科爲三年、

一、級之課程爲六月毎期終試業、

製藥學本科課程

三等第一年○下級、物理學、藥用動物學、鑛物學、

化學○上級、物理學、藥用植物學、無機化學、

顯微鏡學、

107

二等第二年○下級、物理學、化學、藥品學、製藥

化學、定性分析學○上級、物理學、有機化學、藥

品學、製藥化學、定量分析學、

一等第三年○下級、製藥實地演習、藥物試驗實地

演習○上級、藥局調劑實地演習、

通學生規則

本部中別設通學生教塲醫學自三年半至四年、製藥學

三年是爲學科期盖爲齡己長、無暇修外國語學籔學羅

甸學等者與有故不得久就學者以邦語教其要領也、

醫學通學生學科課程

第一期・物理學・化學・解剖學○第二期・化學・

動植物學・解剖學○第三期、組織學、生理學、生

理總論○第四期、藥物學、繃帶學、處方及調劑學、内科通論、外科通論○第五期、内科各論、外科各論、内科臨床講義、外科臨床講義、眼科學、診斷法○第六期、内科各論、外科各論、外科臨床講義、眼科臨床講義、内科臨床講義○第七期、内科臨床講義、外科臨床講義・婦人病論・産科學○第八期：内科臨床講義・外科臨床講義・裁判醫學、衛生學、

製藥學通學生學科課程

第一期、物理學、無機化學、植物學○第二期、有機化學、藥品學、金石學、動物學○第三期、藥品學、製藥化學、毒物學分析法、調劑法○第四期、

製藥局實地演習(一)綜理二人、教員四十四人、[本國人三十五人、他國九]

八、生徒一千三百九十五人[浮費公一月自一日至十四人、至六間官給七十人]

附病院規則

一、入院所費上中下等有分別、一、上等中等病室食料皆

有差別而至於藥品勿論上中下三等同樣治療、下等八

院所費極其減發使實地治療爲生徒之演習随教師及

醫員之指揮俾無拘礙、一、入院中不背醫院看病人之言

葉聖守病室法度、一、身體衣服常時用心、無至污穢、一、回

診前不解帶類鈕釦等不離寐所可待診察之時、一、回診

中勿爲談話、及多葉粉不作害病之事、一、食物不得醫員

之許諾不可自食、一、室內不可高聲與讀書、一、不得已有

事出他時則可受醫員之指揮、一、喧嘩口論及金銀貸借

等、一功嚴禁、一省病人金錢物品等、一功不給、一男女病
室不可互相徃來而如有所觀事與省病人同行、一右之
條目不守者、即為退院、一扶助病者限一月藥與食物等、
一功自學校辨給、一有新八患者藥用法及病室諸規則、
仔細教之、一器械與諸品物之可用於患者回診前準備、
及時無至窟聆、一藥瓶及膳具等精洗之患者所持物品、
毎至破毀、一親族朋友之為省護來者若止宿於病室之
内、申告醫局、

師範學校

沿革

日主五年、剙設爲文部省直轄六年置附屬小學校學就
實地敎小學生徒之方法當時本校爲專攻小學師範本
科即授業法之制本科外更設餘科至七年廢之改小學
師範學科以肄修可爲敎員之學業爲豫科豫科之學稍
成後學授業方法爲本科合此二科稱師範學校八年新
設中學師範學科甫後並置中小學師範學科十二年二
月罷革學校制以類分諸學科爲格物學史學及哲學數學
文學藝術之五學又大別全科爲豫科高等豫科本科之
三科豫科高等豫科各分四級本科分上下二級自豫科
直八本科卒業者爲適小學敎員者經豫科高等豫科而

八本科卒業者ハ適中學教員者、

規則

一、本校専ラ養成シ可キ為普通學科小學中學教員者之所、一、附屬
小學校ヲ爲使本校生徒就實地練習設之、一、學年始於九
月十一日終於七月十日、一、學期前學期始於九月十一
日終於二月十五日後學期始於二月二十三日終於七
月十日、一、課程區分犬別本校教科課程爲三、豫科高等
豫科本科是也、一、等級順序豫科及高等豫科中各置四
級最下爲第四級、最上爲第一級、又本科中、置二級爲下
級上級、一、修學期限豫科及高等豫科各以二年爲修學
期限本科以一年爲修學期限、每級修學期爲半年即十
八週、每日授業爲五時即一週二十八時不美土曜半日

113

教科細目

豫科第四級○化學、以數多之試驗教非金屬諸元素

及其緊要化合物之製法性質等、每週三時、○物理學、總論

諸種自然力、凝體流體氣體之性質運動體、顫動體熱體

及起電體之畧論、每週三時、○地誌、授地毬儀及地圖之解

說光熱之散布地面之形狀空氣之現象諸大洲之生物

畧論且授亞細亞歐羅巴兩洲之位置形積地勢氣侯金

石動物植物及日本其他各國之位置地利生業産物都

府市邑政體風俗之槩論、每週四時、○美術、百分美諸比例、

每週四時、○和漢文、使讀且講通鑑覽要卷一至卷八兼使

作混假字文章、擴語彙指掌圖及別記、餘教語格且使

讀神皇正統記、每時四、○英文、讀講、拔萃第三理土兜、餘、及

地理書等要領使譯讀之義、文意、以下做之〔但此科ハ専主解シ〕文法、使學語

類及其分解、〔作文〕使作簡易文章以習熟文法、〔每週三時〕○圖

畫、〔曲直〕曲直線單形等〔每週二時〕○體操、徒手演習啞鈴、珠

竿棍棒演習正列進行、〔每週五時〕

豫科第三級○化學、授普有金屬諸元素之所在採收

法性質用法等之概畧且以試驗示其化合物之製法、〔每週〕

〔二時〕○植物學、授植物諸部生育畧說諸植物特別殊性

効用等〔每週三時〕○地誌、授亞非利加南北亞米利加濠斯

太刺里亞等諸大洲之位置形積地勢氣候金石動物植

物及其各國之位置地利生業產物都府市邑政體風俗

〔每週三時〕○歷史、〔日本歷史〕授自神武天皇至今上天皇歷代史

乘之概畧、〔每週三時〕○美術、乘方開方末積法、〔每週一時〕○代數

115

學、整數四術分數四術〔三每週〕○和漢文、使讀且講通

鑑覽要卷九至卷十五與清史覽要卷一、無作混假字文

章、擴語彙指掌圖及別記以教語格且使讀神皇正統

記等無作簡易和文〔四每週〕○英文、讀拔萃第三理土兒〔讀、講〕〔文法、前級同〕〔作文〕

繕、地理書植物書等之要領使譯讀之、

使作地理書植物等記文〔三每週〕○圖畫〔臨畫、器具家屋類之〕

輪郭〔畫法〕〔幾何畫法〕總論器械用法曲直線及屬單形諸題〔二每週〕

○體操〔與前級同〕〔每週五時〕

豫科第二級○動物學、無脊髓及有脊髓諸動物之搆

造性習等〔三每週〕○生理學、骨骼筋肉皮膚消食器循血

器呼吸器神經及感覺等之概論〔三每週〕○歷史〔歷史邦人授〕

太古三皇五帝以下至明末沿革之概畧〔二每週〕○記簿法

商用紙類單記法、複記法、海週特、○代數學、一元一次

方程式多元一次方程式乘方、及開方、三海週、○漢文、

直線論二海時、○漢文、使讀且講清史覽要卷二至大尾

與文章軌範正續、無作漢文、二海時、○英文、讀拔萃第四

理土兒動物書、生理書等之要領、使譯讀之、淑使學思

想及文章分解、文作使作動植物、等之記文、○圖畫

○體操前級同、畫臨前級同、幾何比例、更面橢圓線拋物線等諸題、海週五時

豫科第一級、○物理學、物力、動通論、輕重力墜下體、

搖鑄權衡等、學靜水學、亞氏理論及其應用水力平均

等、學氣體性質其張力之測定空氣氣壓及關之諸器

等、學熱寒暑鍼物質膨脹之理、溶解固實氣發凝結之理

驗濕學、外射熱、定熱學、用熱術、蒸氣機關、地熱等、五每週。

歷史、炯授太古中古近世沿革概畧三每時、○經濟學、

授生財、配財、交易及租稅等之概畧二每時○幾何學、根

畢式一元二次方程式、二元二次方程式三每時○代數學、根

面積論及比例二每時○星學、授總說地毬及太陰之

運動、太陽系諸遊星、太陽及他恒星畧論及定天體位置

方法等之概畧三每時○英文、讀授萃第四理土宄物理

章之誤謬、作使作歷史中著名人物畧傳二每時○圖畫

書歷史等之要領、使譯讀之、澱授句讀法使專校正文

書、遠視法、總論器具家屋等之輪郭

法平面視圖斷面視圖影線等三每時○體操同前級、

高等隊科第四級、○物理學、學總音響之發生及傳達顋

動數之測定諸體顫動音樂理論、學光之發生反射及

曲折視學諸器光線分解物色光波論光線分極法、三年週

○地文學、授地毬總論地文畧說陸地形勢大氣光熱

電磁等之現象概畧、二每週時○論理學、總論名稱成文命

題演題虛說分觧法合成法歸納法業、三每週時○代數學、

比例順錯列數學幾何級數、二每週時○幾何學、圖論

及雜問三每週時○和漢文、使讀且講史記論文列傳卷六

十一至卷九十三兼作漢文、授言葉之八衢諸天仁遠

波之珠儲文藝類纂文志部等兼使作和文四每週時○英文

讀抜萃第五理土冤及他書中名文使譯讀之、終使

學總論及諸法則等、文作使鍊習英譯和文兼作論文每週時○體操、

時○圖畫、畫臨山水禽獸草木等帶影密畫三每週時○

高等豫科第三級　○物理學、_{磁氣學、電氣學、}磁氣性質、大地磁氣、通有之現象、電

吸引力、及拒反力、法則起磁法等、

氣之誘導、電氣力之測定、起電器、及所屬之試驗畜電器、

測電器等、濕電氣、及所屬之諸器、電氣化學等、○植

物學、授植物詳記類別之理、識別釜之用法、無使用顯

微鏡學植物之組織、○地文學、授海水論海陸生生

物論、物産及人類概論、_{每週二時、}○經濟學、生財論配財論、

交易論租稅論等、_{每週三時、}○三角術、八線變化對數用法、

三角實筭、_{每週三時、}○和漢文、使讀且講史記論文列傳卷

九十四、至大尾、兼作漢文、授言葉之八衢天仁遠波之

蘃文藝類纂文志部等、兼使作和文、_{每週四時、}○英文、_{講讀前}

120

級同、

前級同、〔艫艦〕

作文、使學英譯和文兼作關地文學經濟學論文等、〔每週三時〕○圖畫、臨畫前級同、遠視畫法、家屋堂門、摸形輪郭器具陰影等、〔每週二時〕

之輪郭及燭光陰影等、

○體操、同前級、〔每週五時〕

高等豫科苐二級 ○化學、有機物中、必要於百工製造者及特關於化學上者等、無授所必要於定性分析醱類及諸金屬鑑識法、〔每週三時〕○金石學、物理的金石學化學的金石學記實金石學識別金石學、〔每週四時〕○動物學、授動物綱目概論使解剖各種中當爲標摸動物且使專臨寓實物、〔每週四時〕○歷史、總論歐洲之地勢及入種論印度教及埃及開化概畧、希臘、疑團之世、信教之世、道理之世、智力衰頹之世、羅史學及哲學之勢力、〔每週三時〕○測量術、

器械用法製圖法實地測量等，每週二時。○漢文、選唐宋、八

大家名文元百五十篇、使讀且講之、兼作漢文，每週二時。○英

文，英文學。使學英語沿革及英米諸大家詩賦散文等，兼

讀諸大家傳文，使就開化史中事迹作論文等，每週三時。○

圖畫，製圖、測繪圖法，每週二時。○體操同前級，每週五時。

高等豫科第一級○化學，使就實地研究前期所講授

諸元素鑑識法而後與單純鹽類之溶液或混合物以使

學定性分析且記其分析法與成果而乞教負之檢閱，每週

三時。○生理學，使用顯微鏡學及膚筋肉骨髓神經等之

組織，每週三時。○地質學，地力學、地力論、氣力、水力、火力、生力，

論撰。大地造搆成層石、不成層石、變質石、通有之廔滅等，

地質及生物變遷史。太古代古生代中古生代新生

代人代（五每時週）○歷史。

教之世、西部信教之世、道理之世（三每時）○星學、星學變

遷史普有之重力塋遠鏡解說及實用天體距離測度光

禄運動三稜玻璃鏡之用太陽系之造攝太陽內郭遊星、

外郭遊星彗星及隕石（四每時）○漢文、選唐宋八大家名

文凡百五十篇使讀且講之兼作漢文（二每時）○英文、

學、前級同。作文、前級同（三每時）○體操、前級同（五每週）

本科下級。○物理學、使就物性、重學、氣學、水學等部專

研習教授術無學器械之用法（三每時）○金石學、用金石

實物研習其教授術（一每時）○植物學、採集普有之花卉

草木研習其教授術（一每時）○動物學、用普有之動物、研

習其教授術、一每週。○地誌、研習教授地圖及地毬儀之

用法、地文學初夅諸大洲及各國地誌之方法、二每週。○心

理學、　智、表視力、再視力、反射力、道理、　情、慾、性、堲、愛、

意及德、五每週。○教育學、講授心育育智育體育之理實物

課讀方作文書法畫法美術地誌歷史及唱歌等之教授

法、四每週。○學校管理法、學校管理之目的關校具整置

法分級法、課程表製法校簿整頓法器械校舍園庭等諸

件及生徒威儀等、二每週。○美術、使研習毀記毀法合結

關係等之教授術、二每週。○幾何學、使就點線角面容形

體之性質關係等研習其教授術三每週。○圖畫、使研習

諸種畫法之教授術、一每週。○書法、使研習教授之順序

及運筆之方法等、毎時週。○讀法、使就單語連語讀本等、

研習讀法之教授術、每週一時、○唱歌、使就閨八音變化歌

曲凡五十、研習其教授術、每週二時、○體操、使研習教授幼

兒體操術男子體操術女子體操術等方法、每週半時、

本科工級、○實地授業、每週二十八時、

八學規則

一、志願者、揭年齡、身體及志操所具且應其試業科目有

以學力爲要、年齡十六年以上、二十二年以下者、身

體無病強健、在學中、無家事係累者、志操欲爲小學中

學教員者、一八學試業科目、和漢文、英文、美術數

勅、日本及各國地誌、日本歷史、物理學大意、一臨

時試業、從其各科進歩之程度、一學期內、三度以上六度

以下、各教員、臨時見量行之、一、定時試業、於每級修習各

學科課程之終、每定期日、試驗其全體、一、試業評點調查
之法、至期末合計該學期內諸試業之評點數定各科點
數之法、一、等級進退無論何等學科期末調查之點數六
十以下者、又一學期內元六十日以上欠課者、不許進級、
一、卒業生種類不由豫科直八本科卒業者爲小學教員、
經豫科及高等豫科八末科者爲中學教員、一、休業期日、
與他學校同、一、學資金每生徒一名、一月金六圓付定而
在校日數未滿一月者計日給之、一、學校命退學者及願
退者已受學資皆辨償、　校長一人教員十六人、生徒一
百六十三人、學資金毎月六圓並官給

附屬小學規則

一、大別上下二等各置八級最下第八級最上第一級、二、

每級修學之期限半年、即十八週間、日曜休業、故在學年限
上下通為八年、一通例修業時數、每日五時間、即一週二
十八時間、日曜半但下等第八級之授業時數、每日四時
間即一週三十三時間、一修身談一課付二十五分時講
於每朝開校時、唱歌及體操一課付三十分時、隔日分授
其他諸學科、摠一課付四十五分時、但裁縫與幾何學同時
授之男生徒幾何學之時間、充女生徒裁縫之時間、一
上等小學第六級以上之生徒、隨其志堂得英文或漢文
習學一、志願者、不論華族士族及平民年齡六年以上七
年以下、一、試驗分為小試驗定時試驗之二種小試業者
各學科之凡一個月間所修習之試驗、於部分定時試業
者、每學期之終、全體試驗、於該學期內之所修習、一、每級

127

卒業者與第一號證書全科卒業與第二號證書、

小學教則

下等第八級之〔一週課數內〕○讀書、〔讀法〕伊呂波五十音次清音、

濁音、〔每週四時〕作文、假名人工物之記事作、〔每週二時〕○習字、片

假名平假名、〔每週三時〕○實物、諸數名稱計方、加減乘除、〔每週二時〕

〔彩色〕本色間色、〔每週二時〕諸物位置之關係、全體及部分名〔人工物〕

〔每週四時〕動物、人體各部名稱位置効力、〔每週二時〕○諸物位置之關係、全體及部分名

稱位置効力、〔每週二時〕○修身、小說寓言等勸善大意口論〔每週三時〕

六時〔每週〕○畫畫、直線單形畫、〔每週二時〕○唱歌、〔每週三時〕當分欠

○體操、四支運動、〔每週三時〕○讀書、〔讀法〕簡易假名文及漢字交文〔每週

第七級之〔一課數內〕○

肘、〔文作〕前級同、〔每週二時〕○習字、行書、〔每週三時〕○實物、〔數目〕前

級同、六時、毎週

、彩色、前級同、一時、毎週

位置、效用、二時、毎週、物人工

置、方位及諸點、二時、毎週、物植

時六（二）罫畫、前級同、二時、毎週、物人工

前級同、三時、毎週

假名家畜家禽庭樹園草之記事、二時、毎週、物動

第六級二課數之内〇讀書、小學讀本卷之一二三、四時、毎週、作文〇習字、前級同〇唱歌、前級同、三時、毎週〇體操

陸置、三時、毎週〇實物、形體、三角形、四角形之名稱種類部分、二時、毎週、物礦、七金雜

學室内諸物之位置、測定其畧圖、二時、毎週、家畜家禽之名稱部分常

金之名稱性質效用、二時、毎週、人工、前級同、二時、毎週〇美術、算筆百以下數

之加筆減筆、六時、毎週〇修身、前級同、六時、毎週〇罫畫、曲線

普通草木全體及部分名稱

體、形、面、線、角名稱種類、二時、毎週

單形畫、二時。○唱歌、前級同、三時。○體操、前級同、

時、三○習字、前級同、三時。○實物、形體多角形圓形橢圓

第五級、一課數內○讀書、讀法小學讀本卷之二三、六時。

漢字交文七金雜金菓實蔬菓之記事且書武類語、

形卵形之名稻種類、部分二時。

係實用、三時。○菓實蔬菓之名稱部分效用、三時。

學室外諸物之位置測定其器圖、二時。○修身、前

時、二○美術、筭千以下數之加筭減筭、三時。○唱歌、前

級同、六時。○罫畫、前級同、二時。○唱歌、前級同、

）體操、前級同、三時。

第四級、一課數內○讀書、讀法小學讀本卷之四、四時。文作

漢字交文野生動物、家用礦物之記事且書弐類語、二時〔每週〕。

○習字、楷書、三時〔每週〕。○實物、彫諸體之名稱種類、部分、家用礦物、二時〔每週〕。

量度、前級同、二時〔每週〕。位、體形畫、諸體之名稱性質効用、二時〔每週〕。

效用、三時〔每週〕。物、人工、前級同、二時〔每週〕。物動、礦物、野生動物之名稱部分常習之。

前級同、二時〔每週〕。○美術、筆、百以下數之。

單形畫、二時〔每週〕。○唱歌、前級同、三時〔每週〕。○罫畫、曲直線。

乘筭除筭、四時〔每週〕。○修身、前級同、六時〔每週〕。○體操、前級同、每週。

第三級之一課數内。○讀書、讀法、小學讀本卷之五、六時〔每週〕。作文、又。

三時。

漢字交文穀類菜蔬類之記事且寄贈文請取書、二時〔每週〕。○

習字、前級同、三時〔每週〕。○實物、量度、前級同、二時〔每週〕。位、學校

近傍之位置教授其器圖、二時〔每週〕。植物、穀類菜蔬類之名稱、

部分効用、三時毎週、物、人、工、前級同、二時毎週、○美術、鼓千以下

鼓之乘筭除筭、四時毎週、筭珠用法、加法減法、二時毎週、○唱歌、前級

身、前級同、六時毎週、○罫畫、前級同、三時毎週、前級

第二級、之一週内課數、○讀書、小學讀本卷之六、四時毎週、○習字、文作

漢字交文魚介類之記事、且誘引文送状、二時毎週、○習字、位置區

草書、三時毎週、○實物、體、枡之名稱、關係實法、二時毎週、位置區

内之位置、教授其畧圖、二時毎週、繪具類之名稱、性質効

用、二時毎週、動物、魚介類之名稱、部分常習効用、二時毎週、物、人、工

全體及部分之構造効用、二時毎週、○筭術、筭千以下數之

加減乘除、四時毎週、美珠乘法除法、二時毎週、○修身、前級同

○罫畫、紋畫、二時毎週、○唱歌、前級同、三時毎週、○體操

六時　○罫畫

前級同、三每時週。

第一級之一課數內○讀書、讀小學讀本卷之七、六每時週文作

漢字交文海藻類芝栖類之記事且訪問文屆書、二每時週○

習字前級同、三每時週○實物覽諸種之尺度量目比較○

關係、二每時週。覽伹東京市中之位置敎授其畧圖、二每時週植物

海藻類芝栖類之名稱部分効力、三每時週物人工前級同、

身、○美術、算分數初步、四每時週殊美四則雜題、二每時週○修

時二○罩畫、前級同、二每時週○唱歌、前級

同三每時週○體操、六每時週○讀書、讀讀本卷之一、四每時週文作

上等第八級之一課數內○讀書、前級同、三每時週

漢字交文實石類蚩類爬蚩類之記事且祝賀文屆書、週每

時二○習字、行書、三每時週○實物、物讀實石類之名稱性質

効用、毎週
三時、

○ 筭術、

筭定數命位、毎週
四時、

○

線之性質關係、毎週
二時、○地理、

哲之言行說人倫之大道、毎週
六時、○

廓、毎週
二時、○唱歌、前級同、毎週
三時、○體操、

○裁縫、徒女生運針法、毎週
二時、

芽七級之一週內
部數裁、○讀書、

漢字交作記事文且謝言文願書、毎週
二時、○習字、

法、讀本卷之二、毎週
六時、 作史地

○地理、日本國之地誌、毎週
四時、○修身、前級同、毎週
六時、

法、毎週
三時、○實物、製造用植物、毎週
四時、○筭術、

二附、前級同、毎週
一時、○

○罫畫、前級同、毎週
二時、○唱歌、前級同、毎週
三時、○體操、

勤物、毛類、爬虫類之名稱部分常習、効用、毎週
三時、

筭外
前級同、毎週
一時、何數
男生

總論、毎週
四時、○修身、賢

罫畫、器具家屋之輪

體操、徒手演習、毎週
三時、

實物、物抗物製

角之性質關係、毎週

筭加法減

前級同、

雜題

前級同〔三每週〕○裁縫〔女生〕

第六級〔一週内〕〔一課數〕○讀書

漢字交作記事文、且送別文、及願書〔二每週〕○習字、楷書

物部分〔三每週〕○圖畫 前級同〔二每週〕○唱歌

○博物〔金石學〕金石之通性、及單純礦物〔三每週〕植物

關係〔二每週〕○地理、前級同〔四每週〕修身 前級同〔六每週〕

○體操 前級同〔二每週〕○讀書

交作記事文且吊慰文及願書〔二每週〕○習字 前級同

字及讀方〔三每週〕○隨意科○讀書

募五級〔一課數〕〔一週内〕○讀書 前級同〔六每週〕作雜題漢字

前級同〔三每〕

○筭術、筭分數、四時每週。何幾。徒男生。前級同二時。○地

理、亞細亞歐羅巴亞弗利加各國之地誌、四時每週。修身、前級同

日本歷史記元至二千百年代二時每週。學植物。普

六時每週。○博物、金石硫化酸化硅化礦物二時每週。○

通植物之分類二時每週。○罫畫、草木禽獸之輪廓二時每週。○裁縫徒女生

唱歌、前級同三時每週。○體操、前級同三時每週。○

前級同二時每週。○隨意科○讀書、漢文蒙求之中卷、三時每週。

英文讀方文典三時每週。

第四級之一組內幾數。○讀書、法讀讀本卷之四、六時每週。作文漢字

交之論說文且貸借文證劵書例二時每週。○習字、草書、漢字

○筭術、筭前級同四時每週。何幾。徒男生。容之性質關係

二時每週。○地理、南北亞米利加大洋州各國之地誌、四時每週。

○歷史、

日本歷史二千百年代至本代、四每週 ○修身、

前級同、六每週 ○博物、學動物、有脊椎動物、二每週 ○圖畫、

前級同、二每週 ○唱歌、前級同、三每週 ○體操、器械演習、

三每週 ○裁縫、徒女生 裕物類之裁方縫方、二每週 ○隨意科、

讀書、漢丈蒙求之下卷、三每週 英文前級同、三每週

第三級之一課斃內〇讀書、次領 前級同、六每週 作文前級同、週每

二每週 ○習字、前級同、二每週 算術小數、四每週 仍斃

徒男生 前級同、二每週 ○歷史、萬國歷史上古中古之部、週每

時四 ○修身、前級同、六每週 ○物理、總論諸力物之三位、

時四 ○博物、學動物、無脊椎動物、三每週 ○圖畫、前級同、

三每週 ○唱歌、前級同、三每週 ○體操、前級同、三每週 ○裁

縫、徒女生 前級同、二每週 ○隨意科○讀書、漢文十八史畧卷

之一二、每週三時。橫英文、前級同。每週三時。

第二級之一課數内　○讀書　讀法讀本卷之五。每週六時。作文雜題

諸體之文章。每週二時。○美術、筆諸比例。每週四時。幾何男生徒女生徒文作

諸題論說。每週三時。○歷史、萬國歷史近世之部。每週二時。○修

身、前級同。每週六時。○物理、顚動熱體。每週三時。○化學、

總論及火風水土之槪論。每週三時。○生理、骨骼筋肉皮膚

消化器。每週三時。○圖畫、山水之圖畫。每週二時。○唱歌、前級

同。每週三時。○體操、前級同。每週三時。○裁縫、女生徒綿入物類之

裁方縫方。每週三時。○隨意科○讀書、漢文十八史畧卷之三

四五。每週三時。文讀方。每週三時。

第一級之一課數内○讀書、讀法前級同。每週六時。作文前級同。每週

二○美術、筆前級同。每週四時。幾何男生徒前級同。每週三時。○

修身　前級同〔每週六時〕○物理　直射熱光發電體〔每週四時〕○生理　循血呼吸感

化學　非金屬金屬諸元素〔每週四時〕○唱歌　前級同

覺之諸器〔每週三時〕○罰畫、前級同〔每週二時〕○前級同

隨意科○體操　前級同〔每週三時〕○裁縫〔女生徒〕前級同〔每週三時〕○

同〔每週三時〕○讀書　漢十八史畧卷之六七〔每週三時〕大英・前級

教員四人〔女人〕生徒一百五十九人〔女五十〕大英・前級一百四五十五

女子師範學校

規則

一、本校為養成可為小學教員女子處、一教科、以小學教員必須之諸學科及教育理論諸科教授術為主、無及保育幼稚術、故卒本校教科者、不止當為小學教員又足為幼稚園保姆、一為高生徒學業之基礎、別設豫科、以教學淺未足學本科者、為他日登本科階様、

本科課程

第一年前期第六級之課程 一週內 ○修身　修身學之要旨、及禮節演習 每週三時 ○化學　化學之要理、非金諸原素及其化合物 每週四時 ○動物學、動物之分類及構造性質等 每週四時 ○算術　諸等比例差分百分筭平均筭 每週四時 ○簿記、

單記複記、二每週。○文學、

講元明清史畧卷一二三、每週。作文各種之書牘、一時。○圖

畫、器具花葉等之臨畫、二每週。○

時、法文字論言論文論、二每週。○體操、

音樂、唱歌、三每時。○徒手演習器械演習、三每時。○裁縫、單物類、二每週。○

第一年後期第五級之一課數山　修身、與前級同、三每週。○

化學、金屬諸原素及其化合物有機化學之概畧、三每時。

○植物學、植物之構造組織及分類、四每時。美術乘

何學、線角多角形、二每週。○文學、講元明清史畧卷四

方開方求積級數、二每週。○代數學、定數分數、二每週。○幾

五反古今和文、五每時。作文動植諸物記事貸借公用等諸

文、一每時。○圖畫、鳥獸入物等臨畫、二每週。○裁縫、袷類、

二每時。○音樂、唱歌、三每時。彈琴、二每時。○體操、與前級

同、○〔三每週時〕

第二年前期第四級之一〔一課週數內〕○修身、與前級同、〔二每週時〕○

家政學、家政學之要旨、〔一每週時〕○物理學、物性論力學、○

水學氣學音學、〔四每週〕○生理學、骨肉及飲食消化運血

呼吸及神經系感覺等、〔四每週時〕○幾何學、比例圖平面形作法、〔二每週時〕○

及根根式、〔三每週時〕○代數學、一次方程式幕、

文學、〔講讀〕文章軌範第一、第二冊及古今和文、〔五每週時〕作

關修身格物等記事論說、〔一每週時〕○圖畫、實物畫景色臨

畫、〔二每週時〕○裁縫、綿八類、〔二每週時〕○音樂、唱歌、〔三每週時〕彈

琴、〔二每週時〕○體操、與前級同、〔三每週時〕○修身、

第二年後期第三級之〔一課週數內〕○修身、修身學之要旨、〔每週〕

○家政學、家政學之要旨、〔二每週時〕○物理學、熱學光

學、三每時○鑛物學、鑛物形態物理的化學的性質及分

類識別、二每時○地文學、星學的地誌地質論陸地河海

氣象生物人類諸論、四每週○幾何學、平面關係多面體軌體每週

時、四每週○文學、講讀文章軌範第三冊及近世名家文粹初編

每週四時○文學、作文雜題之記事論說簡短之漢文、一每週○圖畫、

幾何圖法透視圖法、二每時○裁縫、羽織袴帶、二每週○音

樂、唱歌、三每週 彈琴、二每時○體操、與前級同、三每週○三角學、

第三年前期第二級之一課程○修身、與前級同、一每週○

物理學、電氣學磁氣學物理的星學、三每週○三角學、

對數八線平三角解法等、二每週○文學、講讀近世名家文

粹二編、二每時 作文、簡短之漢文、一每週○音樂、唱歌、三每週

○體操、與前級同、三每週時○教育論、心理之要旨智育

德育、體育之要旨、六每週時○小學教授術、修身剖實物課

讀書作文書畫美術地誌博物學物理學等之教授方法

一每週時○幼稚保育術、實物課玩器用法唱歌遊戲體操、

等之教授方法、三每週時

第三年後期第一級、○小學實地教授、幼稚園實地保

育、

● 豫科課程

第一年前期第六級、之一課週教內○修身、日用彝倫教訓賣

哲嘉言懿行二每週時○植物學、有花植物諸部及成長生

殖畧說二每週時○美術、筆算加減乘除五每週時○地誌、地

圖解訛陸地河海氣象生物等、四每週時○文學、韻講石村貞

一、編輯國史畧卷之一二、五每週時、欵字論言分類性質用、

言活用、二每時週、文作簡易記事贈答慶弔等書牘、一每時週、○圖

畫、直線曲線單形、二每時週、○書法、行書、二每時週、○裁縫

運針、三每時週、○唱歌、三每時週、○體操、與前級同、三每時週、○裁

第一年後期第五級、一每週之課數、○修身、與前級同、二每時週、○珠

植物學、普通植物特性功用等、二每時週、○動物學、無脊

髓動物構造性習等、二每時週、○美術、筆畫分數、三每時週、○珠

美加減、二每時週、○地誌、日本各部位置形勢都邑物産教

育等、二每時週、○文學、讀講石村貞一編輯國史畧卷之三四

五、五每時週、法次言關係文章分解合成、二每時週、文作與前級同

○圖畫、器具家屋、二每時週、○書法、草書、二每時週、○裁

縫、一每時週、○單物類、三每時週、○唱歌、三每時週、○體操、與前級同、三每時週、

第二年前期第四級、之一週內○修身、與前級同二每時週○

物理學、天然諸力凝體流體氣體性質動及音畧說、每週

時三○動物學、脊髓動物搆造性習筆二每時週○畵術、筆

筭分數小筭三每時週○　珠算乘除二每時週○地誌　亞細亞歐

○動植諸物記事貸借公用等屬諸文書一每時週○圖畵

講石村貞一編輯國史畧卷之六七古今和文六每時○文學

羅巴諸國位置形勢地理物產名都殊俗等二每週

作文

花葉果蓏二每時週○書法、楷書二每時週○裁縫、與前級同

○唱歌三每時週○體操、與前級同

第二年後期第三級、之一週內○修身、與前級同二每時週○

物理學、熱光電氣畧說、三每時週○筭術、筆筭諸等比例

珠算加減乘除雜題二每時週○地誌　亞非利加亞

三每時週

米利加大洋洲諸國位置形勢地利物產名都人俗等、每

時二〇歷史、歐羅巴入種希臘羅馬盛襄。二時〇文學。

講十八史畧卷之一二三古今和文。文作、與前級同

讀一時〇圖畫、鳥獸蟲魚。二時〇書法、行書草書。二時〇

〇裁縫　拾類。三時〇唱歌。三時〇體操、與前級同。每週

時三

第三年前期第三級。一週課數〇修身、女子要務應對進

退節。二時〇化學、非金諸原素畧說。三時〇美術、筆

角形。二時〇歷史、西洋諸國中世近世沿革。三時〇文

美姜分百分筆平均筆。四時〇幾何學、線角三角形。四

學。講讀十八史畧卷之四五孟子第一第二冊。六時文作〇文

修身格物歷史等記事論說。一時〇圖畫、人物及景色

題

○書法　楷行草書細字〔二時每週〕○裁縫、綿八類〔每週〕

每週
二時
○唱歌〔三時每週〕○體操　與前級同〔三時每週〕

第三年後期第一級〔一課每週內〕○修身　與前級同〔二時每週〕

化學　金屬諸原素之畧說〔二時每週〕○生理學　骨肉皮消

化學　運血呼吸等之畧說〔三時每週〕○美術

積級毀〔四每週時〕○幾何學　比例多角形之關係〔三每週時〕○文

學　講讀十八史畧卷之六七孟子第三第四冊〔六每週時〕作文

書法、楷行草書細字〔二時每週〕○裁縫

幾何圖法透視圖法〔二每週時〕○唱

歌〔三時每週〕○體操　與前級同〔三時每週〕　羽織袴〔三每週時〕

八學規則

一、本科生徒年十五歲以上、二十歲以下、性行善良身體

148

康健在學中、無家事係累者以充之、一、望八學者先於八

學試驗之期日、記載學業之履歷、添以八學願書差出當

校、一、八學試業毎學期之初、即毎年二月下旬及九月中

旬行之、

八學試業之科目、講讀十八史畧國史畧、作文記事

書牘、書法楷行草書、　圖畫器具花葉等、筭術筆筭、

諸此例珠筭加減乘除、　地誌歷史物理學大意、

一、豫科生徒年十二歲以上、十七歲以下者以讀近易之

書又畧學筭術者充之、而尋常之小學校業者其齡錐

不滿十二歲當許八學、一、豫科者之八學校不定其八學

之期日、毎有望八者畧試其學業八相當級中、

教授規則

一、本科及豫科生徒修業之年限、各爲三年、又分一學年、
爲前後二學期、一學年始於九月十一日、終於翌年七月
十日、前學期自學年始日、至翌年二月十五日、後學期自
二月二十三日、至學年終日、一、本科及豫科第一年受業
者、第六級卒一期之業者、每進一級修業三年者爲第一
級、一、教授之時間、每日五時三十分、土曜日則三時三十
分、一週中、三十一・時間一、唱歌及體操之教授一課爲三
十分間其他諸學科一課爲一時間一、諸科之學業以求
實學智識爲主、不要講讀其用書故文學科中、所屬諸書
之外、他書籍摠爲發考授付之、一、家政學中、兼授割烹之
事於本科時外、以爲練習之、一、生徒之試業、一學期內三
回以上、六回以下、而各科進步之度從其教員之見量臨

時行之又至學期之末同時試驗其期內學習之諸科合
計前後試業之點數以得各科之點數定生徒之進退六
得全科之卒業者當授與卒業證書、一、生徒休業與他學
校同〇校長二人教員二十六人、男女各生徒一百九十
四人、學資金每月四圓錢官給七十八人五十八人、

附屬幼稚園規則

一、所以設幼稚園之旨在使未滿學齡幼稚者開達天賦
之知覺啟發固有之心思滋補身體之健全曉知交際之
情誼慣熟善良之言行一、幼稚八園者齡滿三年以上滿
六年以下無論男女但隨時宜使滿二年以上者猶在園一、幼
稚未種痘或未歷天然痘者及罹傳染病者不許入園其
既八園者罹傳染病則非全愈不許至園但每曜日胡醫師診土

在園幼
稚者、

一、八園幼稚者犬約百五十人、爲定員、募八園
幼稚者則預廣告其期日及入員等、欲使幼稚者八園
則呈書願之得許可則呈保證狀、在園中則保姆任保
育幼稚者之責故不要使保傅從幼稚者
育之狀貞外開話室、故保傳相從、亦無妨且
幼稚者、不能獨往還、則可使保姆送之
者、每月出金三十錢充育費、但以
但滿五年以上、爲第二圓、滿四
年以上、爲第三圓、以上
園者各随其齡分之三圓、
爲其
三圓、

一、保育幼稚者、每日以四時間爲期
中、但幼雜所育者有時間、故期
一、幼稚者在園時間自六月一日至九月三十
日午前第八時八園正午十二時出園自十月一日至五
月三十一日午前第九時八園午後第二時出園.

保育科目

第一、物品科、就日用器物、即椅子、與机、或禽獸花果等、
示其性質形狀等〇第二美麗科、示幼稚者所觀以為
美麗而愛好之物即彩色等〇第三知識科、因所觀現
開其知識即示立方體以幾個之端線平面幾個之角而
成其形如何之類列三科日之如左、玩五彩毬、三形
物之理解、　玩貝、　連鎖、　積形體方法、　置形體方法、
置木著方法、　置環方法、　剪紙、　剪紙貼付之、　鍼
畫、　縫畫、　圖畫、　織紙、　疊紙、　木著摸製、　粘土摸
製、　組木片方法、　組紙片方法、　訐數、　愽物理解、
唱歌、　訛話、　體操、　遊嬉、

保育課程

第三圍〇幼稚滿三年以上、滿四年以下〇月曜日、室

角線之直角等、（五分）（五四十分）

内會集、（分三十）

唱歌、（分三十）

玩毬鞴、第一（五十分）

圖畫、倍三

・遊嬉、（半一時）

○火曜日、

室内會集、（分三十）

疊紙、其第一至第四、單易之形（十四）

小話、（五四十分）

體操、（分三十）

○水曜日、

室内會集、（分三十）

玩具、（五四十分）

遊嬉、（半一時）

○木

三形物、球圓柱六面形

連鎖、（五四十分）

唱歌、（分三十）

計數、十二至十三

體操、（四并）

曜日、室内會集、（分三十）

積形體方法、至第四箱（五四十分）

遊嬉、（半一時）

○金曜日、室内會集、（十三）

鹹畫、（四十分）

體操、（分三十）

遊嬉、（半一時）

○土曜日、室内會集、（分三十）

置木著方法、桱六（五四十分）

體操、（分三十）

遊嬉、（半一時）

○但

畫解、（四十分）

保育之餘間、授體操或唱歌以下皆然、

第二圖　○幼稚滿四年以上滿五年以下、○月曜日、室

内會集、（三十分）、唱歌（三十分）、置形體方法、（四十五分）、圖畫、（至三角形等）、（四十五分）、遊嬉（一時半）○火曜日、室内會集、（三十分）、體操、（三十分）、博物或修身等之說話、（四十五分）、針畫、（四十五分）、遊嬉、（一時半）、○水曜日、室内會集、（三十分）、體操、（三十分）、積形體方法、（第三箱至第四箱）、（四十五分）、縫書、（三倍線等）、（四十五分）、遊嬉、（一時半）、○木曜日、室内會集、（三十分）、唱歌、（三十分）、計數、（一至二十）、體操、（并四十五分）、織紙、（至第十二號）、（四十五分）、遊嬉、（一時半）、○金曜日、室内會集、（三十分）、體操、（三十分）、置木著方法、（六本至二十本）、（四十五分）、疊紙、（四十五分）、遊嬉、（一時半）、○土曜日、室内會集、（三十分）、體操、（三十分）、歷史上之說話、（四十五分）、積形體方法、（第四箱）、（四十五分）、遊嬉（一時半）、

第一團○幼稚滿五年以上、滿六年以下、○月曜日、室

内會集、分三十

博物或修身等之説話、分三十　置形體方

法、第七箱至九箱、四十五分、

圖畫、組紙片方法、分四十　遊

嬉、一時、○火曜日、室内會集、分三十

積形體方法、第九箱至十　小話、分三十

半、○水曜日、室内會集、分三十　剪紙及貼付之、分四十

數字及文字或数字　木著模製、折木著使知　遊嬉、一時

説話、分四十　置形體方法、第九箱至十一箱　針畫、分五十

歌、分二十　遊嬉、半時　木著模製、用木與

遊嬉、一時、○金曜日、室内會集、分三十　疊紙、分四十

織紙、分三十　遊嬉、半時　○土曜日、室内會集、分三十　木著模製、用木

組木片方法、粘土摸製、分三十　置環方法、四十分、

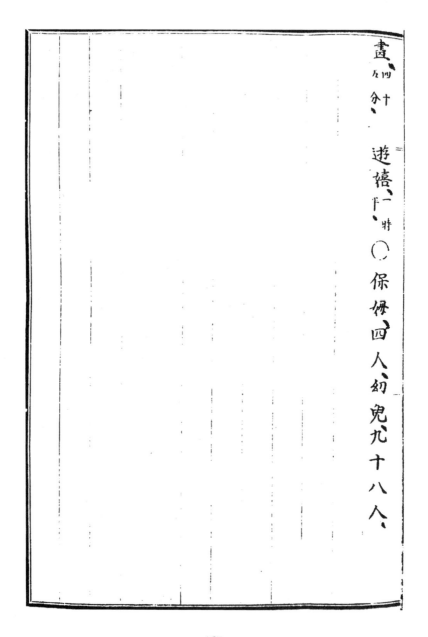

畫〻四十

遊戯〻一〻

○ 保姆四人幼兒九十八人

外國語學校

沿革

舊開成學校中、置英、佛、二國之語學科、合外務省所設外國語學所、爲二年、但置二國語學於開成學校、尋置獨、語學六年、區分生徒以下等中學一級以上、爲專門學生徒、以下、爲語學生徒外務省所設獨、露、漢語學所、亦屬文部省於是檢查生徒之學力、據外國語學教則、改正學級及學科乃並獨、露、漢、語學所於開成學校語學教塲、稱東京外國語學校以授英、佛、獨、露、漢之語學七年、置東京英語學校劃本校英語學一科、屬之以本校、爲授佛、獨、露、漢、語學之所十年、並授朝鮮語學、

學校則

校則

一、本校爲授佛語學、獨語學、露語學、漢語學、朝鮮語學之
所、一、各語學分上下二等、修下等語學之期爲三年、修上
等語學之期爲二年、

別附課程

一、每日課業、本課佛、獨、露、漢、語學課、爲四時間、副課、譯讀課、國書讀課爲一
時間、體操爲三十分間、一八學生以齡十八歲以下爲限、（雖十八歲以上、有）
一、八學生非有卒小學業之學力者、不（學業名許入學、）
許入學、欲入學者呈願八學書及學業履歷書於本校
書記掛、一八學期、每年定期試業七月後定之、級有闕負、（則臨時許八學、）
分學年爲二學期、第一學期始於九月十一日、終於翌年
二月十五日、第二學期始於二月十六日、終於七月十日、

一、毎學期末試生徒之業、付試驗證表於各級生及弟者、
昇其級、則不俟學期末、臨時昇降之、一、卒上等語學第一
級之業者、與卒業證書、一、生徒學業、無進步之効、不可望
卒業者、或使退學、一、生徒休業、與他學校同、一、受業料一
個月以金二圓為定額、

漢語朝鮮語學課程、

下等第一年第六級〇習字楷、 授音書、 授語句、 美
術數分、 體操、

第五級〇習字同前級、 授音同前級、 授語單語、 句法、
美術數分、 體操前級、

第二年第四級〇習字同前級、 授音同前級、 授語前級、
句法前級、 美術小度量、 體操同前級、

第三級○習字同前級、授音同前級、授語辞章語、話稿

翻譯熟、美術此率及例、體操同前級、授音同前級、授語同前、話稿

第三年第二級○習字同前級、體操同前級、授音同前級、授語同前、翻譯尺牘、

話稿同級、翻譯史散文、美術間方例、話稿同前級、翻譯尺牘續、

第一級○授音同前級、授語辞、美術間方、話稿同前級、翻譯尺牘續、

觧文熟典、美術對像數、體操同前級、記簿法辞、代數加減乗除分數、

上等第四年第四級○授音同前級、體操同前、授語同前級、話稿級前

同、翻譯同前級、觧文同前級、記簿法辞、代數加減乗除分數、

幾何、英語、體操同前級、授語同前級、話稿前級、翻譯級前

第三級○授音同前級、授語同前級、話稿同前級、翻譯級前

同、觧文清史書、記簿法被記、代數一次二次方程式、幾何同前級

英語同前級、體操同前級

第五年第二級〇授音同前級　一　授語同前級　話稿同前級

翻譯同前級　解文同前級　記簿法同前級　代數程式

幾何同前級　英語同前級　體操同前級

第一級〇授音前級　授語同前級　話稿前級　英語前級　翻譯前

同　解文同前級　代數級　幾何同前級　體

操前級

佛獨露語學課程

下等第一年第六級〇綴字、讀法用關係身及博物學書、習字

職走　譯文、美術幾目位、體操同前級　習字同前級　書取

第五級〇綴字同級　讀法同前級　美術加減、體操同前級

文法、語誦、譯文同前級　習字同前級　讀法同前級

第二年第四級〇讀法同前級　習字同前級　書取同前級

文法、同前級

諧誦、同前級　會話、　譯文、同前級　美數、數

地理學、　體操、同前級

第三級○讀法、同前級　會話、同前級　習字、同前級　書取、同前級　文法、前級

同前級　諧誦、同前級　歷史、太古　作文、　書取、同前級　文法、

第三年第二級○讀法、同前級　歷史、太古　體操、同前級　美術、

小數、度量、同、　地理學、同前級　習字、體滑　作文、同前級　譯文、前級

同前級　美數、比率及平率　地理學、同前級　歷史、史續　體操、同前級

第一級○讀法、同前級　會話、同前級　書取、同前級　譯文、同前級　文法、前級

前級　美數、比率　作文、同前級　體操、同前級

文法、同前級　諧誦、同前級　地理學、同前級　書取、同前級　譯文、前級

同前級　會話、同前級　歷史、太古　譯文、同前級　文法、級前

第一級○讀法、前級　習字、體歉併　書取、同前級

前級　地理學、同前級　作文、同前級　體操、同前級

諧誦、同前級　歷史、太古　譯文、同前級

上等第四年第四級○書取、同前級　詞格、　諧誦、同前級

此例、開方、　地理學、同前級　體操、同前級

作文同前級、

譯文同前級、美術對級對數、地理學同前級、歷

史同前級、物理學、代數加分減乘、幾何、體操同前級、作文同前級、演說、作文同前級、論理

第三級〇　書取同前級、記簿法記譯、詞格同前級、地理學同前級、幾何同前級、體操同前級、物

理學同前級、代數程式次方、幾何同前級、歷史述世史、作文同前級、體操同前級、論理

第五年第二級〇　修辭、演說同前級、作文同前級、物理學同前級、

學、譯文同前級、記簿法記復、歷史同前級、作文同前級、物理學同前級、

代數程式二次方、幾何同前級、演說前級、體操同前級、歷史同前級、論理學、

第一級〇　修辭同前級、譯文同前級、記簿法同前級、體操同前級、歷史同前級、物理學、

同前級、代數幾級、幾何同前級、體操同前級、校長一人教

負四十八人、本國人三十八、他國人三、八、生徒三百七十七人、學資金每月五圓三十

體操傳習所

規則

體操傳習所爲專授有關體育之諸學科選定所適本邦之體育法且養成體育學教員之所〇體操傳習所生徒要合左諸格、

一、齡年元十八年以上、二十年以下、一、軀幹元五尺以上、一、健康種痘或天然痘且不罹肺病及不治病者、一、學識波普通和漢學英學略解筭術者、一、志望欲他日體育學教員者、一、請八學者呈保證狀及履歷書共體操傳習所而受學識及軀幹健康等之驗查合格則呈誓約書、

教則

學科目、

　體操術、男子體操術、女子體操術、幼兒體操術、

美容術、調聲操法、　英學、讀方、作文英文學、　和漢學、讀

講作文　　數學筭術代數學幾何學、　理學、解剖學生理

學健全學等、聚坊關於體育諸學科及物理學化學大意

圖畫自在畫法幾何圖法透視畫法、

故英學以下諸科、
正作學其大要。

期各學期爲六個月、在學期爲二年。　　授業時間、每日五

時其內以一時半以上、授體操術、　試業法、每卒各學科

之一部驗其成否至學期之末、試各部之大體以定其等

但體操學得習所以
正作學其本旨。

級、　與卒業證書式在學中、行狀方正而學力相當者卒

業時與其證書。　卒業生卒業後三年間文部省所命職

務不得辭之但奉職不可起二年。○校長一人教員六人、

生徒二十八人。六圓、並官納。

167

圖書館

規則

館內安聖像時許衆庶來拜、一、設本館之主旨、在以所藏於館中圖書、廣供內國人及外國人之充覽故遵守此規則者皆得登館展閱所欲覽之圖書、一、本館、每日午前第八時開之、午後第八時閉之、但每年自七月十一日至九月十日午前七時開之、午後七時閉之、一、定期開節之時日、如左、一、掃除館內日、至四月十日、三月十一日、十五日、天長節、十一月二十日、歲末日、自十二月三十一日、至一月二日、歲首、二月一日、紀元節、曝書日、自八月一日至九月一日、一、本館新所購充武、所藏圖書、不許帶出館外、但樞文部卿特、許攜者、非此限、一、辭書類及稀有所收受圖書、六十日間不許出於館外、但新聞雜誌、發貴重之圖書、其他現行新聞雜誌、不許出於館外、

覽不超一月一回者、除終
尾二篇外、不許帶出、需外

其他有裨益於教育上者、特欲帶出圖書以供其需用則

憑文部卿特許標許之、一憑文部卿特許標所帶出之圖

書各人洋書限三冊和漢書限十冊、不得過十日、一除本

館吏員外、不許開閉書函、一欲借覽圖書者、記其書名及

本人姓名住所呈之館吏、而受其圖書、（但於館內、恣寫其圖書、無妨）

一借覽圖書者、若失之或污損之、則償還同樣圖書或相

當代價其事未終、不許更借覽他圖書、一醉人不許登館

一在館內、禁音讀雜誌、吹烟又不許徘徊讀書場外、

一官立學校教員、及各廳吏員、

教育博物館

規則

教育博物館ハ教育上所需、諸般物品、金、石、草木、鳥、獸、魚、

魚、水、陸、動植之物、無不備儲、以貢生徒之觀覽搜討、使之

解說模造圖寫、而謀世用、錄其規則如左

一、本館所蒐集物品、係圖書及學校模型、動植物、金石類、

其他學校所用椅子、卓子等、凡關教育者、一、書籍類別設

一室置之、其書係學事報告、學校規則、教育家參考書、教

科書、教育雜誌等、一、置內外國所刊行書器目錄、使欲購

求教育上書器者、易搜索、一、府縣及公私學校等、欲購求

所關教育上書器類於外國者、隨時宜而應其請爲媒、一、

學校教員、及教育家有請就館內所列物品、研究實試學

術者、則隨時宜而許之、一、舘内所列物品及圖書、不得妄
出於舘外、但得舘長特許者、非此限、一、動物之剝製及骨
格、植物、金石標本、其他便益於教育上者、本舘製之以供
教育家參考、有欲贈之者、則隨時宜而應其請、一、凡所
列物品、記製作者姓名族籍、但動植物金石等、並記所産
地名、一、所蒐集物品、悉類別之且刊行所解說之目錄、一、
有寄贈物品於本舘者、則記其姓名陳列之、而交付領收
證於本人、一、府縣及公私學校等所寄贈學事報告及所
試驗生徒答書製作品之類、雖可求保存之陳列之則時
時交換新舊、一、為就物品講究學科上之事理或說明器
械之便否、當招有志者、又聘學士而相會、一、本舘、每月月
曜日、及每年自十二月二十八日、至一月三日閉之、其他

每日限時開閉之、一、認狂疾或大醉者不許入館內、一、在
舘內、勿喧囂、勿有粗暴舉動、一、在舘內、勿喫烟、一、舘內所
列物品、勿觸手、一、未室開閉時限與本舘同、然每年夏秋
之際、亢二週日爲曬書期、此期中閉室、一、借圖書物品之
期在東京府下者、爲三週日間、在他府縣下者、除往復日
數爲六週日間、至期必當還納之、但圖書雖期內、至曬書
期當還納之、一、失所借圖書物品或點污敗損之當購同
樣圖書物品或辨償相當價金、此事未畢、不得更借他圖
書物品、

學士會院

規則

一、設本院之意、在討議教育之事、評論學術技藝、一、本院
會員限四十八人、（現二十八人為）一、選會員之法本院舉之文部
卿可之、一、舉會員以投標多寡定之、若二人以上其數同
則舉年長者、一會員每年受金三百圓、一會員次序以其
姓氏頭字配當伊呂波之順次以定之、（譯者曰伊呂波、集本邦低宇四十八、為長歌者、炙海内人口、適膽）
一、會員中、選定會長一人其在住為六月、
一、會長統轄本院、一、會長發議案討論可否、投標等、都與
會員同、一、本員書記為五人以下、一、書記屬會長整理本
院庶務、一、發議案者記其意旨出之、一、他所送致議案
員中有主之者則得付之討論、一、文部卿及其代理人得

173

參本院會議發議案及討論之、一、文部卿及其代理人、不
得加於可否與投標之數、一、本院議事、以評論討議爲主、
故非會員過半之議不要決可否、一、要可否者、決之於多
數、二以會員四分之三以上、同議決之、而經文部卿之認
可、一、以每月十五日相會、一、本院諸費文部省給之、

行護軍臣趙

文部省
所轄目錄

문부성 소할목록

여기서부터 영인본을 인쇄한 부분입니다. 이 부분부터 보시기 바랍니다.

최영화

중국 남경심계대학을 졸업하고 한국 연세대학교 국어국문학과에서 석사 및 박사 학위를
받았다. 현재 중국 남통대학교 외국어대학 부교수로 재직하고 있다. 17~19세기 동아시아
삼국의 문화교류와 출판문화에 관심이 있다. 저서로 『조선후기 표해록 연구』(2018)가
있으며, 공저서로 『동아시아 문화 교류와 이동의 기록』(2015) 등이 있다. 현재 중국 교육
부인문과학기금 연구과제 "한국 한문 방각본의 수집과 정리 및 연구"(2019)와 국가사회과
학기금 중화학술외역(中華學術外譯) 프로젝트(2020)를 수행하고 있다.

조사시찰단기록번역총서 12
문부성 소할목록

2021년 10월 25일 초판 1쇄 펴냄

지은이 조준영
옮긴이 최영화
발행인 김흥국
발행처 보고사

책임편집 이경민
표지디자인 손정자

등록 1990년 12월 13일 제6-0429호
주소 경기도 파주시 회동길 337-15 보고사 2층
전화 031-955-9797(대표), 02-922-5120~1(편집), 02-922-2246(영업)
팩스 02-922-6990
메일 kanapub3@naver.com / bogosabooks@naver.com
http://www.bogosabooks.co.kr

ISBN 979-11-6587-236-6 94910
　　　979-11-5516-810-3 (세트)
ⓒ 최영화, 2021

정가 30,000원